논문 쉽게 쓰는 꿀팁

강대훈, 문상목, 이평화, 최기홍 공저

도서출판 진영사

논문 쉽게 쓰는 꿀팁

강대훈, 문상목, 이평화, 최기홍 공저

2020년 07월 27일 초판 인쇄
2020년 07월 30일 초판 발행

발행인 박 진 영
발행처 도서출판 진영사
인천광역시 부평구 갈산동 185번지 풍진빌딩 303호
전화 : 032)505-4207
팩스 : 032)505-4206
E-mail : 0183734207@hanmail.net
등록 : 122-91-77317

ISBN 978-89-6541-504-6 93330
값 19,500원

목 차

목 차

제1부

과학적 연구와 사회과학

제 1 장

과학적 연구와 사회과학의 이해

본 서는 처음으로 논문을 접하는 대학원생들이 자기 스스로 연구를 수행하고 논문을 작성하는 것을 돕기 위한 가이드를 제공하는 것이 목적이다. 이와 같은 목적을 달성하기 위해 제1장은 연구방법론 전반에 대한 개관으로부터 시작한다.

인간은 삶을 영위하면서 전문적인 활동 상황에서는 물론 사소한 일상생활에서 발생하는 크고 작은 문제에 접하게 된다. 이러한 문제를 해결하기 위해서는 우선 그 문제의 본질에 대해 이해를 해야 한다. 그 문제는 아주 일반적인 자연의 섭리 혹은 진리에 대한 이해에 관한 것도 있다. 반면에 아주 주관적인 개인의 경험과 관련된 것일 수도 있다. 그러나 일단 문제가 가지고 있는 속성이 밝혀지고 난 후에 그 문제를 해결하기 위한 방법을 찾게 된다. 어떤 방법은 자연의 진리를 탐구할 때 적용하는 것과 같은 과학적인 접근이고, 또한 어떤 방법은 그렇지 않은 비과학적인 접근일 수 있다(김아영 외, 2016).

해결하기 위한 문제의 접근은 문제의 답을 찾기 위해 필요한 자료를 어떤 방법으로 수집할 것인가 하는 것이다. 따라서 연구는 문제해결을 위한 자료 수집을 어떻게 진행하느냐에 따라 과학적 접근과 비과학적 접근으로 나누어진다.

과학적 접근은 문제의 답을 찾기 위해 체계적으로 탐색하고 체계적인 전략을 사용하는 것이며, 이와 같이 과학적 방법을 통해 문제에 대한 답을 찾는 것을 과학적 연구(scientific research)라고 한다(김아영 외, 2016). 비과학적 접근은 직관이나 개인적 경험 혹은 상식을 사용하거나 권위자의 설득을 따르는 것이며, 비과학적 방법으로는 종교나 초자연적 힘에 의지하거나 또는 문제해결을 포기하고 문제 상황에 순응하는 대처방식 등을 사례(事例)로 들 수 있다. 그러나 비과학적인 접근에 근거한 해결 방안은 다른 조건이나 상황에 대해서는 이를 객관화 및 일반화하기가 어렵다. 그러나 과학적 자료수집 방법인 관찰(觀察), 조사(調査), 실험(實驗), 검사(檢査) 등을 통해 얻은 객관적 자료에 기초한 해결 방안은 객관화 및 일반화가 가능하다. 그러므로 심리학이나 교육학과 같은 사회과학이 진정한 의미의 과학이 되기 위해서는 순수과학 또는 자연과학적1) 연구방법과 함께 사용해도 괜찮을 듯하다.

그리고 사회복지를 연구대상으로 하는 사회복지학은 어떠한 연구주제, 연구방법, 그리고 이론 체계를 가지고 있어야 하는가의 문제는 두 가지 방향에서 고찰해 볼 수 있다. 첫째는 사회복지학이 학문적 대상으로 삼는 사회복지현상이란 무엇이란 것으로 사회복지 대상에 대한 분석과 해석에 대한 부분이며, 둘째로는 사회복지현상을 학문적 개념과 이론으로 체계화시키는 과정에 필요한 인접학문의 활용에 관한 부분이다.

이러한 현실적 요구와 그에 대한 노력들은 결국 사회복지학의 정체성에 대한 요구라 할 수 있다. 사회복지학은 실천적이고 전문적인 학문으로서 인간과 사회적 욕구의 본질과 욕구충족을 위해 필요로 하는 지식들이 모여서 체계를 이루는 것이다. 그러므로 사회복지학의 정체성(正體性)을 해명(解明)하는 것도 과학적 연구방법들에 크게 의존한다.

그리고 사회복지학 역시 사회과학의 한 영역이므로 단순한 주장이나 사변적(思辨的)인 논리(論理)들에서 벗어나 합리적(合理的)인 논리를 개발하고 그것을 경험적(經驗的)으로 검증(檢證)해 나가는 과학적 연구방법들을 통해 사회복지학의 지식들이 축적(蓄積)될 필요가 있다. 사회과학은 사회현상(社會現象)과 인간관계현상(人間關係現像)을 연구 대상으로 하고 있고, 사회복지활동(社會福祉活動)이란 인간의 욕구충족과 거기에 따르는 여러 가지 사회문제에 대처하기 위한 사회적 노력의 한 형태이다. 그러므로 사회복지학은 어떠한 연구주제와 연구방법을 취하든 간에 사회과학적 형태를 취할 수 밖에 없다.

---

1) 과학은 객관적인 현상에 대해 이성적으로 탐색하는 것이다. 자연과학의 연구 대상은 자연계와 자연계에 존재하는 물질의 각종 유형, 모양, 속성 및 운동형식이다. 자연과학의 근본 목적은 자연현상의 규칙을 찾아내고 자연의 각종 현상에 대한 실질 내용을 파악하고 새로운 가능성을 개발하는 것으로 천문과학, 물리학, 생물학, 화학, 지구과학, 신경과학 등으로 구분된다. 미크로 과학도 자연과학에서 최근 분류된 것으로 다른 분야에 비해 발전이 늦지만 미크로 과학의 탄생은 자연과학의 완성이며 다른 분야의 발전을 도모하였고 인간이 자연과학에 대해 더욱 넓고 깊이 있게 인식할 수 있었으며 인류문명의 발전에 촉진 작용을 일으켰다.

제 1 절 과학적 접근

과학[2]이란 무엇인가? 많은 사람들이 '과학적이다' 라고 하면 잘 믿어준다. 그런데 과연 '과학'이란 것이 과연 '무엇'이라고 정의할 수 있겠는가? '과학'이라고 하면, 모든 사람들이 텔레비전, 선풍기, 냉장고 등을 떠올리기도 하고, 기계장치에 관심이 있는 사람들은 컴퓨터, 자동차, 로케트, 우주선, 유람선 등을 생각할 것이고, 생명에 관심이 있는 사람들은 현미경, 세포, 유전자 등을 이야기 할 것이다. 또는 아인슈타인, 뉴턴, 에디슨 등의 과학자를 먼저 떠올리는 사람도 있을 것이다.

사람들이 사물을 인식하는 데는 두 가지 형태가 있다. 예를 들어 딸기하면 딸기의 모양이나 딸기를 먹을 때의 그 맛과 향, 그리고 딸기에 연관된 개인적인 기억들을 한꺼번에 떠올리는 종합적(총체적) 인식과 딸기는 빨갛고, 단맛이 있으며, 크기 등등 조목조목 설명할 수 있는 분석적 인식이 그것이다.

그 중 과학에 대한 분석적 인식은 우리에게 친숙한 육하(六何)원칙과 비슷한 방법이며 이러한 분석적 인식을 시도해 보면 과학에 대한 정의를 내리는 일이 그리 막연하지 않다.

우선, 과학은 누가 하는 것인가? 과학의 주체는 인간이다. 우리는 고양이나 원숭이가 과학적 연구를 한다고 생각하지 않는다. 그들은 모두 연구의 대상이지 연구의 주체는 아니다. 과학의 주체는 바로 인간이다.

다음으로 과학적 연구의 대상은 무엇인가? 쉽게 생각하면 우리의 눈앞에 펼쳐져 있는 모든 자연이 연구의 대상일 것이며 좀 더 넓은 의미를 지닌 우주 또는 우주만물이 과학적 연구의 대상일 것이다. 그런데 여기서도 좀 더 엄밀한 구분을 하자면 '현재의 물리적 우주'가 과학적 연구의 대상이다. 왜냐하면 우리가 과거를 볼 수 없으며 비물리적인 존재(예를 들어 '마음')들은 볼 수 없기 때문이다.

---

2) 과학은 일반적인 지식과는 달리 체계화된 지식으로 철학자와 과학자들은 과학에 대해 본질적인 정의를 부여하려고 하였으나 성공하지 못하였으며 오늘날까지도 과학에 대한 통일된 정의가 없고 각 나라와 학자에 따라 과학에 대한 이해와 해석이 다르다. 과학이란 범주, 정리, 법칙 등의 방법을 가지고 현실 세계의 각종 현상의 본질과 규칙에 대해 표현하는 지식 체계이며 일종의 사회의식형태라고 할 수 있고, 즉 과학은 하나의 이론 지식 체계이자 현상을 객관적으로 인식하고 변화시키는 모든 과정을 포함한다.

1. 과학적 연구방법의 의의

과학적 연구방법은 논리적 · 경험적이어야 한다는 것을 특징으로 하고 있다. 여기에서 논리는 이론을 의미하고, 경험은 조사 혹은 관찰을 의미한다. 이론이란 어떤 현상에 대한 논리적인 설명이고, 조사는 그러한 논리들을 경험적으로 검증해 보는 것이다. 과학적 지식은 이론과 조사를 통해서 만들어지며, 과학적 연구방법은 이론과 조사를 활용하여 과학적 지식을 만들어 내는 방법이 되는 것이다. 그래서 과학적 방법은 과학적 조사연구를 필요로 하게 되고, 과학적 조사연구를 수행하는 방법을 다루는 것이 조사방법론이다. 사회복지에 필요한 과학적 지식을 만들어 내는 조사연구 방법 등을 다루는 것이 바로 사회복지 조사방법론이다.

2. 과학적 연구방법의 내용

과학에 대한 정의를 내리기 위해 필요한 다음 단계는 과학의 주체인 인간이 과학의 대상인 현재의 물리적 우주에 대해 '어떠한 활동'을 하는가? 이다. 과학은 쉬운 표현을 사용하자면 인간이 현재의 물리적 우주를 '이해하고 다스리는' 모든 활동을 포함하는 것이라 할 수 있다. 그리고 이해하고 다스리는 방법에 있어서 체계적인 방법을 과학적 연구방법이라고 한다.

일반적으로 과학적 연구는 사실(事實)을 찾아내고 이러한 사실에 의미를 부여하고 사실과 사실들 간의 관련성을 찾아내기 위한 이론을 개발하는 것이 핵심적인 목적이다. 이론을 개발하기 위해 적용하는 추론방식은 대략적으로 귀납적추론: 歸納的推論 inductive reasoning)과 연역적추론: 演繹的推論 deductive reasoning) 두 가지로 나눈다. 먼저 연역적 추론은 그리스 철학자 아리스토텔레스(Aristotle)의 삼단논법에 기초한 것으로, 어떤 현상에 대한 논리적 추론으로 일반적인 가설(hypothesis)을 설정해 놓고 자료 수집을 통해 그 가설이 맞는지 또는 틀리는지를 확인하여 이론을 개발하는 하향적(top-down)접근방법이다. 무릇 가설이란 어떤 사실이나 현상에 대한 잠정적 설명이라고 할 수 있다. 그러므로 이와 같은 잠정적 설명은 실증적 자료를 통해 검증되어야 이론(theory)이 될 수 있다.

또한 연역(演繹, deduction)은 대전제로부터 소전제를 매개로 하여 대전제의 개념 속에 포함되어 있는 결론을 논리적으로 이끌어 내는 추론형식. 일반적인 원리와 법칙을 바탕으로 하여 특수한 원리를 이끌어 내는 추론 즉, 보편명제로부터 특수명제를 이끌어 내는 것으로 논리적으로 필연적인 결론을 도출해 내는 형태의 논증이다.

연역에서는 논리적 형식의 타당성을 갖추고 있는 한, 결론은 전제들로부터 필연성을 가지고 도출된다. 연역에서는 전제가 결론을 확립해 주는 결정적 근거가 된다. 전제가 참일 경우 그러한 전제에 의해 뒷받침되는 결론 역시 반드시 참이 되며, 전제와 결론 사이의 이러한 필연 관계는 논리적 형식과 규칙의 타당성에 근거해 성립한다. 이처럼 연역은 결론의 내용이 이미 전제 속에 포함되어 있다는 점에서 진리보존적(truth-preserving) 성격을 지닌다. 연역은 전제에 없었던 새로운 사실적 지식의 확장을 가져다 주지는 못하며, 이미 전제 속에 포함되어 있는 정보를 명확하고 새롭게 도출해낼 뿐이다.

아리스토텔레스가 그 이론적 기초를 이루었으며, 2개의 전제와 1개의 결론으로 형성된다는 삼단논법은 그 전제의 성격에 따라 (1) 정언삼단논법(定言三段論法), (2) 가언삼단논법(假言三段論法), (3) 선언삼단논법(選言三段論法)으로 구분된다.

이 중에서 가장 중요한 것이 정언삼단논법인데, 일반적으로 이를 삼단논법이라고 한다.

예를 들면

• 대전제	모든 포유동물은 심장을 가지고 있다.
• 소전제	모든 말은 포유동물이다.
• 결 론	모든 말은 심장을 가지고 있다.

여기서 결론은 말과 심장의 관계를 말하며, 대전제는 포유동물과 심장과의 관계, 소전제는 말과 포유동물의 관계를 말한다.

결론을 말하면 전제(前提)를 분석하면 필연적으로 도출되는 것이므로 전제와 결론의 관계는 결론이 전제 속에 논리적으로 포함된 관계라고 말할 수 있다. 그런데 아리스토텔레스(Aristoteles)의 편유편무(偏有遍無)의 법칙이 말하듯이 '전체에 대하여

진(眞)인 것은 부분에 대하여서도 진(眞)'이므로 만일 전제가 결론을 논리적으로 포함하고 있다면, 전제(전제)가 진(眞)일 경우에는 결론도 반드시 진(眞)이 되어야만 할 것이다. 그러나 우리가 여기서 전제가 과연 진이냐 진이 아니냐 하는 것은 문제의 밖이다. 포유동물은 모두 심장을 가졌느냐, 또는 말이 포유동물이라는 것이 진(眞)이냐 위(僞)냐 하는 문제는 이 추론에서 관여할 바가 아니다. 또 결론의 진위도 전제와의 관계를 떠나서 문제를 삼을 필요가 없다. 결론이 진이라면 그것은 전제와의 논리적 관계에서 그런 것이지 사실에 부합하니까 그런 것은 아니다. 가령 여기서 "모든 말은 심장을 가졌다"는 결론이 위(僞)라고 하더라도 이 추론이 잘못된 것은 아니다. 전제가 진이면 그것을 근거로 결론도 필연적으로 진이라는 사항만 진술하고 있을 뿐이다. 이와 같이 전제와의 논리적 관계만으로 필연적으로 결론이 도출되는 추론을 연역추론이라 한다. 그러므로 연역추론에 있어서, 전제는 진이라고 인정하면서도 결론을 부정한다면 우리는 모순에 빠지고 말 것이다.

연역추론과 귀납추론의 근본적 차이를 비교하면 다음과 같다.

〈표 1-1〉 연역추론과 귀납추론

연역추론	귀납추론
1. 만일 전제(前提)가 진(眞)이면, 결론도 반드시(necessarily) 진(眞)이다.	1. 만일 전제(前提)가 진(眞)이면, 결론은 확률적으로는 진(probably true)이나 필연적으로 진(眞)은 아니다.
2. 결론에서 진술되는 모든 내용은 이미 전제(前提) 속에 포함되어 있다.	2. 결론의 내용이 전제(前提) 속에 포함되어 있지 않다.

귀납추론이 경험을 필요로 하는데 반하여 연역추론은 엄밀한 논리적 규칙에만 의존한다는 점에 주의해야 할 것이다.

연역적 접근의 단계를 보면 우선 관심의 대상이 되는 현상에 관한 이론이나 이를 설명 할 수 있는 지식을 토대로 가설을 설정한다. 그 다음 경험적 자료를 수집하고 그 자료가 가설이나 혹은 가설에 대한 근거한 예측(豫測)이 맞았다고 확인해 주는지 아니면 틀렸다고 거부하는지에 대한 결정을 한다. 만약 가설이 맞았다고 확인이 되면 그 가설을 설정할 때 도입한 이론은 다시 한 번 검증되어 강력한 이론이 되고, 이러한 확인 과정이 다양한 상황의 연구에서 반복되면 그 이론은 법칙 또는 진리(眞理)가 되는 것이다.

역사적으로 오랫동안 연역적 추론방법이 주도하던 과학적 연구는 17세기에 프란시스 베이컨(Francis Bacon)이 관찰의 중요성을 강조하면서 귀납적 추론방법으로 주의가 전환되었다. 베이컨은 이 귀납적 방법을 조직적으로 논술한 사람으로 귀납적 논리를 강조하여 과학 연구의 새로운 방법을 설정하였다. 베이컨은 인간의 새로운 지식은 오직 경험에 입각하여 자연을 관찰하는데서만 얻을 수 있게 된다고 보았다. 그리고 자연에 대한 지식을 얻기 위하여 관찰이 필요한 때에는 어떤 방법을 가하여 그 양상(樣相)[3]을 관찰할 수 있는 실험이 필요하다고 하였다. 그 관찰과 실험의 일반적 관계원리를 찾는 것이 귀납법이다. 그는 귀납적 추론을 설명하면서 이전 사상의 결점은 일반 명제를 성급하게 도출하거나 무비판적으로 자명하게 가정한 데 있다고 보면서 이를 극복하기 위하여 '점진적 상승'의 기법을 주장하였다. 이 기법은 점차 일반성의 정도를 높여 가면서 충분한 근거를 가진 명제들을 참을성 있게 모으는 방법이다. 귀납은 단순한 열거가 아니라 제거를 통해 이루어진다고 생각했다.

귀납적 추론은 상향적(bottom-up) 또는 자료주도적(data-driven)이라고 할 수 있는 접근으로 어떤 현상에 대한 이론들을 귀납적 접근을 통해 수립되는 경우가 많다. 즉, 새로운 현상에 대한 관찰 자료나 면접을 통해서 얻은 내용들에 대한 질적인 분석결과를 요약하면 새로운 가설이 만들어질 수 있고 이와 같은 새로운 가설은 다시 경험적 자료 수집을 통해 연역적으로 검증될 수 있다(김아영, 2016).

귀납적 접근은 많은 심리학 이론이 이 세상에 나오게 데에 많은 공헌을 하였다. 예컨대, 파블로프(Pavlov)의 고전적 조건화 이론은 개의 소화 실험을 위해 반복적으로 먹이를 주고 난 후에 개를 관찰하던 중 심리적 현상(心理的 現象: psychic phenomenon)을 발견하여 만들어진 이론이고, 스키너(Skinner)[4]의 강화이론은 쥐

3) 논리학에서 명제가 그 내용의 가능성 · 불가능성 · 우연성 · 필연성을 긍정하는가 아니면 부정하는가에 따라 논리적 명제를 분류하는 방식이다. 이러한 개념들의 논리적 특징을 연구하는 양상논리학은 아리스토텔레스에서 시작하여, 고대와 중세 논리학자들에 의해 광범위하게 탐구되다가 르네상스 시대 이후로는 대부분 무시되었다. 오늘날에는 수리논리학에서 다시 논의되고 있다.

4) 스키너는 인간의 행동 원인을 자신의 내면(內面)에서 찾는 정신분석이나 인본주의(人本主義) 심리학을 비판하면서 외부 환경에서 원인을 찾았다. 그러나 인간을 단순히 환경의 산물로만 본 것은 아니었다. 인간과 환경은 상호작용을 통해 서로 영향을 끼치며, 인간은 환경을 통제하고 변화시킴으로써 자신과 타인의 행동

들의 지렛대 누르기 행동을 반복해서 관찰한 결과 만들어진 이론이다.

그렇지만 현대의 과학적 연구에서 순수한 의미의 연역적 접근이나 귀납적 접근은 찾아보기 힘들다. 대부분의 학문영역에서는 이미 다양한 이론 발전이 진행되었기 때문에 연역적 접근과 귀납적 접근이 계속하여 상호작용함으로써 이론 발전을 주도해 나가고 있다고 보는 것이 타당하다고 본다.

제2절 과학적 연구의 목적과 기능 및 특징

과학적 연구를 하는 목적은 크게 두 가지로 분류할 수 있다. 첫째는 현상에 대한 새로운 이론을 개발하거나 기존의 이론을 정련시키고 수정하기 위한 목적이 있고, 둘째는 개발된 이론의 현실적용 가능성과 효과에 대한 탐색을 위한 목적이 있을 수 있다.

세상에서 벌어지는 많은 현상을 명확하게 기술하고 왜 그런 현상이 발생하는지에 대한 이유를 서명하기 위해서는 이론이 필요하다. 정확한 이론은 현상과 관련된 이나 관계를 설명해 주고, 미래에 대한 예측을 가능하게 하여, 앞으로 발생할 일들에 대한 통제를 가능하게 한다. 이와 같은 이론이 만들어지기 위해서는 관찰된 경험적 자료를 개관적으로 수집해서 분석하는 과학적 연구가 필요하다. 또한 기존에 이미 제시된 이론들이 현상을 설명하고 예측하는 데 정확하지 않은 경우, 그 이론을 수정하고 보완하여 이론을 정련시키는 일을 하는 것이 과학적 연구다.

다양한 이론이 현상을 설명, 예측할 수 있다는 사실을 알아내고 나면 그러한 정보를 현실에서 문제해결을 하는 데 활용할 수 있는 방안을 고안해 내는 것은 중요한 일이다. 예를 들어 학생들의 학습에 대한 내재동기와 관련된 이론이 수립되었다면,

---

을 바꿀 수 있다. 한편, 환경이 인간에게 가하는 통제를 잘 알면 감정(感情), 감각(感覺), 회상(回想), 추상적 사고(抽象的 思考) 같은 내적 과정도 해석할 수 있다. 스키너의 행동주의는 인간 행동을 과학에 입각(立脚)해 총체적(總體的)으로 규명(糾明)하려 한 과학 철학이자, 또한 인간의 존재를 이해하기 위한 하나의 세계관(世界觀)이다.

학생들의 학습에 대한 내재동기를 평가할 수 있고, 학업동기 유발에 문제가 이는 것으로 평가된 학생들을 대상으로 그 이론에 근거한 내재동기 향상 교육 프로그램을 개발하는 것이 가능하다. 이렇게 내재동기 향상 프로그램이 개발되면 과연 그 효과가 있겠는가에 대한 확인 작업이 뒤따라야 한다. 경험적 연구는 개발된 프로그램의 효과 검증을 위해 자료를 수집하여 효과가 나타났는지 확인하는 기능을 한다.

과학적 연구는 다음과 같은 특징을 가지고 있다. 첫째, 과학적 연구는 논리적(logical)이다. 즉, 연구문제나 또는 가설의 수립이 논리적(logical)인 근거에 기초해야 한다. 둘째, 과학적 연구는 결정론적이다. 셋째, 과학적 연구는 일반적(general)이다. 즉, 같은 연구를 다른 연구자가 했을 때도 같은 결과가 나타나야 한다는 의미이며, 반복가능성이라고도 한다. 넷째, 과학적 연구는 간결성(brevity)을 추구한다. 복잡한 현상들을 단순한 요소들로 분해해서 접근해야 한다는 의미로, 축소적(reductive) 또는 환원적이라고도 한다. 다섯째, 과학적 연구는 구체적(detailed)이다. 여섯째, 과학적 연구는 검정가능(verifiability)하다. 즉, 가설이나 이론이 검증이 실증적인 자료에 근거해야 한다는 의미이고 경험적(emperical)이라고 한다. 일곱째, 과학적 연구는 체계적(systematic)인 절차에 따라야 한다. 여덟째, 과학적 연구는 전파가능성(transmittable)이 있어야 한다. 과학적 연구결과는 다른 사람들과 공유할 수 있도록 기록되고 전파되고 보존되어야 한다.

제3절 과학적 연구방법의 구성

과학적 지식은 과학적 연구방법으로 확인된 진술들이라고 할 수 있다. 따라서 과학적 연구방법은 과학의 기본전제, 관찰 절차에 관한 규칙 그리고 일반적 목표로 구성된다(김경동 외, 1996: 김치영 외, 2015 재인용). 이를 좀 더 부연하면 다음과 같다.

첫째, 과학의 기본전제

과학의 기본전제는 질서, 결정론, 발견가능성 그리고 경험주의이다.

1) 질서

과학은 모든 우주는 질서를 가지고 있으며 따라서 모든 현상은 일정한 형태를 지니고 있으며 우발적으로 일어나는 것이 아니라는 가정에 토대를 두고 있다.

2) 결정론

발생하는 모든 현상은 어떤 원인에 의해 결정되고 있고 따라서 원인을 가지고 있다고 본다.

3) 발견가능성

과학은 모든 과학적 학문에 대한 해답이 있다고 보는 것이다.

4) 경험주의

그런 해답은 현상을 관찰함으로써 얻을 수 있다고 믿는다.

둘째, 관찰절차에 관한 규제

과학은 다른 지식에의 접근방법과 달리 관찰을 중요시하고 있다. 지식이 과학적 지식이 되기 위해서는 관찰절차에 대해 대체로 2가지 제약(制約)을 서술해 보면 다음과 같다.

1) 공적(公的) 조건(條件)[5]의 선행(先行)

지식이 객관성을 유지하기 위해서는 개인의 개인적 오류나 상황적 오류(誤謬)가 개입되지 않도록 관찰에 공적인 조건을 부여하여야 한다.

2) 반복가능성 조건이 우선적(優先的)

한 사람에 의한 관찰은 그것이 반복될 수 없으면 과학적이 아니라는 것을 의미한다. 반복가능성은 여러 사람에 의해서 관찰이 반복 가능하여야 한다는 것을 뜻한다.

그러므로 과학적 방법은 타인이 그것을 또 다시 반복할 수 없도록 보고서에 상세(詳細)하게 기술(記述)되어야 한다. 관찰이 공적이어야 한다는 조건과 반복 가능해야 한다는 조건은 관찰이 객관적이 되기 위해 중요한 것이지만 중요한 것은 관찰이 개인적 또는 상황적 편의(便宜)에 퇴색(退色)되지 않아야 한다는 점이고, 이들 조건들은 그러한 편향성(偏向性)이 끼어들지 못하도록 하는데 필요한 수단에 불과하다고 할 수 있다.

셋째, 과학의 궁극적 목표

일반적인 견해로서 과학의 궁극적 목표는 미래에 대한 예측이며, 이는 삶의 질을 향상시키는 것이다. 그러나 연구방법에 의해 도출된 과학적 지식은 어떤 현상에 대한 기술(記述)과 설명을 위한 하나의 체계라고 할 수 있다. 그렇다고 해서 우리 사회에 일어나는 모든 현상을 과학으로 설명할 수는 없다. 그 이유는 경험에 근저를 둔 과학은 종교적이고 또한 철학적인 사건에 대해서는 과학의 해결능력에서 벗어나는 이유이기 때문이다.

예를 들어 사건을 기술(記述)하고 그와 같은 사건이 어째서 일어났는지, 또한 그것이 쉽게 드러나지 않았는지 설명하기 위한 완벽한 과학적 지식체계가 있다고 한다고

---

5) 공적인 조건이라 함은 누구나 관찰할 수 있는 것이어야 한다는 것을 의미하며, 어떤 관찰이든지 간에 한 사람만 관찰하는 것은 공적인 조건이라 할 수 없다.

가정하면, 그와 같은 과학적 지식체계는 과연 무엇에 유용(有用)해야 하는가를 검토하여야 한다.

또한 과학의 목표는 정적(靜的)인 의미로는 관찰된 현상에 의해 설명의 체계를 부여하는 것으로 기존의 법칙, 이론, 가설, 원칙들을 이해하고 기존의 지식체계에 또 다른 신지식(新知識)을 탑재(搭載)하는 것이며, 동적(動的)인 의미로는 향후 앞으로 다가 올 문제해결을 위한 방안을 제시하는 활동인 것이다.

즉, 과학의 목표는 개념을 범주화(範疇化)하고, 사건의 예측과 설명이 가능하고, 사건 원인에 대한 이해력을 제공하고 사건을 통제하는 데 있는데 그 의의가 있다.

전술한 바와 같이 네 가지의 목표를 보면 다음과 같다(주삼환 외 역, 1991: 김치영 외, 2015).

1. 개념의 분류체계

우선 개념들이 사물을 조직하고 분류하는데 사용되며, 가장 달성하기 쉬운 목적이다.

일반적으로 현상(懸象)과 사물을 조직하고 분류하는 데는 여러 가지 방법이 있다. 그렇지만 어떤 현상에 대하여 어떤 분류방법을 적용할 것인가에 대해서는 좀 더 명확한 근거기준이 적용되어야 하며, 그 기준은 다음과 같다.

첫째, 분류방법에 대한 포괄성(包括性)이다. 분류의 대상이 되는 모든 사물들은 정확하게 빠짐없이 그 분류체계 안에 속해야 한다.

둘째, 상호독립성(相互獨立性)을 서로 유지해야 한다. 각각의 사물 등이 어디에 분류하여야 할지가 모호(模糊)하지 않고 명확해야 한다.

셋째, 개념의 분류 체계와 여타의 목적을 나타내는 내용에서 사용되는 개념과 서로 일치(一致)해야 한다.

2. 사건의 예측과 설명

과학의 목표가 향후 미래에 일어날 사건을 예측하고, 과거에 일어난 사건을 설명하는 것이다. 다시 말하면 일정한 조건에서 어떤 현상이 일어날 것이라는 것을 사전에 알려주는 것과 과거에 일어난 현상에 대해 인과관계(因果關係)를 통하여 설명해 주는 것이다.

3. 사건의 원인이해 제공

과학의 목표가 어떤 사건의 원인에 대해 이해력을 제공하는 것이며, 이는 하나 이상의 개념의 변화가 다른 개념의 변화와 연결된다는 인과관계구조(因果關係構造)가 넉넉하게 기술(記述)되었을 때 비로소 사건의 원인(原因)에 대한 이해력(理解力)이 제시될 것이다.

4. 사건의 통제

세상이 사건이고 사건이 의사결정의 집합이라면 실제로 의사결정이 일어나는 부분만 통제하면 되지 않겠는가? 그런데 결정은 이곳에서 일어나고 결과는 다른 곳에 축적된다면 헷갈리게 될 것이다. 이것이 인간이 맞닥뜨리는 모든 문제의 진상이다. 부언하면, 저쪽에서 행해진 것을 확인하고 이쪽에서 막아야 하는데 그러기 위해서는 이쪽과 저쪽이 어떻게 연결되는지 그 메커니즘을 파악해야 한다. 세상은 사건의 연결이며 사건은 일련의 의사결정으로 이루어진 에너지 회로다. 의사결정은 두 갈래길 중에서 하나를 선택하는 형식이다.

사건의 통제는 다루는 대상영역에서의 현상을 임의적으로 일으키거나 또는 변화시키는 것을 지칭한다. 진정한 과학적 지식은 이제까지 통제할 수 없었던 것을 통제할 수 있도록 도와준다. 통제의 가능성은 과학의 영역에 따라 차이가 난다.

제4절 과학적 이론

1. 이론의 본질

이론(theory)[6]이란 개념, 원리, 관련성들로 구성된 틀을 사용해서 현상이나 현상들의 관계를 기술하고(describe) 설명하고(explain) 예측하는(predict) 잠정적인 진술문(statement) 혹은 진술문들의 세트다. 이론이란 용어는 좁은 의미와 넓은 의미로 사용될 수 있는데, 좁은 의미의 이론은 현상이나 현상들의 관계에 대한 잠정적인 진술문이라고 할 수 있고, 이러한 진술문들이 모여서 보다 일반적이고 광범위한 현상들을 설명하기 위해 조직화되면 이는 광의의 이론 혹은 이론적 틀(theoretical framework)이 된다. 예를 들어, '내재동기이론'에서 내재동기란 개인이 어떤 행동을 하는 이유가 그 과제 자체에 대한 흥미나 관심과 가은 내적요인 때문에 생기는 동기를 마하는데, 내재동기이론가들에 따라 다양한 요인을 중심으로 '인지평가이론', '과정당화이론', '몰입상태이론'등이 제시되고 있다. 여기서 '내재동기이론'의 이론은 넓은 의미의 이론 혹은 이론적 틀을 말하고 '인지평가이론'이나 '과정당화이론'에서의 이론은 좁은 의미의 이론을 지칭하는 말이다(김아영, 2016).

Kelinger는 이론에 대해 다음과 같이 정의내리고 있다.

> *A theory is a set of interrelated constructs(conceps), definition, and proposition that present a systematic view of phenomena by specifying relations among variables, with the purpose of explaining and*

---

6) 이론(理論)이라는 말은 토론의 환경과 방법론에 따라, 다른 분야의 지식 속에서 수많은 구별된 뜻을 가진다. 과학에서 이론은 수학 또는 논리의 서술이거나 자연현상 모임의 방식의 증명할 수 있는 표본이며, 같은 종류의 관찰이나 미래의 발생을 예측할 수 있고, 실험을 통해 테스트할 수 있다. 이러한 과정을 통하지 않으면 경험론을 통하게 되므로 왜곡(歪曲)이 일어날 수 있다.
일반적인 용도에서, 이론은 예상(豫想), 의견(意見), 숙고(熟考)를 나타내는 데에 쓰인다. 이러한 용도에서 이론은 사실을 기반으로 할 필요는 없다. 즉, 현실에 대해 언제나 참을 표현할 것을 요구하지 않는다. 이러한 용도는 "사실이 아니지만, 이론일 뿐이다"와 같이 잘못된 일반 서술로 비롯될 수 있다. 현실에 대한 참된 서술은 더 숙고(熟考)하여 사람들이 생각하는 것에 대해 독립적으로 "참"인 서술로서 이해된다. 이러한 용도에서에의 이론은 가설(假說)과 동의어로 나타날 수 있다.

predicting the phenomena.

〔이론은 현상을 설명하고 예측하기 위한 목적으로 변수들 간의 관계를 명시함으로써 체계적인 현상관을 나타내는 상호 관련 구성(개념), 정의, 명제의 집합이다라고 정의하고 있다〕

이론의 기능을 표현하면 다음과 같다.

첫째, 현상에 대한 지식의 조직과 요약(organize and summerize): 축적된 지식을 제공하여 새로운 연구를 시작할 수 있다.

둘째, 어떠한 변인과 관계에 집중하게 되는 기능(focus):이론은 모든 현상을 다루는 것이 아니라 관찰자가 제시한 특정한 변인과 현상에 초점을 맞추게 하는 기능이 있다. 지도상에 레크레이션 지역, 주거지역, 피크닉 지역, 쇼핑 센터가 나타나는 것

셋째, 관련 변인들 간의 관계를 규명하여 명백화(clarification): 커뮤니케이션에 있어 관계에 대한 이해는 물론 특정 사건을 해석하는데 도움을 준다. 인간관계의 복잡성을 해석, 설명, 이해하는 길잡이가 된다.

넷째, 관찰적 도움(observation): 현상을 관찰하는 데 도움을 주어, 관찰대상과 관찰방법을 제시한다. 예) 조작적 정의

다섯째, 기존의 연구를 토대로 한 미래의 형상예측(predition): 설득, 태도변용, 심리요법, 소집단 역학, 조직 커뮤니케이션, 매스미디어와 같은 응용 커뮤니케이션 분야에 매우 중요하다.

여섯째, 자기 발전적 기능(heuristic): 이론은 다른 변인들이나 관계를 파악하는데 하나의 지침을 제공한다.

일곱째, 전달의 기능: 이론이 발표되면 자연히 그 이론에 대한 비판과 평가를 유도하여 학계에서 커뮤니케이션이 활발하게 하는 기능이 있다. 즉, 이론적 틀을 제공해주면 토론, 논쟁, 비판의 공개토론장이 된다.

여덟째, 통제의 기능(control): 어떠한 가치와 연구경향에 대한 규범을 제시해주는 기능으로 규범적 기능이라고 한다.

아홉째, 생성적 기능: 어떠한 현상에 대한 이론은 다른 현상에 대한 연구의욕과 방향을 제시해 준다. 과학의 누적성도 이론의 이러한 기능에서 비롯된다고 볼 수 있다.

그러나 사회과학 영역에서 이론이라고 불리는 것들 중에는 위에서 언급한 아홉가지 기능을 제대로 하지 못하는 경우도 있다. 예를 들어 많은 연구자가 심리학계에서 '정신분석학이론'이 이론의 아홉 가지 기능을 할 수 있는가에 대해 문제를 제기한다. 정신분석학이론에 따르면 강박증이 생기는 원인은 항문기에 너무 엄격한 배변훈련으로 리비도(libido)가 충족되지 못하여 성격형성에 부정적인 여향을 미쳤기 때문이다. 그렇다면, 어릴 때 겪은 엄격한 배변훈련이 이후 누구에게나 강박증을 유발한다고 예측할 수 있는가? 강박증을 예방하기 위해서는 엄격한 배변훈련만 피하면 되는가? 이러한 질문에 대한 답은 부정적이다. 즉, '정신분석이론'은 현상을 설명하고 예측하고 통제할 수 있다는 이론의 기능을 제대로 하지 못하기 때문에 과학적 이론이라고 볼 수 없다는 평가를 받는 것이 정설이다.

2. 이론의 특성

이론이 모든 관련된 가능한 현상을 다 설명할 수 있어야 한다는 생각은 잘못된 것이다. 영국의 철학자 칼 포퍼(Karl Popper, 1959)는 경험 과학의 기본 방법으로서의 그 기준을 제안했다. 그는 진정한 과학적 이론들은 절대로 그것의 진위가 확인되지 않는나고 주상했다. 왜냐하면 확실하지 않은 관찰들, 즉 이론에 따른 경험적 예측과 일치하지 않는 관찰은 항상 일어날 수 있기 때문이다. 이런 관찰은 이론에 부합하는 사실들이 얼마나 많이 확인되었는지를 나타내는 횟수와 관계없다. 대신 과학적 이론들은 잘 설계된 수많은 실험들을 통해 이론에 부합하지 않는 결과들이 부재함을 입증하면서 점증적으로 보강되었다. 포퍼에 따르면, 한때 과학적 유효성을 주장했던 점성학, 형이상학, 마르크스주의, 프로이트주의 정신분석학 같은 몇몇 원리들은 경험과학이 아니다. 왜냐하면 그 원리들의 주제는 이 방법에서 거짓임이 입증될 수 없기 때문이다. 과학은 이론을 수립하고 그것을 끊임없이 반증(反證)하려는 시도를 통해서 발전한다고 했다. 다시 말하면, 하나의 이론이 수립되면 이것은 계속적인 경험적 연구에 근거한 증명과 반증을 통해 법칙이라는 확고한 지위를 얻게 되거나, 아니면 틀린 것으로 확인되어 폐기된다. 혹은 부적절한 부분에 대한 수정이나 부족한 부분에 대한 보완이 이루어지면 계속 유용한 이론으로 남아 있을 수도 있다. 초기 심리학의 이론들 중에는 반증하는 경험적 연구결과들로 수정, 보완을 한 것들이 많이 있다. 예를 들어, 초기 학습된 무기력이론에서는 모든 실패경험이 부정적이고 무기력을 학습하게 한다고 했으나, 실패경험도 긍정적인 효과를 초래할 수 있다는 경험적 연구들이 나타나면서 건설적 실패이론을 파생시켰다(Clifford, 1984; 김아영 외, 2016).

더불어 모든 이론이 기능(機能)할 때 동일한 수준으로 효과적인 것은 아니므로 이론은 여러 측면에서 평가되어야 한다. 이론은 그것이 다루는 내용의 범위라는 측면에서 볼 때 매우 미시적(微視的)인 이론일 수도 있고 거시적(巨視的)인 이론일 수도 있다. 예를 들어 보면, 모든 인간의 기억이나 정보처리 과정에 관한 이론들은 미시적인 이론이라 할 수 있다. 이에 반해 장 피아제(Jean Piaget)의 인지발달이론은 인간발달의 다양한 측면과 전체 과정을 모두 설명하기 위해 만들어진 거시적인 이론이라고 할 수 있다.

또한 이론은 현실과의 관련성의 측면에서 평가될 수 있다. 그리고 어떤 이론은 실험실에서는 효과적으로 기능(機能)하지만 현실에서 일어나는 현상들을 설명하기 위해 적용할 때는 잘 맞지 않는 경우가 자주 있다. 예컨대 실험실의 결과를 현장으로 일반화할 수 있는 이론마다 다소 다르다는 것이다. 좋은 이론은 이와 같은 현실적용 가능성 혹은 생태학적 타당성(ecological validity)이 높아야 한다(김아영 외, 2016).

일반적으로 이론이라 함은 가능한 이론은 간단하고, 명확해야 한다. 다시 말해서 단순해야 한다는 것이다. 다시 말하면 좋은 이론은 현상을 설명하고 미리 예측하기 위해 최소한의 개념(概念) 또는 가정(assumption: 假定)들만 필요로 한다. 심리학 이론들 중에는 자극과 반응의 연결로 행동을 설명하는 행동주의이론과 이와는 다르게 매우 복잡한 내용들로 이루어진 장 피아제(Jean Piaget)의 인지발달이론이 대표적으로 서로 다른 간단하고 명확한 정도를 나타내는 이론이라고 보면 될 것이다.

이론이 얼마나 오랜 기간 유지될 수 있는가를 결정하는 데는 그 이론이 기초하고 있는 가정(assumption)의 역할이 자못 크다. 여기서 가정이란 그 이론이 성립하기 위해 필요한 전제조건으로 증명을 필요로 하지 않으며, 또한 가정은 강한 가정과 약한 가정 두 가지로 구분해 볼 수 있다. 우선 강한 가정이란 특별한 조건이나 전제를 포함하고 있어서 보편적인 것으로 수용되지 못하는 가정을 의미한다. 그러므로 강한 가정을 많이 포함하거나 강한 가정에 기초한 이론은 반증가능성(反證可能性)이 높아서 오래 지속되지 못하는 반면에, 모든 사람이 수용할 수 있는 약한 가정에 기초한 이론은 오래 유지될 수 있다.

제5절 과학적 연구의 종류

1. 기초연구와 응용연구

연구 유형의 분류는 여러 방식으로 분류되어 진다. 가장 단순한 분류방식은 전술한 바와 같이 과학적 연구의 기능에 따른 분류방법이다. 과학적 연구는 이론을 개발하고 문제해결을 위한 방안을 찾기 위한 것으로, 이러한 기능에 비추어 연구의 유형을 분류 할 수 있다. 이 분류방식에 의하면 학술적이고 과학적인 이론 개발을 위한 기초정보를 제공하고, 이것에 기초한 근거로 새로운 이론을 개발하고, 지금까지의 이론을 검증하고, 좀 더 정확하고 세심하게 예측을 위해 보다 구체적인 조건을 포함시켜 정련(精練)시키고, 또한 부적절한 부분을 수정(修正)하기 위해 수행하는 연구는 기초연구[7](basic research)라고 한다.

또한 기초연구는 순수기초연구와 목적기초연구로 나눌 수 있으며 목적기초연구는 특수한 실용적인 목적을 위해 수행되는 응용연구와 뚜렷이 구별되지 않는 경우가 많다.

이에 따라 연구의 주체도 대학이나 공공연구기관에서 기업으로 확대되고 있다. 기초연구는 장기적으로 기술혁신의 밑거름이 될 뿐 아니라 응용개발 연구와 고급 인력의 양성에 필수적이다. 또한 기초연구의 성과는 그 자체로 커다란 문화적·사회적 의미를 지니고 있다.

---

7) 기초연구하면 먼저 기초과학(基礎科學: fundamental science 또는 basic science)이라는 용어를 떠올리게 된다. 일반적으로 기초과학은 공학(工學)이나 응용과학(應用科學) 등의 밑바탕이 되는 순수과학(純粹科學)으로 자연과학의 기초 원리와 이론에 대한 학문을 뜻한다. 통상적인 의미로 기초과학은 영리활동을 목적으로 두지 않은 순수한 지적(知的) 호기심에서 나오는 학문의 진리 탐구 자체를 목적으로 하는 학문 분야라는 뜻에서 순수과학(純粹科學: pure science)이라고도 한다.

한국의 경우 다른 나라에 비해 기초연구 기반이 취약함에도 불구하고, 단기적인 실용성과 직접적인 경제발전에 기여하는 측면만을 강조해왔고 따라서 분야별 불균형이 심화(深化)되어온 것이 사실이다. 이러한 문제점을 극복하기 위한 국가적 차원의 노력으로 기존 한국과학재단의 기금을 늘리는 등 기초연구를 위한 투자를 확대하고 있다. 또한 각 대학마다 분야별 기초연구소를 설립하여 집중적이고 균형 있는 기초연구의 기반을 조성하며 대학원 교육을 강화하는 한편 학회활동을 활성화하고 국제학술활동을 지원하며 외국의 대학이나 연구기관과의 협력관계를 증진하는 정책을 추진하고 있다.

인문과학에 속하는 기초 학문 분야로는 언어학, 문학, 역사학, 철학, 종교학, 심리학 등이 있고, 자연과학에 속하는 기초 학문 분야로는 과학과 기술 발전의 기초가 되는 물리학, 화학, 생물학, 지구과학 등이 있다. 고대에는 이러한 인문 · 사회과학과 자연과학의 구분이 명확하지 않아서 많은 고대 학자들은 이런 여러 분야에 대해 기초 지식들을 두루두루 가지고 있는 경우가 많았으나, 문명 발달과 더불어 점차 각각의 학문 분야의 지식 축적이 많아지면서 자연스럽게 개별 분야들이 분화되어 각각의 이름을 가지게 되었다. 그러나 여전히 많은 기초 학문 분야는 소위 말하는 응용과학(또는 실용과학) 분야에 비해서 역사가 오래된 것이 많고, 또한 이러한 응용과학의 기초가 되는 학문인만큼 많은 교육과정에서는 이러한 기초 학문의 교육을 강조하는 경향이 강하다.

그런 반면에 기존에 개발된 이론에 기초로 해서 교육이나 임상 또는 산업장면과 같은 실제적인 상황에서 문제해결 방안을 찾거나 효과적인 프로그램을 개발하고 그 효과를 검증하기 위해 수행하는 연구를 응용연구(applied research)라고 한다. 또한 응용연구는 기초연구의 성과를 구체적으로 이용할 수 있는 가능성을 모색하고 이를 실증하기 위해 이루어지는 연구 활동으로서 이 단계에서는 정부나 기업이 중심적인 역할을 수행한다. 응용연구를 통해 기초연구성과의 구체적 이용가능성이 실증되면 비로소 이를 바탕으로 제품화나 실용화 또는 공업화를 위한 연구 활동이 전개되는데, 이 단계가 개발단계이며, 이를 특히 실용화연구(實用化硏究)라고도 한다.

예컨대, 학업수행을 향상시키는 것으로 제안된 자기조절학습이론에 근거하여, 다양한 학습전략의 사용을 권장하는 학업향상 프로그램을 개발하고 학생들에게 직접 프로그램의 효과성을 검증하기 위해 수행하는 연구를 응용연구라고 한다. 대표적인 응용연구의 예로는 실행연구(action research)[8)]와 평가연구(evaluation research)가 있다. 실행연구는 원래 양적 연구에서 주로 활용되었는데 최근에 질적 연구에서 더 큰 관심을 가지고 활용하고 있어서 다음 절에서 자세히 다루기로 한다.

평가연구는 현장에 도입된 프로그램을 평가하거나, 연구의 성과를 평가하고, 학교나 기관을 평가하기 위한 목적에서 수행된다. 평가연구는 특히 교육현장에서, 교수와 학습 향상을 위해 도입된 프로그램이 과연 효과가 있었는가를 평가하기 위한 목적에서 광범위하게 수행되고 있다(김아영, 2016).

2. 양적 연구와 질적 연구

일반적으로 연구는 자료를 수집하는 방법과 수집된 자료의 특성, 분석방법, 결과가 제시되는 방식 등에 따라, 또한 연구를 위한 자료수집의 대상이 양적인 것이냐 질적인 것이냐에 따라 크게 양적연구(量的硏究: quantitative research)와 질적연구(質的硏究: qualitative research)로 구분된다. 양적 접근과 질적 접근은 상호 대립적인 것이 아니며 연구에서 알아내려는 것이 무엇이고 그 목적을 달성하기 위해서 어떤 접근이 더 효과적이냐의 시각으로 보아야 할 것이다. 이런 맥락에서 보면 최근에 주목받고 있는, 하나의 연구에서 두 가지 접근방법을 모두 적용하는 혼합방법 연구(mixed methods research)를 연구 유형 분류 체계에 포함시키는 것은 당연한 것이다.

또한 연구자는 연구문제에 따라 어떤 방식의 연구를 수행할지 결정해야 하는데,

8) 실행연구(action research)는 데이터를 체계적으로 분석하여 그것을 바탕으로 변화가 필요한 실행항목을 선택하는 변화과정이다. 집단에 실제로 작용해서 현장의 관계자와 전문가가 협력해 현실의 사회장면의 전개과정을 관찰, 기록, 분석을 하는 등의 연구를 하고 그 성과를 집단에 피드백함으로써 집단 내 문제의 개선이나 향상에 도움이 되게 하는 방법이고, 집단역학 연구법의 하나이다. 집단 내 인간관계의 개선, 집단 활동에서의 생산성 향상 등의 측면에서 적용되고 있다. 실행연구는 계획된 변화를 실행하기 위한 과학적 방법을 제공한다. 진행방법으로는 첫째, 진단으로 질문을 던지고 인터뷰, 문서조사, 관심사에 대해 들어준다. 둘째, 분석으로 사람들이 핵심으로 생각하는 문제점은 무엇인가? 이러한 문제점에 대해 어떤 패턴이 있는가? 이런 정보를 주요 관심사, 문제영역, 가능한 대응책 등에 적용한다. 셋째, 피드백으로 두 단계에서 발전된 정보를 직원들과 공유하는 것을 요구, 변화관리자의 도움을 받아 필요한 변화를 가져오기 위한 실행계획 세우는 것이다. 마지막으로 넷째는 평가로 실행계획의 유효성에 대해 평가하는 것이다.

때로는 양적연구와 질적연구를 혼합하는 방식의 연구가 진행되기도 한다.

사회과학 영역에서 양적 연구와 질적 연구를 비교하면, 우선 양적 연구는 1800년대 초반에 프랑스 철학자 오귀스트 콩트(Auguste Comte)가 주창한 논리적 실증주의에 근거를 두는 접근이며, 행동을 이해하기 위한 방법으로 관찰과 추론을 중시한다. 이에 비해 질적 연구는 1900년대 초반에 막스웨버(Max Weber)와 마가렛 미드(Margaret Mead) 등이 주창한 접근으로 자연주의적이고 구성주의적인 접근이다(Cohen, Manion, & Morrison, 2011: 김아영, 2016 재인용).

1) 양적연구

양적연구는 질적연구와 달리 기존에 어느 정도 알려진 이론이나 문제를 탐구하는 것을 말한다. 그러므로 양적연구자들은 자료수집을 통하여 수집하고, 수집한 자료를 분석하여, 결과를 도출한다. 또한 연구자는 유추된 가정을 중심으로, 이론적인 프레임(frame)에 맞추어 추론을 진행하게 한다.

이와 같은 과정에서 연구자는 가정과 이론에 대한 약간의 선행적인 지식을 가지고 있다. 이를 바탕으로 연구자는 실험결과물과 현상을 통해 정해진 이론을 검정하고자 한다.

그러므로 양적연구는 실제로 일어나는 현상과 활동을 검토하여, 다음과 같은 사항을 밝혀가는 것이며, 본질적으로 이론적인 탐구를 한 것임에 틀림이 없으며, 다음과 같다.

- 기존 이론의 보강
- 기존 이론의 비판
- 새로운 이론 또는 법칙의 발견
- 현재의 이론적 과제에 대한 응답 및 대책방안
- 기존의 이론 대신에 새로운 이론 또는 법칙의 탐구

2) 질적연구(김명호 외, 2016)

일반적으로 알려지지 않은 이론 또는 문제에 대하여 탐구하는 것을 말한다. 따라서 질적연구자들은 주어진 현상으로부터 정확한 정보와 이론을 제시하시 못하는 경우가 있다. 다시 말하면, 연구자는 있는 그대로의 사실을 기술(記述)하는 연구결과의 해석에 집중하게 된다. 그러므로 질적연구는 기존의 연구를 정리하고, 다음과 같은 점을 상세하게 설명해 나가는 것이다.

- 새로운 개념규정
- 새로운 이론의 프레임(frame)
- 새로운 이론적 과제 및 문제
- 기존의 이론에 대한 비판
- 현재의 이론적 과제에 대한 응답
- 현재의 개념과 규정에 대한 비판

3) 양적연구와 질적연구의 비교

(1) 철학적 배경의 비교

양적연구는 실증주의를 그 철학적 배경으로 하기 때문에 개인의 주관적인 심적상태와 관계없이 사회현상의 사실과 그 원인을 추구하는데 반해서 질적연구는 현상학적 접근을 철학적 배경으로 하기 때문에 인간의 행동을 행위자 자신의 준거틀(frame of reference)에서부터 이해하려고 한다. 이러한 이유는 인간의 상징적 의미의 세계에 살고, 이 의미들이 인간의 행위를 지도해 준다는 전제 때문이다. 따라서 인간의 세계는 주관적으로 의도된 의미의 세계이므로 이러한 사회 행위자의 의도성을 고려하지 않고 인간행위를 서술할 수는 없다는 입장이다. 이런 입장에서 보면, 진리라든가 실재라는 개념은 객관성이 있는 것들이 아니라 주관적인 개개인이 같은 현상이라도 다른 시점, 다른 상황에서는 다르게 해석할 수 있는 성질의 것이다. 이러한 이유로 사회생활의 어떠한 측면이든 그것을 가장 잘 이해하자면 주어진 상황에서 각기의 연구대상인 주체자를 통해서 연구하는 것이 최선의 길이라는 것이다.

(2) 자료수집 방법의 비교

질적연구는 배경이 되고 있는 현상학적 접근에서는 실증주의의 접근과는 다른 문제를 다루고 다른 해답을 구하기 때문에 그들의 연구방법도 다른 기법을 채용한다. 실증주의적으로 접근하는 양적연구에서는 조작적으로 정의된 변수간의 관계를 증명할 수 있는 방법을 통해서 사실과 원인을 규명한다. 따라서 주로 변수에 대한 수량적 자료를 산출할 수 있는 설문지, 면접용 조사표, 인구분석 등의 방법을 사용한다. 반면 주관주의적으로 접근하는 질적분석에서는 연구대상인 개체가 주관적으로 보는 세계를 이해할 수 있도록 해주는 기술적인 자료를 산출하는 것을 목적으로 삼기 때문에 연구대상과 긴밀한 관계를 유지할 수 있는 참여관찰, 개방형 비조직적 면접 및 사적 기록물 등을 자료수집의 방법으로 사용한다.

자료수집의 방법을 자료를 얻는 상황과 연구가 추구하는 목적에 따라 분류해보면 양적 및 질적연구의 자료를 좀 더 명확히 구분할 수 있다. 우선 연구자가 어느정도 의식적 및 인위적으로 상황을 통제하는가를 의미하는 자료수집 상황의 형식성에 따라 분류해 보면 다음과 같다. 연구자가 수집할 수 있는 자료는 말(언어적 반응)과 행위(비언어적 반응)이기 때문에 4분법의 공간에서 양적연구의 방법들은 자료를 얻는 상황에서 통제성이 큰 방법으로 언어적, 비언어적 자료를 수집하고 있으며, 질적연구의 방법들은 상황이 통제성이 작은 비형식적 방법으로 언어적, 비언어적 자료를 수집하고 있음을 알 수 있다. 또한 자료수집의 방법을 연구가 추구하는 목적에 따라 분류하면 다음과 같다. 경험적인 가설검증을 목적으로 하는 양적연구의 자료는 수량적 표상의 성격을 가지고 있으며, 관찰대상인 행위자 관점의 이해를 목적으로 하는 질적연구는 자연언어의 성격을 가진 자료를 통하여 개인과 집단의 동기, 의미, 감정 등과 같은 주관적 삶의 세계에 접근하고자 함을 알 수 있다.

(3) 기타 대표적인 차이점 비교

양적연구와 질적연구의 차이점을 연구의 과정과 연구의 과정에서 연구자가 취하는 특징에서 나타나는 대표적인 차이를 정리하면 다음과 같다.

〈표 1-2〉 양적연구와 질적연구의 차이점

비교	양적연구	질적연구
연구의 초점	양(얼마나 많이)	질(본성과 본질)
대표적언어	실험, 경험, 통계	현지작업, 민속학적 주관, 자연적, 경험근거
표본	대표본, 무작위, 대표성	소표본, 임의적, 이론적
자료수집	도구사용	연구자가 직접수집
자료분석	연역(통계이용)	귀납(연구자의 분석)
연구결과	정확, 좁은 범위, 환원	포괄적, 총체적, 확장성
질적연구의 역할	준비단계에서 사용(예비적임)	행위자의 해석의 탐색수단
연구자/대상자 관계	없거나, 멀거나, 간접적	매우 긴밀하고 직접적, 가까움
연구자의 입장	외부자적 입장	내부자적 입장
이론과 연구관계	미리 확정된 상태(확정적)	그 때 그 때 달라짐(불시적)
연구의 전략	구조적(조직적)	비구조적(비조직)
발견의 성격규정	보편타당적	개체적
사회적 실체의 상(이미지)	정적, 행위자 외부에 존재	과정적, 행위자에 의해 구성
자료의 성격	견실, 신뢰성 있는	풍부, 심층적인
연구자와 주체의 거리	외부자	내부자
연구결과의 영역	보편적임	표의적임
자료의 성질	딱딱함, 신뢰적임	풍부함, 심층적임

자료: https://cydemo.tistory.com/134 참고로 저자 재작성

따라서 양적 연구는 가치중립적(객관적)이고, 연역적 접근을 주로 하고, 연구자와 연구대상자를 독립적인 주체로 보는 것에 비해 질적연구는 가치지향적(주관적)이고,

귀납적 접근을 하며, 연구자와 연구대상은 상호의존적인 주체로 본다. 적용하는 연구방법론 또한 차이가 있어서 양적연구는 실험과 조사에 의한 자료수집과 수집된 자료의 수량화와 통계적 분석을 중시하는 데 비해 질적 연구는 직접 및 참여관찰과 면접을 통해 자료를 수집하고 폭 넓은 자료의 내용분석과 자세한 기술을 중요시한다.

두 접근방법에는 각각 제한점이 있다. 양적 연구는 연구대상이 되는 변수 외에 포함된 다른 변수들의 통제가 어렵고, 결과의 타당성 확보가 어려우며, 개인의 특성을 무시하고 평균적인 집단 특성에 초점을 두는 것이 문제점으로 지적된다. 반면, 질적 연구는 자료 축적에 많은 시간이 소요되고 수집이 어려우며, 자료수집의 표준화된 절차가 없어 신뢰성 확보가 어려우며, 연구결과가 제한적 표본에 의존하므로 일반화 가능성이 부족한 점이 문제점으로 지적된다.

이러한 문제점을 극복하기 위해 최근에는 하나의 연구에서 이 두 가지 접근을 병행하는 혼합방법 연구가 도입되어 적용되고 있다. 혼합방법에는 양적 연구나 질적 연구 중 한 가지를 주로 하고 다른 방법을 보조적인 수단으로 사용하는 접근방법과 두 가지 방법을 동일한 비중을 두어 결과를 통합하는 접근방법이 있다.

(4) 양적연구와 질적연구의 통합

연구의 주체에 따라서는 양적연구방법과 질적연구방법을 동시에 적용해 연구를 진행할 수도 있다. 특히 이런 방식은 각각의 방법이 갖고 있는 단점을 보완하여 보다 풍부한 정보를 제공해 줄 수 있다. 특히 최근의 연구 동향을 보면 이러한 양적연구방법과 질적연구방법을 병행하는 방식으로 연구하는 추세를 볼 수 있다.

3. 기술적 연구, 실험연구 및 기타 연구

일반적으로 연구 유형을 분류하는 또 다른 체계는 연구결과를 얻고자 하는 것이 무엇인가? 즉 연구 목적이 무엇인가를 중심으로 분류하는 방식이다. 이 방법에 따르면 관심의 대상이 되는 사건이나 상황을 정확하게 기술하여 파악하는 것이 목적인가 아니면 어떤 현상에 대한 인과관계를 파악하려는 것이 목적인가에 따라 기술적 연구와 실험연구로 나누어 볼 수 있다. 또한 인과관계에 대한 파악을 위해 실험을 수행하기는 하지만 실험연구에서 갖추어야 하는 모든 조건을 갖추지 못한 유사실험연구(quasi-experimental research)혹은 준실험연구도 있다(김아영 외, 2016).

1) 기술적 연구 방법(descriptive research methods)

기술적 연구 방법(descriptive research method)은 관심의 대상이 되는 연구 주제의 현 상태를 파악해서 체계적으로 기술하고 요약하는 것이 목적이다. 기술적 연구는 현상에 대한 인과관계를 파악하는 것보다는 특정한 사실이나 현상을 있는 그대로 정확하게 기술해서 현황을 파악하는 것이 목적이다. 그러므로 실험연구가 아닌 대부분의 사회과학에서 수행하는 연구들은 기술적 연구라고 할 수 있다. 기술적 연구는 다양한 형태로 진행될 수 있는 방법들을 포함하고 있으며 실험연구와 대조적으로 비실험적 연구(non-experimental research)로 분류하기도 한다.

기술적 연구는 자료수집의 형태에 따라 다양한 방식으로 진행될 수 있다. 기술적 연구는 대표적인 자료수집 방법으로 관찰(observation). 면접(interview), 설문조사(questionnaire survey), 문화기술지(ethnography) 수집 등이 있으며, 양적 · 질적 연구방법 모두에서 사용되는 방법들을 적용한다.

또한 기술적 연구 방법(descriptive research methods)은 관찰(observation)을 토대로 어떤 현상이나 행동에 대해서 전후 배경을 단순히 묘사하는 방법이다. 만약 이 방법에 의해서 얻은 결과를 단순한 묘사 차원에 그치지 않고 인과관계의 차원으로 설명하고자 시도할 때에는 심각한 오류가 발생하게 된다. 예를 들어보면 한 학생이 도서관을 향해서 빨리 가고 있음을 관찰했다고 가정해 본다. 이 상황에서 그 학생이 급히 도서관을 간 이유를 굳이 추론하는 일은 과학적인 요건에는 정확히 부합되지 않는다. 여러 이유가 있겠지만 다음 주에 있을 중간고사 시험을 준비하기 위해서 도서관으로 급히 갔을 것이라는 추론과 또한, 정작 그 학생이 생각하는 속마음은 그게 아니라 생리현상으로 급해서 도서관으로 갔다는 의외(意外)의 답이 나올 수도 있다. 관찰을 이용한 기술적인 연구 방법에서는 이와 같은 오류가 쉽게 발생하는데, 이러한 오류가 생기는 이유는 행위자와 관찰자 사이에서 발생하는 편향(偏向)때문인 이유이다. 그럼에도 불구하고 기술적 연구 방법은 관찰에 의존하는데, 여기에는 다음과 같은 몇 가지 방법이 있다.

(1) 자연관찰(naturalistic observation)

관찰자가 전혀 조작하거나 통제를 하지 않는, 또는 할 수 없는 자연 상태에서 일상적으로 발생하는 사건이나 행동을 관찰하는 것이며, 관찰의 대상자는 자신이 관찰되고 있는지를 모르고 있는 상태의 관찰 방법이다. 예를 들면, 부모와 자녀의 상호작용을 관찰하고자 할 때 집에서 일상생활을 하고 있는 장면을 몰래 촬영하여 그 내용을 분석하는 것이다. 이러한 방법의 사용은 전혀 꾸밈이 없고 믿을 만한 행동을 관찰하면서 알지 못했던 현상이나 행동을 찾아낼 수 있다는 장점이 있지만, 동의 없이 관찰한다는 윤리적인 문제가 제기될 수 있을 뿐만 아니라 관찰의 결과를 해석할 때 진술했던 행위자와 관찰자 사이에 편향의 가능성이 매우 높다는 약점이 있다.

(2)실험연구(experimental research)

실험연구(experimental research)는 어떤 현상에 대해 원인으로 추정되는 처치를 실험집단에 실행한 후 그 결과에 기초해서 인과관계를 확인하는 접근방법이다. 인과관계를 확실히 파악하기 위해서 실험연구에서는 처치를 받는 실험집단과 처치를 받지 않는 통제집단(control group)을 두어 처치효과를 비교한다. 다시 말하면, 실험연구에서는 원인으로 추정되는 독립변수(independent variable)에 조작(manipulation)을 가해서 그 결과로 나타나는 종속변수(dependent variable)에서의 변화를 관찰함으로써 처치효과, 즉 독립변수의 원인으로서 기능을 확인하는 것이다.

실험연구에서는 독립변수의 효과를 검증하기 위해 연구자는 연구대상자들을 실험집단과 통제집단으로 나누어야 한다. 이때 집단을 어떻게 나누느냐가 매우 중요한데 실험집단과 통제집단에 배정할 대 참여자들의 개인적 특성이 연구결과에 영향을 미칠 수 있기 때문이다. 이러한 영향을 배제하기 위해 두 집단에 포함될 사람들을 무선배정(random assign)해야 한다. 이처럼 참여자들을 무선배정한 실험을 특별히 진실험연구(true experimental research)라고 부르기도 하는데, 이는 참여자들을 실험집단과 통제집단에 무선적으로 배정함으로써 실험 시작 전에는 두 집단의 특성이 동일할 것이라고, 즉 종속변수에 대한 측정을 한다면 같은 평균을 보일 것이라고 가정할 수 있게 한다. 따라서 만약 실험 후에 두 집단의 종속측정치에서 차이가 발생했다면, 이것을 처치효과 때문이라고 추정할 수 있는 것이다. 그러나 만약 실험 처치를 시작하기 전에 두 집단이 어떤 특성에서 차이가 있는지에 대한 확인을 하지 못했다면 실험 후에 측정된 두 집단의 측정치에서의 차이를 실험 처치만의 효과라고 말하기는 어려울 것이다(김아영, 외, 2016).

또한 이 방법은 관찰자가 인공적인 상태에서 나타나는 행동을 관찰하는 방법으로 관찰자가 실험실을 조직해 두었기 때문에 행동의 원인 등을 자연관찰 방법보다 추론하기가 더 쉽다. 그렇지만 관찰의 대상자도 자신이 관찰되고 있다는 사실을 알 수 있는 가능성이 클 뿐만 아니라 비자연적인 상태의 관찰이므로 나타난 행동이 실제 상황에서도 그렇게 나타나는지를 정확히 알기가 어렵다.

(3) 사례 연구(case study method)

관찰이나 면접 등의 다양한 방법을 이용하여 특정한 사람이나 집단 또는 사건을 이해하는 심층조사기법(in-depth investigations)으로, 간혹 임상연구(clinical study)라고도 부른다. 관찰 방법으로는 자연관찰이 이용되는데, 어떤 사실을 검증하는 것이 아니라 주로 무언가를 탐색하는 것이 목적이다. 탐색된 정보는 다른 사람들의 행동이나 다른 사건을 이해하는 데 이용된다. 예를 들면, 바람직하지 못한 행동의 원인과 함께 새로운 또는 더 나은 치료기법을 찾아내거나 그와 같은 행동을 예방해 주는 목적으로 이용된다.

사례 연구 자체가 연구 방법은 아니지만, 연구자들은 '질적인 자료(qualitative date, 수량화하지 않거나 시키기 어려운 상태의 관찰된 정보)'를 사례 연구로 얻고서 이를 분석하고 있다. 사례 연구의 장점으로는 질적으로 상세한 정보까지 얻을 수 있으며, 추후 연구에 대한 통찰을 얻을 수 있다. 또한 비윤리적이거나 실제 상황에서 연구가 어려울 경우에 대한 허용된 연구라고 할 수 있다. 그러나 사례연구의 단점으로는 연구 결과를 일반화하기 어려울 뿐만 아니라 '복제연구(replicaiton study, 이전에 시도했던 연구와 동일한 결과가 나오는지를 확인하기 위하여 동일한 연구 방법을 응용하여 반복하는 연구)'를 시도하기가 어렵고, 시간이 상당히 많이 소요되며, 주관적인 감정 등이 결과에 영향을 준다는 것이다.

(4) 조사(survey reasearch)

특정한 연구 대상(개인, 집단)을 상대로 생각이나 태도, 행동에 관한 정보를 수집하는 방법인데, 면접이나 질문지를 이용하는 경우가 가장 일반적이다. 연구 대상을 직접 만나서 조사할 수도 있지만, 간접적으로 접촉하는 것(예: 전화, 인터넷, 우편 등을 이용함)도 가능하며, 또 자료를 양적으로 측정하는 것(예: 수치로 응답하도록 함)도 가능하지만 질적인 자료의 측정도 가능하다.

조사를 통한 자료 수집의 단계를 간단히 살펴보면, 조사의 목적에 따라서 무슨 정보를 얻을 것인지, 어디서 어떠한 방법으로 자료를 얻을 것인지를 결정한 다음, 주제에 따른 질문지를 개발하고, 연구 대상자를 선정하고, 자료를 수집한 후에 분석하고 결과를 해석하는 것이다. 조사에 의한 연구 결과를 일반화하기 위해서는 무엇보다도 연구 대상자의 선정이 매우 중요하다. 연구에 관련된 전집(全集: population)중에서 일부를 표본(sample)으로 추출할 때 표본이 전집을 잘 대표할 수 있어야 한다.

2) 상관법

상관법(correlational methods)은 행동의 연구에서 관심이 있는 변인들 사이의 관련성, 가장 간단하게는 두 변인 사이의 관련성을 살펴볼 수 있는 연구 방법이다. 두 변인 사이의 인과관계를 살펴보는 실험을 시도하기 전에 예비연구의 차원에서 상관법이 응용되기도 하지만, 두 변인 사이의 인과관계가 존재한다고 가정하더라도 여러 가지 이유로 현실적으로 인과관계를 밝히는 실험을 시도하기가 어려운 경우, 예를 들면 윤리적인 문제가 제기될 수 있는 경우 상관법에 의존할 수밖에 없다. 또 두 변인의 인과관계를 언급하기가 애매할 경우에도 상관법을 이용한다. 구체적으로 키와 몸무게의 관계를 살펴보면, 키가 크기 때문에 몸무게가 많이 나간다고 할 수도 있지만, 그와 반대로 몸무게가 많이 나가므로 키가 크다고 표현할 수도 있다. 이처럼 두 변인이 관련되었어도 어느 쪽이 원인이고 어느 쪽이 결과인지를 명확하게 할 수 없는 경우에는 상관법을 이용하게 된다.

상관법에서의 변인 사이의 관련성이 어느 정도인가는 상관계수(correlation coefficient, 'r'이라는 부호로 표기됨)라는 통계치를 이용하여 나타낸다. 상관계수의 범위는 +1.00에서 -1.00까지이며, 절대치가 클수록 관련성이 높음을 의미한다. 두 변인 사이의 상관이 높다는 것은 한 변인을 토대로 다른 변인을 예측할 수 있는 가능성이 커진다는 뜻이다. 두 변인의 관련성은 크게 두 방향이다. 하나는 두 변인이 동시에 증가하거나 감소하는 관계에 있기 때문에 상관계수가 0보다 크면서 +1에 가까워지는 것으로, 이를 정적 상관(positive correlation)이라고 부른다. 다른 하나는 한 변인의 양이 증가할 때 다른 변인이 감소하는 관계에 있기 때문에 상관계수가 0보다 작아지면서 -1에 가까워지는 것으로, 이를 부적 상관(nagative correlation)이라고 부른다. 예를 들면, 키와 몸무게는 정적 상관의 가능성이 높지만, 온도와 껴입는 옷의 수는 부적 상관의 가능성이 높다고 할 수 있다. 한편 두 변인 사이의 관련성이 낮을수록 상관계수는 0에 가까워진다.

전술한 바와 같이 소개한 조사연구나 자연관찰 등의 방법으로 찾아낸 자료를 수치로 표현 했을 경우 상관법을 적용할 수 있다. 상관법에 의한 연구 방법의 약점은 변인들의 관련된 정도를 수치로만 표현했을 뿐 인과관계를 전혀 설명해 주지 못한다는 점이다. 예를 들면, 일반적으로 인구가 늘어날수록 교회의 수도 늘어나고, 범죄 건수도 늘어난다. 그렇다고 하더라도 교회의 수와 범죄 건수는 서로 관련성이 있을 뿐이지 인과관계로 해석할 수 있는 상황이 아니다. 상관법은 한 변인이 다른 변인의 원인이라고 증명할 수 있는 방법이 아니지만, 상관계수의 속성을 응용하여 그 변인의 인과적인 관련성을 간접적으로 보여주는 분석 방법은 존재한다. 예를 들면, 변인들끼리의 상관의 정도를 기초로 한다.

3) 유사(준) 실험연구

진실험연구에 필요한 조건들을 갖추지 못하는 경우, 가능한 한 진실험연구의 조건과 유사하게 만들려고 하는 시도를 하는 연구를 유사실험연구 혹은 준실험연구라고 한다(Campbell & Stanely, 1963). 연구참여자들을 두 집단에 무작위로 배정하는 것이 불가능해서 이미 구성되어 있는 집단, 즉 기존집단(intact group)을 각각 실험집단과 통제집단으로 사용하는 경우이거나, 혹은 독립변수의 조건을 연구자가 원하는 대로 조작하여 처치하지 못하고 주어진 조건을 그대로 사용해야 하는 경우, 즉 조작불가능한(non-manipulative)독립변수를 포함하는 경우를 유사실험연구라고 한다. 예를 들어, 어느 교사가 자신이 개발한 공부방법의 효과를 검증하기 위해 실험을 하려고 한다고 가정하자. 그 교사는 자신이 가르치고 있는 학교의 학생들을 대상으로 실험을 계획하고 있다. 진실험연구를 위해서는 실험집단과 통제집단에 포함시킬 학생들을 무선적으로 선정하거나 실험을 원하는 학생들을 무선적으로 두 집단 중 하나에 배정해야 한다. 그러나 현실적으로 학교현장에서 무선적으로 두 집단을 구성하는 것은 어려운 일이다. 따라서 이 교사가 자신이 가르치는 학습을 실험집단으로 하고 또 다른 학습을 통제집단으로 삼아 실험을 진행하려고 한다면, 이는 유사실험을 설계하는 것이다. 이 교사는 또한 개발한공부방법의 효과와 더불어 이 공부방법의 효과가 남학생과 여학생들에서 차이가 나타는지도 알고 싶어 한다. 이런 경우 성별이라는 독립변수의 효과를 확인하기 이한 실험을 진행해야 하는데, 성별은 연구자가 조작할 수 있는 독립변수가 아니고 이미 조건이 주어진, 조작이 불가능한 변수이므로 유사실험을 수행하는 상황이다.

실생활 장면에서 실험을 수행해야 하는 경우는 불가피하게 무선배정이나 독립변수의 조작이 불가능한 경우가 많고, 특히 학교장면에서 수행하는 실험연구는 교실을 단위로 하는 유사실험연구로 진행할 수밖에 없는 경우가 많다. 이처럼 무선적으로 선정하지 못하고 실험집단과 효과를 비교하기 위해 도입된 집단은 통제집단이라고 하기 보다는 비교집단(혹은 대조집단, contrast group)이라고 부르는 것이 적절하다(김아영 외, 2016).

4) 기타 연구

(1) 인과 비교 연구

인과비교 연구(casual-comparative research)는 'ex post facto(사후)' 연구라고도 하는데 이미 나타난 결과에 대해 기존의 자료를 조사하고 분석함으로써 가능한 원인을 찾아내어 인과관계를 파악하는 것을 목적으로 한다(Isaac & Michael, 1995). 이미 존재하는 자료를 분석하기 때문에 기술적 연구 유형으로 취급할 수도 있지만 인과관계에 대한 파악을 목적으로 하므로 실험연구로 볼 수도 있다. 그러나 실험연구는 통제된 조건에서 나타나는 새로운 자료를 수집하는 반면 인과비교 연구는 과거에 수집된 자료를 사용한다는 점에서 차이가 있다.

예를 들어, 비행문제로 징계를 받은 학생들이 많은 한 고등학교를 대상으로 지난 몇 년간의 학생부를 분석하여 비행문제의 발생 원인을 찾아내기 위해 분석할 수 있다. 이때 비행과 관련이 있는 문제행동으로 음주 여부, 흡연 여부, 가정의 형태, 부모의 사회 경제적 지위의 수준 등에 따라 비행문제의 발생 정도를 비교함으로써 가장 영향력 있는 원인을 찾을 수 있을 것이다.

인과비교 연구는 기존에 수집된 자료를 분석하기 때문에 새로운 자료를 수집하는 노력을 줄일 수 있다는 장점이 있으나, 독립변수에 조작을 가하거나 가외변수를 토제하는 것이 불가능하기 때문에 결과적으로 나타난 인과관계가 타당한가에 대한 확신이 없다는 단점이 있다. 다시 말해서 관찰된 현상이 발생한 것이 그 원인 때문인지 아니면 조사되지 않은 다른 원인 때문이지를 알기가 어렵다는 것이다. 또한 실험집단과 통제 집단을 나눌 때 무선배정이 불가능하다는 점도 인과관계에 대한 확실한 결론을 내기 어렵게 만드는 요인 중 하나다.

(2) 발달 연구

심리학에서는 인간 행동의 변화를 연구한다. 행동의 변화는 다양한 원인에 의해 나타날 수 있지만 단순히 시간의 흐름에 따라 나타나는 변화도 있다. 발달심리학에서는 기본적으로 나이가 다르고 성장이나 성숙 수준이 다른 개인들에서 차별적으로 나타나는 행동변수에 관심을 갖는다. 발달연구(development study)는 시간의 흐름에 따른 성장의 패턴이나 순서 혹은 변화를 탐색하는 것을 목적으로 삼는다. 따라서 발달연구는 지적 발달이나 정서나 사회성 발달과 같은 다양한 차원에서의 변화나 진전 상태에 관심을 갖게 된다. 발달연구는 자료수집 방법에 따라서 종단적(longitudina)접근과 횡단적(cross-sectional) 접근으로 나눌 수 있다.

① 종단적 연구

종단적 성장연구에서는 동일한 개인들의 발달의 여러 단계에 덕친 행동의 변화를 수집하여 변화의 정도와 유형을 연구한다. 종단적 연구에서는 같은 개인들로 구성된 집단이 일정 기간 동안 연구대상이 된다. 종단적 연구 설계는 연구대상을 선정하는 방법에 따라 다음과 같이 세 가지 유형으로 구분할 수 있다.

㉮ 패널 연구

패널 연구(panel study)란 고정된 대상으로부터 반복적으로 동일한 내용을 조사해서 변화의 양상을 확인하고자 하는 종단적 연구의 한 가지다. 예를 들어, 하나의 모집단으로부터 표본을 선정하고 연구기간 동안 각기 다른 시점에서 동일한 대상을 반복적으로 조사하여 변화를 연구하는 접근방법이다.

초기 심리학 분야에서 진행된 대표적 종단연구들은 패널연구의 예라고 할 수 있다. 예를 들어, 미국 스탠퍼드 대학교의 Lewis Terman이 1921년 영재아동 1,525명을 대상으로 시작한 'Genetic studies of Genius' 연구는 아직도 진행되고 있는 장기 종단연구다(Woolfolk, 2007). 그 외에도 1928년부터 시작된 'Berkeley Growth and Guidance Studies' 또한 대표적 발달종단연구 중 하나다(이성진, 2005). 한구에서 수행된 발달연구 분야의 장기종단연구로는 서울대학교의 이성진이 1975년부터 한국행동과학연구소를 중심으로 시작한 「한국아동의 종단적 연구」가 있으며 이를 위한 자료수집이 30년 이상 진행되었다(이성진, 2005), 또한 한국에서는 최근에 정부출연 연구기관들을 중심으로 패널데이터 수집이 시작되어 현재는 거의 모든 연구소에서 자체적으로 패널데이터 수집을 진행하고 있다. 가장 먼저 시작한 것은 2001년부터 시작한 한국고용정보원의 청년패널이고, 이후 청소년정책연구원의 한국청소년패널, 한국교육개발원의 「한국교육종단연구」를 위한 패널데이터를 포함해서 수많은 패널데이터가 수집되고 있다.

패널연구의 장점은 동일한 대상을 연구하므로 특성이나 행동의 변화를 주목할 수 있고 변화의 원인 탐색이 가능하다는 것이다. 그러나 연구의 기간이 길어지면 대상자들의 탈락으로 표본이 줄어드는 단점이 있다. 또한 동일한 측정도구를 반복적으로 사용해야 하기 때문에 발생하는 문제들이 있는데 첫째, 같은 척도를 반복적으로 실시할 때 발생하는 연습효과나 기억효과가 변화를 제대로 탐지하지 못하게 할 수도 있고, 둘째, 기간이 길어짐에 따라 측정 내용이 시대적 변화를 반영하지 못할 수 있다. 이런 경우, 측정하고자 하는 심리적 요인에 대한 타당한 측정도구로서의 기능에 문제가 있을 수 있다.

㉯ 동년배연구

또 다른 유형의 종단적 연구에서는 구성원이 같은 특정 모집단을 일정 기간 동안 반복적으로 연구하지만 매번 다른 표본을 대상으로 한다. 예를 들어, 중학생의 흡연에 대한 태도가 성장함에 따라 어떻게 변화하는지를 알고 싶은 경우 현재 중학교에 다니는 1학년생들을 대상으로 표본을 하나 선정해서 흡연에 대한 태도 척도를 실시한다. 그리고 그 다음 해에 2학년이 된 이 학생들 중에서 다시 표본을 선정해서 같은 척도를 실시한다. 동년배연구(cohort study)에서는 이와 같은 방식으로 매년 같은 전집으로부터 다른 표본을 선정해서 얻은 태도 척도에 대한 반응의 변화를 조사함으로써 시간의 흐름에 따른 동년배집단의 태도 변화를 알아 볼 수 있다. 이 방법은 매년 같은 학생들을 추적해서 동일한 척도를 실시할 때 발생하는 단점을 보완할 수 있다. 즉, 패널 연구에서는 같은 학생들을 추적하는 것이 번거롭기도 하고, 도 반복적인 측정을 거무하는 학생들도 생길 것이다. 그러나 동년배집단을 사용하면 동시대를 사는 사람들이 갖는 일반적인 특성은 유사할 것이므로 동일한 전집으로부터 매번 다른 표본을 선정해서 나타난 결과는 시간의 흐름에 따른 변화임을 추론할 수 있다.

㉰ 경향연구

같은 전집을 대상으로 같은 주제를 장기간 반복해서 연구하지만 전집의 구서원은 변할 수 있고, 표본도 매번 다른 접근방법이다. 경향연구(또는 추세연구, trend study)에서는 전집의 구성원이 바뀌어도 전집 내의 구성원들의 특성은 별로 다르지 않을 것이라는 가정 하에서 무선표집 아식을 통해 주기적으로 전집으로부터 표본을 선정해서 조사한다. 예를 들어, 한국 기업 CEO들의 기업윤리에 대한 생각이 향후 10년 동안 어떻게 변화할 것인가를 파악하고자 한다면, 매년 같은 시기에 전경련에 등록된 CEO 명단에서 무선적으로 100명씩 추출하여 표본을 구성한다. 이렇게 구성된 표본은 그 시기의 한국 기업 CEO 전집을 대표하므로 이들을 대상으로 설문을 실시하여 분석하면 CEO들의 기업윤리에 대한 생각의 변화를 알 수 있을 것이다.

② 횡단적(橫斷的) 연구

횡단적 연구 설계에서는 행동의 발달에 따른 변화를 탐색하기 위해 일정 시점에서 여러 연령의 아동들을 동시에 조사(調査)해서 변화의 정도와 유형을 간접적으로 비교한다. 즉, 서로 다른 발달 단계에 있는 아동들을 한 시점에서 동시에 조사하는 방법이다. 패널연구와 같은 종단적 연구에서는 동일한 참여자들을 시간의 흐름에 따라 반복적으로 관찰해 나가기 때문에 다양한 변수의 발달 진전 상황을 조사할 수 있는 반면, 횡단적 연구에서는 제한된 요인들에 대한 내용만을 연구할 수 있다는 한계가 있다. 또한 횡단적 연구에서는 여러 연령수준의 연구참여자 집단들을 표집해서 비교하기 때문에 표집 과정 중에 발생하는 집단들 간의 차이와 발달에서의 차이가 혼입될 가능성이 높다.

횡단적 접근을 통해 발달의 변화를 조사하는 경우 동년배집단(同年輩集團: cohort)효과를 염두에 두고 해석해야 한다. 횡단적 접근에서의 기본전제(基本前提)는 연구를 수행하는 시점에서 표집(標集)된 집단들의 특성이 발달이 진행된 미래의 시점에서도 도입(導入)한다는 것이다. 예를 들어, 발달에 따른 인터넷 중독 정도의 차이를 조사하기 위해 현재 중학교 3학년과 고등학교 3학년에 다니는 학생들을 대상으로 표집해서 인터넷 중독(中毒)의 정도를 조사하여 비교하고자 한다면, 현재 중학교3학년생들이 고등학교 3학년이 되었을 때 현재 고등학교 3학년생들과 동일한 심리·사회·문화적 환경의 영향을 많이 받는 특성이라고 하면 횡단적 접근을 통해 나타난 결과는 3년 후에 현재의 중학교 3학년생들이 고등학교 3학년이 되었을 때 얻어질 수 있는 결과와 상이(相異)할 것이 자명(自明)하므로 이와 같은 접근은 타당하지 못한 결과를 낳게 될 것이다.

③ 동년배집단 계열설계(系列設計)

발달에 따른 변화 추세를 확인하기 위해서는 종단적 연구방법이 이상적이기는 하지만 종단적 연구는 시간과 노력이 많이 드는 제약이 있으며 또한 시간의 흐름에 따라 발생하는 참여자 탈락률의 증가가 문제가 된다. 특히 장기종단연구의 경우는 연구결과를 얻기까지 걸리는 시간이 매우 길다는 점이 가장 큰 제한점이다. 따라서 종단적 연구와 횡단적 연구 방법을 혼합해서 설계할 수 있다. 이러한 접근을 동년배집단 계열설계(cohort sequential design)혹은 단기종단연구라고도 한다.

동년배집단 계열설계에서는 한 시점에서 출생연도가 다른 몇 개의 집단을 동시에 표본으로 추출해서 몇 년에 걸쳐 추적연구를 수행한다. 다시 말해서 현재 중학교 1

학년, 2학년, 3학년생 집단을 각각 선정해서 이들을 5년 내지 10년간 주기적으로 조사를 한 후에 발달 경향을 비교하는 것이다. 이러한 접근은 시간에 따른 변화와 동년배집단에서의 차이를 모두 반영하지만 종단적 연구와 같은 긴 시간을 투자하는 것을 줄일 수 있다는 장점이 있다. 〈표 1-3〉은 다양한 발달연구 유형에 따른 다수의 자료수집 시점에 포함된 표본의 구성을 보여 준다. 각 표본을 구성하는 참여자들은 패널설계처럼 동일한 경우도 있고 그렇지 않은 경우도 있다.

〈표 1-3〉 발달연구 유형에 다른 자료수집 시점과 표본 예시

연구 유형	종단적 설계			횡단적 설계	복합적 설계
	패널설계	동년배설계	경향설계		동세대집단 계열설계
시점1	중 1[a]	중 1[a]	중 1[a]	중 1[a], 중 2[b], 중 3[c]	
시점2	중 2[a]	중 2[b]	중 1[b]		
시점3	중 3[a]	중 3[c]	중 1[c]		

주: 위첨자로 표시한 문자가 같은 것은 동일한 표본임을 나타냄
자료: 김아영 외, 『혼자 쓰는 연구논문』, 학지사, p.33.

(3) 실행연구

이론의 개발과 정련 및 수정에 목적을 두는 기초연구는 실용적인 기능을 잘 하지 못한다. 따라서 이론이 개발되면 그 이론을 현장에 적용하여 실질적인 변화를 유도하기 위한 목적에서 실행연구를 수행할 수 있다. 실행연구는 주로 교육현장에서 일하는 현장전문가들이 자신의 교수활동이나 학생들의 학습을 증진시키기 위해 문제점을 찾아내고, 새로운 기술이나 접근방법을 개발하여 교실이나 현장에서 직접 적용함으로써 문제를 해결하고자 수행하는 연구 유형이다. 실행연구는 수집하는 자료의 유형과 특성에 따라 양적 연구와 질적 연구 접근 모두에서 수행될 수 있다.

최근에 많은 관심을 받고 진행되는 유형의 실행연구는 쿠르트 레빈(Kurt Lewin, 1948)에 의해서부터 시작되었다고 볼 수 있다(Lodicom Spaulding, & Voegtle, 김아영 외, 2006 재인용). 로디코(Lodico, 2006) 등에 의하면 레빈(Lewin)은 기존의 교육적 실천에 도전하는 한 가지 방식으로 사회적 실천을 유도하는 연구의 필요

성을 주장하면서 교육자들이 자신의 교육실천을 향상시키기 위한 연구에 참여할 것을 권장했다.

실행연구는 일반적으로 비판적 실행연구(critical action research)와 실제적 실행연구(practical action research)로 나누어진다. 비판적 실행연구는 목하(目下) 진행되고 있는 교육적 실제의 문제점을 도출하여 전반적인 교육 실제를 향상시키기 위한 새로운 프로그램이나 방법을 개발하고 도입하는 것이 목적이다. 또한 실제적 실행연구는 교실이나 학교 상황에서 수행되어 교사 개인의 교육실천에서의 문제를 확인하고 해결방법을 찾는 것이 목적이다(Lodico et al., 2006: 김아영외, 2016 재인용). 로드코(Lodico) 등이 제시한 실행연구의 일반적인 특징은 다음과 같다.

첫째, 실행연구는 실무-연구자(practitioner-research) 자신의 교육 상황, 즉 교실이나 학교, 상담실 속에서 자신의 문제를 중심으로 공동연구자들과의 협력 하에 진행하게 되므로 실무자는 연구에 적극적으로 참여하게 된다. 둘째, 실행연구는 교육을 진행하는 과정에서 관련된 다른 교육자나 연구자들과 협력적으로 진행된다. 셋째, 실행연구는 교육실천을 변화시키고 향상시키기 위해 실행하는 것에 초점을 둔다. 넷째, 실행연구는 계속적인 작업으로 자료수집, 반추 그리고 실행 과정이 몇 회기에 걸쳐 반복적으로 진행된다.

실행연구는 충분한 관찰과 성찰을 통해 연구문제를 명확히 하고, 적절한 실행계획을 수립해서 필요한 경우 공동연구자들과 협력해서 실시한 후, 그 결과를 교수나 학습을 증진시키는 데 사용하는 일련의 과정을 통해 진행할 수 있다(Lodico et al.,m 2006). 실행 연구는 교육실천가들 사이에서 사용이 계속 증가하는 추세이며, 특히 질적 연구에서 현장관찰이나 면담을 통한 자료수집 후에 얻은 결과에 기초해서 현장에 도움이 될 수 있는 개입을 위해 활용되고 있다(김아영 외, 2016).

제 2 장

사회과학의 이해 및 과학적 연구

제 1 절 사회과학의 개념 및 발전

1. 사회과학의 배경

사회과학[9]은 인간이 만든 도덕(道德)·종교(宗敎)·예술(藝術)·법(法)·정치·경제·교육 등을 그 대상으로 한다는 측면에서 자연현상을 과학적·체계적으로 연구하는 자연과학과 대비된다.

9) 사회과학의 역사를 살펴보면 자연과 구별되는 의미에서의 인간사회 제현상(諸現象)에 관한 학문은 인문학과 사회과학으로 대별된다. 인문학은 그리스·로마 및 중국·인도의 고대 철학을 그 원천으로 한다. 그렇지만 사회과학은 근대 이후에 발생했다고 할 수 있다. 사회과학의 원천을 플라톤이나 아리스토텔레스의 사상에서 구(求)한다면 그 기원이 BC 5세기로 거슬러 올라가나, 여기에는 큰 무리가 있다.
그 이유로는 첫째, 플라톤과 아리스토텔레스의 사상에는 '이데아'의 관념에 전형적으로 나타나 있는 것처럼 인식(認識)과 사고(思考)의 틀이 경험주의적(經驗主義的)·실증주의적(實證主義的)인 성격을 띠지 않았으며 둘째, 고전·고대의 폴리스(polis)는 노예제(奴隸制)를 바탕으로 하는 소규모의 도시국가로서 전문적인 관료제 조직이나 직업적인 분화(分化)가 결여되었으므로 이 시대의 국가와 사회에 관한 사유는 근대 국민국가 및 시민사회에 관한 사유와 원리적으로 다르며, 셋째, 중세에 이르러 이런 국가론과 사회론의 전통이 완전히 단절(斷絶)되었던 점 등을 고려할 때 사회과학의 원천을 고대 그리스의 철학에서 찾는 시도에는 무리가 있다.
사회과학의 성립 기반으로는 일반적으로 17~18세기 영국과 프랑스의 계몽주의(啓蒙主義) 사조(思潮)가 언급된다. 계몽주의는 인간의 이성적 판단을 유일한 기준으로 한다는 점에서 합리주의(合理主義)를 핵심적인 내용으로 하고 있었으므로 자연과학적인 사고에 적합했다. 실제로 디드로(Diderot)와 콩도르세(Condorcet) 등 계몽주의 사상가 중에는 자연과학자인 사람들이 많았다.
사회과학은 자연과학의 방법을 자연과는 다른 대상인 사회현상에 연장하여 적용하려는 시도 속에서 발생했는데, 이것은 자연과학의 방법이 실증주의적이므로 사회과학을 실증과학(경험과학)으로 확립하려는 노력이었다고 할 수 있으며, 영국의 로크·흄에서 비롯된 경험론, 프랑스의 생 시몽(Saint-Simon)과 콩트(Conte)에서 시작된 실증주의 등이 사회과학의 원류(原流)가 되었다.

일반적으로 사회과학을 사회에 관한 과학이라고 할 때는 '과학'의 의미가 문제가 된다. 과학이라는 용어에 대한 가장 넓은 정의는 그것을 학문 일반과 동일시하는 것인데, 이때는 자연과학 외에도 사회과학 · 인문과학이 모두 과학으로 간주된다.

독일어의 '비센샤프트(Wissenschaft)는 이러한 용법으로 자주 쓰이는 말인데, 이 경우 인문과학에 포함되는 형이상학(形而上學) · 문헌학(文獻學) · 사상사(思想史) 등도 과학으로 분류된다. 그러나 사회과학이 방법적으로 자연과학으로부터 강한 영향을 받아왔다는 사실을 고려할 때 사회과학에서의 과학을 좀 더 엄격하게 정의할 필요가 있다.

과학이라는 말을 좁은 의미로 정의하면 17세기 이래 자연과학에서 확립된 방법을 사용할 때만으로 한정할 수 있는데, 이때 과학은 수학 및 논리학(論理學)을 사용하여 연역적으로 이론적 명제를 정식화하고, 그 명제들을 관찰 또는 실험을 통하여 경험적으로 검증(檢證)하는 방법의 측면에서 정의된다. 이와 같이 과학이라는 용어를 엄격하게 정의하면 인문과학은 과학이 아니므로 그냥 인문학이라고 하는 것이 타당하다. 그러나 사회과학에 관해서는 견해가 일치되지 않고, 사회과학은 방법적으로 자연과학과 동일하다는 입장의 실증주의적 과학관과 이에 대립하는 이념주의적 사회과학관의 둘로 나뉘어져 있다.

2. 사회과학의 개념

일반적으로 「사회과학」이라 하면 글자에서 알 수 있듯이 사회[10]에 대해 연구하는 학문이다. 그러므로 「사회과학」은 인간 한 사람 한 사람과 그를 구성하고 있는 집단, 조직 또는 그들이 펼치고 있는 사회현상과 가치를 연구하는 학문이다.

또한 사회과학은 근대가 낳은 산물로 철학과 자연과학이 고대 그리스에서부터 만개하였다고 한다면, 「사회과학」은 근대 사회에 시작이 되어 현대에 들어와 만개하였다고 할 수 있다. 그렇다고는 하지만, 처음부터 인간사회에 관한 연구가 「사회과학」이라는 용어로 정착한 것은 아니었다(정병기, 2017). 근대시대가 시작되어 점차 발전을 거듭하여 자본주의가 도래하면서 「사회과학」의 초점과 관점도 많은 변화가 일

10) 본 글에서 「사회」라 함은 우리 인간들로 구성된 사회를 칭한다.

어나 그에 따라 부응되는 용어도 판이하게 다르게 되었다.

어느 것이 먼저라고 할 수는 없다. 그렇지만 학술적으로 먼저 사용된 용어는 18세기 이전 독일에서 처음으로 등장한 정신과학(Geisteswissenschaften)으로 알려져 있다. 이 용어는 인간사회는 자연과 달리 정신적인 것이라는 사고에 근거를 두고 있다.[11] 전술된 두 개의 용어는 모두 자연과 인간을 서로 대립시켜 사회과학이 자연과학과 다른 학문분야인 것을 강조한다는 뜻인 것이다.

또한 이후에 프랑스에서는 인간과학(science humaines)이라는 용어로 사용되었다. 이 말은 인간도 마찬가지로 자연의 일부라는 관점이 포함되어 있다는 측면에서 독일식 사고와는 판이하게 상이한 것이었다. 정신과학과 인문과학이 독일식 관념론의 소산이라고 한다면, 인간과학은 자연에 입각해서 인간을 보기도 하는 프랑스식 유론의 관점에 근거한 것이라고 할 수 있을 것이다. 인간현상을 자연현상에 대립적인 것으로 파악하지는 않았다고 하더라도, 인간과학도 인간사회 자체를 연구대상으로 삼게 되었다는 측면에서 사회과학 발전의 중요한 계기를 구축했다.

사회과학(social sciences)이라고 하는 용어가 학술적으로 맨 처음 사용된 것은 19세기 초·중반 영국에서 출발하였다. 자연과학과 일정하게 구분하여 인간사회를 연구대상으로 하는 학문의 성립이 독일에 이어 프랑스에서 먼저 발전함으로써 대륙유렵의 학문 전통이 나타났다. 그러나 가장 늦게 발전한 영국의 인간사회 연구가 사회과학으로 성립한 이후에는 거꾸로 대륙유렵으로 전파되었다. 특히 영국의 사회과학은 근대 사회의 발전과 함께 특유의 경험론적 전통에서 비롯됨으로써 정치학과 경제학에서 가장 빠른 발전을 하게 되었다. 영국에 이어 대륙유럽에서는 근대 사회과학을 가장 먼저 발전시킨 프랑스의 경우, 부르주아와 프롤레타리아 간의 갈등과 결부된 사회학이 중심에 서 있었다. 그런 반면에 독일에서는 국가와 사회 간의 뒤늦은 대립으로 인해서 법학과 역사학이 먼저 발전하게 되었다.

그런 이후 미국에서도 이와 같은 유렵의 학풍이 전파되어 19세기 중반부터 미국

11) 「사회과학」 용어 변천에 대해서는 水田洋 長洲一二: 미즈다요우, 나가스이찌니(1995), 『사회과학강의: 사회과학발달사』, 장명국역, 석탑pp.19-24. 「정신건강」이라는 용어가 18세기 이전에 이미 사용되고 있었다. 그러나 자연과학과 분리되는 용어로써 체계적으로 정의된 것은 딜타이(Wihelm Dilthey: 1833~1911)의 『정신과학 입문(Einleitung in die Geistws in die Geisteswissenschaften)』, (1883)에서 였다. 이러한 체계화는 J. S.밀(John Stuart Mill: 1806-1873.)의 ‘도덕과학’에 대한 대응이기도 했다(정병기, 2017).

예외주의(exceptionalism)[12]의 위기가 부상함에 따라 동시에 독일의 역사학 전통으로부터 영향을 받아 사회과학이 서서히 자리 잡게 되었다. 그러나 미국의 사회과학은 이후 더욱 독자적으로 발전하면서 과학적 기법을 중심으로 하는 여러 분과학문들로 제일 먼저 분화해 갔다(정병기, 2017). 이후 근대를 지나 현대로 들어서면서부터 대부분의 국가에서 비슷한 분화·발전이 형성되어졌다.

분류의 정의에 통일된 관점이 존재하는 것은 아니지만, 사회과학 분과학문들은 순수사회과학(purity social science)과 준사회과학(semi-social sciences) 그리고 응용사회과학(sciences with social impications)으로 나눌 수 있다(정병기, 2017). 순수사회과학은 전통적 영역인 정치학, 경제학, 역사학, 법학[13] 등을 비롯해 새로운 분과학문들인 인류학, 사회학, 경영학을 포함하며, 최근에 들어와 사회복지학과 사회사업학 및 언론정보학도 내포한다. 또한 준사회과학에는 윤리학을 비롯하여 교육학, 철학 그리고 심리학이 있으며, 응용사회과학에는 지리학, 언어학 등이 함께 포함된다.

3. 사회과학의 의의

사회과학은 인간의 모든 행위, 즉 개인의 독자적인 행동과 타인과 상호 관련되어 나타나는 사회적 행동을 연구대상으로 하여 사회현상이나 인간의 사회적 행위를 분석하고 종합하여 아지 드러나는 않는 미지(味知)의 사실이나 일반적 법칙을 알아내려는 인간의 지성적 활동에 의한 지식체계(知識體系)를 지칭한다. 바꾸어 말하면 사회

---

12) 미국의 예외주의(American exceptionalism)라는 것은 독특한 기원과 역사 발전 과정, 정치 제도 등을 가진 미국은 다른 나라들과는 다른, '특별한' 국가라는 것이다. 1830년대 미국을 면밀히 관찰했던 프랑스 사회학자 알렉시스 드 토크빌(Tocqueville)이 처음으로 이 말을 만들어냈다. 이후 미국인의 민족적 자부심을 드러내는 말로 사용되면서, 외부에선 '미국의 우월주의'를 나타낸다는 비판을 받아왔다. 특히 조지 부시(Bush) 전 대통령 시절 공화당 네오콘(신보수주의자)들은 이 개념을 신봉하며 대외 정책에 활용해왔다. '미국 편이 아니면 적'이라는 이분법적 접근도 여기서 나왔다.
이는 미국은 다른 국가와는 차별성을 가지며 특별한 의미를 지니고 탄생한 국가라는 신념을 의미한다. 이는 외교정책의 실행에 있어서 도덕주의, 이상주의의 모습으로 표현되었고, 구원주의(Messianism) 정서와 결합하여 미국적 가치를 해외에 강제로 적용하려는 정책적 노력과 정당화 시키는 도구로 기능하였다.

13) 일반적으로 대학 학제편상으로 법학은 독립된 단과대학으로 존재하고 역사학은 인문대학인데 속하는 경우가 다반사다. 그렇지만 두 학문은 확실히 사회현상을 다루고 있으므로 계열학문 구분상 사회과학에 속한다. 다만, 역사학은 과거의 역사적 사회현상을 주로 다룬다고 할 수 있다(정병기, 2017).

과학은 사회체계 안에서 나타나는 여러 현상(現像)중에서 발견될 수 있는 규칙성에 대하여 추상적(抽象的)·일반적·체계적인 설명을 하는 학문이라고 일반적으로 정의를 내릴 수 있다. 그러므로 사회과학은 인간의 모든 행위를 연구대상으로 한다. 연구대상이 되는 인간의 행위는 개인의 독자적인 행동과 개인이 여타의 사람과의 상호관계(相互關係)를 맺으면서 행하는 공동행위이다. 즉 사회적 행위의 두 가지로 구분할 수 있는데 이는 사회적인 인간의 행위에 의해 일어나는 모든 현상(現像)을 사회현상(社會現象)이라고 한다. 즉 사회현상이란 사람과 사람들과의 관계에서 이루어지는 인간의 상호작용(相互作用)의 사회과정에서 일어나는 일련(一連)의 사회적 형태라고 할 수 있다. 그러므로 사회현상은 생태학적(生態學的), 기술적 그리고 사회적인 관련 하에서만 생성될 수 있다. 생태학은 생명체계(生命體系), 무생명체계(無生命體系) 등 자연과학의 고유한 영역까지 포함하고 있으며, 기술은 인간과 자연과의 작용(作用)과 반작용(反作用), 적극적인 자연구조(自然構造)와 소극적(消極的)인 자연에의 순응관계(順應關係)를 나타내며, 사회는 인간이 그 목적 달성에 이용하고자 만들어 낸 인위적(人爲的)인 조직을 일컫는 것이다.

사회과학은 성격상 경험과학(經驗科學)이고, 역사과학(歷史科學)이며, 사회현실에 대한 전체적 인식과학(認識科學)이다.

사회과학은 대체로 기술적 사회과학과 분석적 사화과학으로 구분된다. 우선 기술적 사회과학은 사회의 구조와 상호작용 및 발전을 기술(記述)하는 것으로 고고학(考古學), 인류학(人類學), 사회학(社會學) 등을 들 수 있다. 그리고 분석적 사회과학은 현대사화에 특별한 중점을 두면서 사회형태의 제 측면을 결정하는 기저(基底)의 관계들을 발견하며, 사회복지(社會福祉), 경제학(經濟學), 법학(法學), 정치학(政治學), 심리학(心理學) 등이 여기에 해당된다.

이와 같이 사회과학은 자연과학(自然科學)의 방법론(方法論)과는 원천적(源泉的)인 차이를 나타내고 있다. 사회조사방법론(社會調査方法論)에서 응용(應用)되는 사회통계학(社會統計學)을 자연과학에서 논의되는 순수과학(純粹科學)과 자연과학 간의 근본적인 차이점을 무시(無視)하게 된다(김치영 외, 2015).

또한 사회과학은 자연과학과는 조금 다르게 피란델로 효과[14](Pirandello effect)

14) 사회조사방법론을 논함에 있어 항상 고려해야 하는 것은 사회과학이란 자연과학과는 달리 피란델로 효과(Pirandello effect)에서부터 벗어날 수가 없다는 점이다. 즉, 피란델로 효과란 자연과학에서는 관찰대상

에서 벗어나기 힘들다. 즉 사회과학에서는 관찰대상이 관찰자 자신이 되기도 하므로 사회현상을 분석하는 과정에서 객관성이 결여될 가능성이 자못 크다.

사회과학과 자연과학의 방법론의 차이를 보면 다음과 같다(이홍탁, 1994).

첫째, 사회과학에서는 사고(思考)의 가능성이 제한되어 있지만, 자연과학에서는 사고의 가능성이 무한하다. 즉, 사회과학은 생각하는 영역이 한정되어 더 이상 넓게 볼 수 없다는 것이다.

둘째, 사회과학 방법론의 분석기법은 단순한 하나의 허례허식에 지나지 않고 중요성이 없지만, 반면 자연과학 방법론에서는 수학공식과 같은 분석방법에 의한 사고의 도식화(圖式化)를 강조하는 것이 상이(相異)하다.

셋째, 사회과학은 독창적(獨創的)이고 유일한 성격의 학문이지만, 자연과학은 누적적(累積的) 성격을 가지고 있는 학문이다.

넷째, 사회과학은 사회문화적 특성의 영향을 받지만, 자연과학은 사회문화적 특성과 관련되는 영향은 받지 않는다.

다섯째, 사회과학 방법론에서는 조사연구자의 개인적 심리상태(心理狀態)나 가치관(價值觀) 등의 영향을 받지만, 자연과학 방법론에서는 조사연구자 개인의 개성이나 사회적 지위(地位)에 영향을 받지 않는다.

여섯째, 사회과학 방법론에서는 명확하고, 확실한 결론을 짓기 어렵지만, 자연과학 방법론에서는 명확하고, 확실한 결론을 짓는다.

일곱째, 사회과학에서는 새로운 이론이라도 지금까지의 이론과는 단절되지 않은 성격을 갖는다. 그렇지만 자연과학에서는 지금까지의 이론과는 전혀 다른 신이론(新理論)이 자주 나타난다.

4. 사회과학의 대상 및 성격

사회과학은 인간의 개인 자질과 성격, 동향을 그 연구대상으로 한다. 그리고 인간

물과 관찰자가 구별되지만 사회과학에서 양자가 혼연일체가 되는 경우가 많아 관찰대상이 관찰자가 되기도 하여 사회현상 분석과정에 객관성이 결여될 가능성이 농후하다.

상호 간의 대립과 행동의 조정 또는 통제 등을 주요 과제로 하는 학문이 통설이다. 그러므로 사회과학은 먼저 자연과학과는 상이하게 인간의 정신과 개별적, 사회적 행위를 하나의 범주로 설정하게 된다. 여기서 더 나아가 사회과학의 대상은 인간의 상관계와 사회적 행위를 포함하고 있으므로, 인간에 의해 형성되고 인간을 규제할 수 있는 사회조직과 사회제도를 또 다른 범주로 구성한다(한영춘, 1994).

사회과학의 형성 및 초기 발전이 늦은 이유를 주로 이러한 대상의 성격에서 찾는 경우가 많다(박정호 역, 1998). 우선 자연과학과의 본질적인 차이를 강조하는 지적을 엿볼 수 있다. 사회현상과 가치를 다루는 사회과학은 실험이 불가능하고, 정의(正義), 미(美)와 같은 절대적이고 초시간적인 가치를 연구하므로 과학적 분석의 영역이 될 수 없다는 것이다. 그러나 최근의 사회과학은 분과학문의 분화와 함께 실험방법과 같은 과학적 방법을 속속 강구하여 보다 나은 연구들을 축적해 왔다. 그러므로 현대에 와서 이와 같은 판단은 의미를 잃어버리게 되었다.

그러나 이 보다 더 중요한 성격이자 조금 늦어지게 된 발전의 이유는 다른 데에 있다. 사회과학은 인간 각각의 심리는 물론 그 심리가 행동으로 표출되는 행위와 그 행위들의 상호관계까지 연구대상으로 하기 때문에 많은 어려움에 봉착하게 된다. 각 개인들의 심리와 행위가 함께 작동하는 사회관계에는 각 개인의 성격과 행위가 작용하는 행위자적 요인 외에도 여러 종류의 많은 변수들도 함께 작용하여 예측을 난해하게 하기 때문이다. 그러나 이와 같은 이유도 사회과학의 성격과 발전을 완벽하게 설명할 수는 없다.

이와 같은 성격은 사회과학의 연구대상과 방법의 문제를 넘어서 연구자의 태도와 행동에도 관련이 된다. 사회과학은 근대가 낳은 산물로써 봉건질서와 전체정치에 대한 저항을 통해, 계속 성장해 오늘에 이르렀다. 미국 사회과학도 이와 같은 측면에서는 예외가 될 수 없다. 유럽의 사회과학 발달이 근대의 정치적 민주주의 성립과 밀접히 관련된다면, 미국의 사회과학은 자본주의적 모순이 미국에서도 나타날 수밖에 없음을 인정하는, 예외주의에 대한 반성을 통해서 형성된 이유인 것이다.

그러나 사회과학도 일정한 발전을 거듭하면서 기존의 학문으로 성장한 이후에는 과도한 과학적 엄밀성만을 강조하며 비판적 성격을 많이 잃어버리게 되었다. 이는 곧 지금까지 질서에 봉사하는 학문이 됨으로써 발전속도가 느려졌음을 알 수가 있다.

사회과학은 '알고 있다'라고 하는 사실만을 강조하는 단순한 지식의 영역이 아니라 진리를 파헤치는 학문의 한 분야라고 할 수 있다. 그 중에서도 인간의 사상과 감정, 행위와 그 사회적 관계를 연구대상으로 하는 학문으로서 사회적 진리를 탐구하는 영역이다. 따라서 사회과학은 주관적 판단과 지배질서의 통합에 매우 쉽게 노출될 수 있다. 따라서 사회과학은 보편적 진리에 다다르기 위해 객관성을 유지해야 하지만, 기존 질서의 모순을 드러나게 하여 사회적 진리를 나타내게 하는 비판적 관점도 확보해야 하는 학문이다.

5. 현대 사회과학의 특징[15)]

일반적으로 현대 사회과학의 발전은 1920년 중·후반 이후 학문의 변화 경향과 맥을 함께하며, 1960년대 말을 전후한 사회비판 경향의 확대에서도 많은 중요한 영향을 받았다(한영춘, 1994). 그러므로 현대 사회과학은 연구 과제와 방법론 및 언어 사용과 사회관 등에서 확연해진 변화를 나타났다. 그 변화를 보면 첫째, 연구과제가 여러 분야로 매우 다양해졌다. 교통 및 통신, 산업 등 사회 모든 분야가 발전하면서 각 개인의 구체적인 행동이나, 환경문제, 그리고 국제문제 등 사회생활이 좀 더 복잡 다원화 되면서 연구대상도 점차 복잡 다양해지고 있다. 둘째, 학제적 연구방법의 활성화를 들 수 있다. 연구과제가 여러분야로 나누어짐에 따라 사회과학 내의 인접 분과학문들의 방법론은 물론 자연과학적 방법도 도입하여 활용하고 있다. 물론 이와 같은 경향은 과도기라고 지칭되는 1920년대 중반 이전 20세기의 과학주의를 반영한 것이다(정병기, 2017). 심리학의 실험방법이 다른 사회과학 분야로써 확대 적용되었으며, 이는 수학의 통계기법, 또는 검증기법들이 도입되기 시작하였다. 셋째, 수학의 도입에 따라 경제학 분야에서 활발하게 이루어진 바와 같이, 공통언어의 사용이 확대되어 적용되었다. 분과학문별로 체계화 수준이 높아짐에 따라 좀 더 엄밀한 개념 정의가 강조되고 그에 따라서 공통된 언어를 사용하는 경향이 자리매김된 것이다. 이는 물론 사회과학 내의 분과학문들 사이뿐만 아니라 동일한 분과학문 내에서도 같

15) 현대 사회과학의 특징은 다양하지만, 우선 연구과제의 다양화, 학제적 연구방법의 활성화, 공통언어 사용의 확대, 실증과학적 연구의 증가, 사회비판적 성격의 재획득 노력이라고 할 수 있다(정병기, 2017).

은 용어들이 다른 의미로 사용됨으로써 혼동을 일으키는 경우가 가끔 발견된다. 그러나 혼동될 여지의 용어들은 필히 엄격하게 정의하여 연구를 논리적이고 체계적으로 구성해야 한다는 규범은 이미 이때부터 자리 잡고 있었다. 넷째, 실증과학적 연구가 증가하였다. 직접적인 관찰, 조사, 측정, 실험이 증가됨으로써 역사학과 제반 사회과학에서 실증주의적 연구가 각광받게 된 것이다. 이는 특히 프랑스에서 발달한 실증주의는 독일의 역사주의에 이어 현대 사회과학의 중요한 접근방법의 하나로 정착하게 되었다.

끝으로 사회비판적 성격을 다시 획득하기 위한 노력이 시도되고 있다. 과학주의가 지배적 패러다임(paradigm)으로 정착한 이후에는 처음의 목적과 상이하게 사회비판적 성격을 잃어버렸기 때문이다. 이는 과학적 연구의 발전이 봉건질서와 전제정치에 대한 저항을 통해서 태동되었다(정병기, 2017). 그러나 사회과학도 일정한 발전에 발전을 거듭하면서 기성학문으로 성장한 이후에는 지나친 과학적 엄밀성만을 강조하며 비판적 성격을 많이 잃어버렸던 것이다. 이에 따라 과학주의만으로는 알 수 없는 가치와 신념에 대한 관심이 다시 제고되고 현실로 눈을 돌리고자 하는 경향이 나타나게 되었다. 이러한 비판적 경향은 과학주의 흐름을 벗어나기 보다는 과학주의 내부의 비판으로 이해하는 것이 옳으며, 아직 큰 흐름으로 정착했다고 보기는 아직 시기상조(時機尙早)이다.

6. 바람직한 연구자의 과학적 자세[16)]

바람직한 연구자의 과학적 자세는 현대 사회과학의 특징과 긴밀하게 연관된다. 즉, 객관적 자세를 유지하면서도 비판적 칼날을 세워 분석을 통해서 진리를 탐구하는 것이라고 할 수 있다.

먼저 합리적 판단이 없는 습관성이나 전통성 또는 선입관에 따른 행위, 검증되지 않은 신념에 따른 행위에 대해 고개를 돌린다는 의미에서 가치중립적이어야 한다.

16) 바람직한 연구자의 과학적 자세는 우선, 신념이나 관습에 의한 방법을 탈피, 권위적 · 직관적 방법의 극복, 형식논리적 방법의 배제, 가치에 대한 연구도 중시, 지식인의 사회적 책임을 인식, 반증기능성의 담보로 볼 수 있다.

습관성이나 전통성에 따른 행위는 각 개개인의 이해관계는 아닐지라도 특정 집단이나 사회의 이데올로기와 관련된다. 선입감이나 검증되지 않은 신념은 감정이나 교조적 믿음에서 따른 행위를 낳게 한다. 이와 같은 비합리적인 영향변수들은 엄격하게 통제하고, 객관적 관점을 형성해야 한다는 점에서 가치중립성이 필수불가적이다.

둘째, 권위적 · 직관적 방법에서 탈피해야 한다. 권위적 방법이라 함은 특정 분야에서 권위를 가진 사람이나 교수가 주장하는 내용이라 해서 조건 없이 추종하는 방식을 뜻한다. 이처럼 권위적 방법을 따르는 것은 합리적 판단을 배양하는 과정을 처음부터 잘라버린다. 과학적 연구는 엄밀한 실증과 바탕으로 분석하고 그 결과를 체계화해야 한다. 직관적 추리력에 의존할 것이 아니라 검증 및 분석에 의존해야 한다는 것이다(정병기, 2017).

셋째, 형식논리적 방법을 피해야 한다. 실질적 내용을 평가하기보다 외형적으로 나타난 현실에 집착하여 내용분석을 게을리 하는 경우이다. 목차의 구성과 논리 전개가 형식적으로 잘 갖추어진 논문이라도 분석의 심도(深度)가 깊지 못하면 좋은 논문이라 할 수 없을 것이다. 그것은 심층연구를 위한 자료나 보도기사로서의 가치를 넘어서지 못한다. 연구논문은 외형적으로 나타난 형식을 정확히 관찰하되 언제나 '왜?'라고 물으면서 그 인과관계를 분석하는 글귀이어야 한다.

넷째, 가치에 대한 연구도 중시할 줄 알아야 한다. 너무 지나친 과학주의는 가치에 대한 연구를 배제하는 경향이 있다. 그렇지만 정치학이나 사회학 등 일부 사회과학의 경우에는 가치에 대한 논의가 없어서는 안 되는 부분인 것이 사실이다. 실제로 고대 동서양의 철학자들이 접했던 인간성도 도덕과 정의와 같은 가치들은 현대에도 아직 유용한 연구대상일 뿐만 아니라 학문적 자세에도 필요한 가치들이다. 이러한 문제들에 대한 접근이 기법만을 중시하는 지나친 과학주의적 연구에서는 쉽지 않고 계량화(計量化)와 경험자료 분석의 과정을 거치는 동안 본질적 분석을 비껴나갈 수 있다(정병기, 2017).

다섯째, 연구자가 연구에 임하는 자세뿐만 아니라 사회의 일원으로서 연구자가 반드시 취해야 할 자세의 역할도 매우 중요하다. 학문분야 종사자는 지식계급의 책임을 지고 있으므로, '앎'이라고 한다는 것은 행동에 대한 책임을 지는 것이기 때문이다. 특정한 사회집단에 근거한 이데올로기가 무엇이든 관계없이 어떤 지식인도 사회로부터 철저히 중립적일 수는 없다. 그 이유는 지식인 계급은 그 사회의 이데올로그이기 때문인 것이다.

끝으로 사회과학 연구와 사회과학 논문 쓰기는 반증가능성(falsifiability)(Popper, Karl R, 1959)을 담보해야 한다. 반증가능성이란 오류로 판단될 수 있는 가능성을 말하는데, 과학의 세계, 특히 사회과학에서는 필수적인 요건이다. 따라서 어떠한 지식이나 주장이건 과학으로 인정받기 위해서는 반드시 반증 가능한 것이야 한다. 반증가능성은 과학의 결점이 아니라, 오히려 인간의 다른 모든 지식 체계보다 과학적 지식에 대하여 더 신뢰할 수 있는 이유가 된다. 어떠한 과학 지식이건 영원불멸의 진리는 아니므로 누구라도 자유롭게 비판하고 도전할 수 있기 때문이다. 만약 새로운 지식이 축적된다. 반대로 수많은 연구자들의 도전에도 불구하고 오류가 발견되지 않는 이론이 있다면, 그만큼 그 이론의 타당성이 높다는 것이 증명된다. 즉 과학의 본질적인 한계를 숨기지 않고 확실히 인정함으로써 오히려 신뢰할 만한 지식의 축적이 가능하다. 자신의 이론과 연구결과의 반증가능성을 사전에 염두를 두고 한층 정확하고 성심성의껏 연구를 해야 하고 비판에 경청해야 할 것이다.

제2절 사회과학 이론의 특성

사회과학 이론의 목적은 인간과 사회에 대한 현상들을 묘사(描寫), 설명, 예측하기 위한 것이다. 그러므로 사회과학 이론들을 종종 상식(常識)이나, 주장(主張), 가치(價値)와 유사한 것들과 잘 구분되지 못하는 경우가 자주 발생한다.

사회과학 이론은 상식적인 설명과는 서로 다르고, 가치적 판단(判斷)이나, 주장들과는 확실하게 구분되어야 한다. 이와 같이 사회과학 이론이 갖는 특성이 있으며 이를 좀 더 설명하면 다음과 같다.

1. 과학적 이론

과학적 이론은 실제로 무엇을 의미하고 정말 존재하는 것인가에 대한 설명이다. 다시 말하면 "무엇이, 어떻게, 왜? 존재하는가?"라는 사실에 대한 설명이 주(主)가 된다. 과학적 이론에서는 가치나 주장을 하는 것이 아니라 사실에 대한 설명이 그 목적이다. 그러므로 사회과학 이론에서 가치중립(價値中立)이 강조되는 것이 전술한 이유에서 인 것이다.

2. 사회적 규칙성이 존재

우리 인간들의 삶은 완전히 혼란(混亂)하거나 무작위적(無作爲的)인 것이 아닌 적절한 규칙성을 지니고 있다는 가정하(假定下)에서 사람들의 사회생활 속에서 지속적으로 나타나는 논리적(論理的)이고 정형화(定型化) 된 유형(類型)을 찾으려는 노력이 바로 이론으로 설명할 수 있다.

그러나 문제가 있다. 그 문제는 인간과 사회관계에서 발생하는 사회현상들에서 엄격한 규칙성을 발견하는 것이 자연과학과 다르게 사회과학에서는 쉽지 않다는 것이 발견된다.

그럼에도 불구하고, 사회적 규칙성을 찾으려고 하는 것은 그것을 통해 사회에 대한 이해(理解)의 폭(幅)을 확장시키고 보다 정확한 예측(豫測)을 하기 위함이다.

3. 집합체(集合體)의 규칙성(規則性)

사회과학은 집합체의 규칙성을 묘사(描寫)하고, 그것의 원인들을 설명하는데 주된 관심이 된다. 즉, 집합체의 구성원이 바뀌어도 집합체의 규칙성을 가지고 나타나는지를 알고자 하는 것이다. 그러므로 사회과학 이론은 개인이 아니라 집합체의 사회적 유형과 그 규칙성에 관심을 갖는다.

4. 변수들간의 관계

일반적으로 이론이란 존재하는 것들 간의 관계를 설명하는 것이 아니라 그 변수들에 대한 설명을 말한다. 즉, 연구자들이 존재하는 대상을 관찰(觀察)하는 것은 그들이 변수를 가지고 있기 때문이다.

사회과학이 사회현상을 이해하고 예측하기 위한 지식을 만들어 내는 방법은 사회적(社會的) 규칙성(規則性)을 찾아가는데 있고, 그러한 규칙성을 찾는 방법은 개인들에게 구현(具現)되어 있는 여러 변수들 간의 관계를 밝혀내는 것이라 할 수 있다.

제3절 사회과학 이론의 구성요소

사회과학 이론을 설명하려면 우선, 개념(槪念), 변수(變數)와 서술(敍述) 등을 사용한다. 이러한 이론을 형성하는 요소들이며, 서술하면 다음과 같다.

첫째, 개념에 관련된 사항

존재의 인식도구가 개념이라 할 수 있다. 즉 한 사물은 어떤 개념의 필터에 걸렸을 때 비로소 인식(認識)될 수 있으며, 또한 언어를 떠나서 불가능하기 때문에 언어로 나타나기 이전의 존재는 확연(確然)한 것이 될 수 없다.

우리 인간에게 어떤 사물의 존재를 인식하려고 한다면, 우선 그 사물이 다른 사물과 구별되었을 때만 가능하다. 그러므로 우리 인간이 믿고 있는 존재는 언어라고 하는 경로를 통해 보는 것에 불과(不過)하다. 이는 사람들의 생각은 단어 및 어휘에 의해 형성되기 때문에, 언어는 본질적으로 개념적인 것으로 보아야 한다. 이와 같은 개념들을 통해 우리들은 세상을 좀 더 이해하게 되는 것이다. 그러므로 개념은 경험적으로 인지(認知)할 수 있는 어떤 대상이나 현상(現象)을 대변(代辨)하는 것이다.

일반적으로 과학은 현상(現象)의 특수한 국면을 탐구하며, 독자적이 사고체계를 갖고 있으므로 독자적인 개념을 지니고 있다. 이는 우리 모두가 경험적으로 현상(現象)의 전체를 관찰할 수는 없고, 그 현상의 일정한 측면을 추상(抽象)하여 이를 관참함으로써 현상을 묘사할 수 밖에 없기 때문이다. 이렇게 관찰된 현상의 특정 측면을 표상(表象)하는 추상적인 관념을 용어, 단어 또는 상징으로도 표현하는 것이 개념이라고 볼 수 있다. 이와 같이 개념은 서로 다른 개체들이 지니고 있는 공통성을 나타내는 것이다.

그러므로 개념이라는 것은 지각(知覺), 경험 등에서 흘러나온 이론의 기본적인 구성물이고, 준거(準據)틀에 따라 그 위미하는 바가 다르며 현상 그 자체는 아니라는 것이라고 할 수 있다.

따라서 절대적 의미의 개념은 존재할 수 없으며, 학문에서는 개념의 통일이 필요할 것이다.

둘째, 변수(變數: variable)에 관련된 사항

변수란 하나의 개념을 대표하는 상징(象徵)으로써 그것의 특성이 갖는 값이나 강도(强度) 또는 크기의 차이를 나타낼 수 있어야 한다. 개념은 직접적으로 관찰할 수 없거나 측정(測定)할 수 없는 추상적(抽象的)이고 관념적(觀念的)인 것이지만 변수는 개념을 측정이 가능한 것으로 본다. 즉 변수는 두 개 이상의 숫자나 값이 부여되는 일종의 기호라고 할 수 있다.

그리고 이는 구체적인 개념 또는 이론적으로 구성된 개념이며, 속성[17](屬性: attribute)들의 논리적인 집합을 말한다. 즉 개념은 추상적인 것이며, 변수는 그것에

17) 속성(attribute)은 어떤 개체(entity)의 성질을 세분화하여 묘사한 것. 하나하나의 개체에 대한 정보가 유지되며, 이들 개체가 갖는 관심의 대상이 되는 성질을 말한다. 데이터 베이스에서 개체는 특정 레코드 단위로 이루어지나 속성은 한 레코드를 여러 개의 구역으로 나누었을 때 그 중 한 구역에 기록된다. 프로그램 언어에서 이름을 붙여서 사용하는 문법 단위의 특성이며, 그 이름에 의해서 식별되는 구문요소를 표현하는 것. 예를 들면, 배열의 차원과 그 크기 등이다. 그리고 컴퓨터 파일 안에 표현해야 할 대상의 각각의 성질을 속성이라 하고, 그 구체적인 값이 레코드 중의 항목에 표현된다. 또한 도형처리에서 표시요소가 갖는 물리적인 성질의 총칭. 예를 들면, 면적, 명암도, 다른 표시요소와의 결합관계 등이다. 더 간단히 말하면 사물이나 현상의 성격 또는 특질을 칭하며, 조사방법론에서의 속성은 변수의 측정 결과 속성들은 변수 값(value)이 된다. 그 예로서는 남성 또는 여성, 장애인 또는 비장애인 등이다.

대한 일종의 조작화된 경우를 칭한다. 모든 개념은 변수는 아니지만, 모든 병수는 개념이다. 즉 변수는 개념의 특수한 형태를 말하는 것이라고 보아도 된다.

하나의 개념이 각각 다른 범주들로 분류될 수 있는 변수 값을 갖지 않는다면, 그것은 변수로 볼 수 없다. 여자, 가족 등은 변수가 아니라 단지 특정 변수의 값 변수값에 지나지 않는다. 가족은 단지 사회조직이라는 변수에 포함된 변수의 값에 불과하다. 그리고 여자는 성별의 변수 값이지만, 여자의 나이라는 개념은 변수가 될 수 있다(김치영 외, 2015).

이와 같이 변수는 대상의 경험적인 속성들을 나타내며, 둘 이상의 변수값과 변이(變異)의 성질을 지니고 있다.

셋째, 서술(敍述: atatement)과 관련된 사항

일반적으로 서술(敍述: atatement)은 사건이나 생각 따위를 차례대로 말하거나 적는 것이다. 조사방법론 측면에서는 개념과 변수들에 대하여 기술(記述)하는 것이며, 정형화된 이론에는 공리[18](公理), 명제[19](命題), 가설(假說)[20]들이 내포되어 있다. 또

18) 공리(公理: axiom)는 논리학 용어로 본래의 특성이나 자명함에 의거하여 이제껏 일반적으로 받아 들여왔거나 또는 일반적으로 받아들일 만하다고 보이는 증명불가능한 제1원리 · 규칙 · 준칙 등을 말한다. 예를 들면, “어떤 것도 동일한 시간과 동일한 지점에서 존재하면서 또한 존재하지 않을 수는 없다”와 같은 것이 일종의 공리(公理)에 해당한다. 에우클레이데스의 「기하학원본」에서는 제1원리들로 공준(公準)과 공통개념을 들고 있다. 공준은 기하학의 원리들인데, “요구된다고 하자”(ētesthō)는 말로 시작되는 것으로 보아 필수적인 가정(假定)으로 여겨진 것 같다. 공통개념은 아리스토텔레스의 공리와 같은 것임이 분명하다(다음백과).
아리스토텔레스는 공리를 모든 논증과학의 출발점이 되는 제1원리로 생각했다. 그리스의 마지막 주요사상가 프로클로스도 「에우클레이데스의 첫 번째 책에 관하여」에서 공통개념과 공리는 동의어(同義語)라고 확실하게 서술하고 있다. 그러나 공준과 공리를 구별하는 원칙은 확실하지 않은 듯하다. 프로클로스는 이에 대해 다양하게 설명했는데, 그 가운데 하나가 공준은 기하학에만 사용되지만 공리는 양(量)을 다루는 과학이나 모든 과학 일반에 공통으로 사용된다는 설명이다.
현대의 수학자는 흔히 공준(公準)과 공리(公理)를 동의어로 사용하고 있다. 그러나 어떤 사람들은 공리를 논리학의 공리에 한정하고, 공준을 논리학의 공리를 넘어서 특정한 수학 분야를 정의하는 가정이나 최초의 원리로 규정하자고 주장하기도 한다(다음백과).

19) 명제(命題: proposition)는 요약 사물 · 속성 · 관계 등을 나타내는 개념과 달리, 명제는 어떤 속성이 어떤 사물에 속한다든지 어떤 사물들 간에 어떤 관계가 성립한다는 사태(事態)를 나타낸다. 한 명제가 나타내는 사태가 사실과 일치하는 경우 그 명제를 참이라 하고 일치하지 않는 경우 거짓이라 한다. 사물 · 속성 · 관계는 개념과 대응하고 사태는 명제에 대응하므로, 참 · 거짓은 개념이 아니라 명제에 해당된다. 명제는 보통 문장으로 표현되지만 명제와 문장은 같지 않다. 명제는 참이거나 거짓이다. 이런 점에서 명제는 질문 · 명령 · 감탄 등과 구별된다. 그리고 하나의 명제는 여러 가지 다른 문장으로 표현할 수 있다.

한 서술은 이야기의 작성자가 자신의 이야기를 제시하는 기술의 집합을 포함한다.

넷째, 패러다임(paradigm)의 사항

패러다임(paradigm)의 원래 의미는 사례(事例)라는 뜻이다. 어떤 요인에서 다양하면서도 한편 서로 무관한 듯한 사례가 나타나는 경우, 그 연쇄계열(連鎖系列)이 패러다임이다.

그러나 시대가 변화됨에 따라 그 의미도 바뀌어져 오늘날에는 다양한 관념을 서로 연관시켜 질서 있게 하는 구조를 일컫는 개념으로 쓰인다. 즉, 개별 이론들이 도출되기 위해서 필요한 일종의 거시적인 관점을 뜻한다. 어떤 현상에 대해 구체적인 설명이나 이론을 만들기 이전에, 사람들은 이미 어떤 식의 생각을 지니고 있다. 이는 현상에 대한 시각을 조직화하는 근원적인 모델 또는 틀(枠)을 의미한다. 즉, 논문에서 서론의 문제제기에서부터 결론에 이르기까지 이론 전개의 모든 과정에 걸친 기본적인 틀로써 방향 제시의 사전지침서(事前指針書)와 유사하다.

이와 같이 논리적 명제는 문장과 혼동해서는 안 되며, 논리적 명제를 판단과 혼동해서도 안 된다. 판단이란 명제를 긍정하거나 부정하는 것이며 판단 그 자체는 논리적이기보다는 심리적 현상이다. 한편 명제와 언명(言明: statement)은 흔히 혼용되지만 정확히 동의어는 아니다.

명제는 언명의 의미이고 언명은 명제의 언어적 질료(質料)라고 할 수 있다. 경우에 따라서는 명제를 같은 의미를 가진 언명들의 동치(同値: equivalence)집합으로 정의(定義)하기도 한다(다음백과).

20) 가설(假說: hypothesis)은 자연 현상이나 사물을 관찰하며 의문이 생겼을 때, 그것에 대해 잠정적으로 결론을 내리는 것을 말한다. 이와 같이 가설은 실험을 통해서 검증될 수 있어야 하고, 그 전까지는 사실로 인정되지 않는다. 가설은 과학적 지식과 경험 등을 통해 답을 얻어야 하므로 자료를 충분히 모으는 것이 좋다(천재학습백과).

가설의 수립은 주로 연역적 탐구 방법에서 사용되며, 이 방법은 문제 인식, 가설 설정, 탐구 설계, 탐구 수행, 결과 분석, 결론 도출 및 일반화의 단계를 거친다. 이 때, '가설 설정' 단계의 유무(有無)는 귀납적 탐구 방법과의 가장 큰 차이점이다. 연역적 탐구 방법은 가설을 검증하고 보편타당한 결론을 찾는 것이 목적이지만, 만약 결론과 가설이 일치하지 않는다면 가설을 수정하여 다시 실험하는 것도 가능하다(백과사전).

제4절 사회과학의 한계성

사회과학의 대상인 인간행위가 지니는 속성으로 사회과학은 다음과 같이 한계성을 가지고 있다(김치영 외, 2015).

첫째, 연구대상의 복잡성과 가변성(可變性)의 문제

사회과학의 주된 대상인 인간의 행태는 복잡하고 가변적이기 때문에 정확히 예측(豫測)하기 어려우며, 우리 인간에게는 예측을 뒤집어엎을 수 있는 능력이 있기 때문에 객관적 예측이 매번 맞는 것은 아니다.

우리 인간의 행위에서 발생하는 모든 사회 현상을 예측한다는 것은 조금 어려울 것 같다. 그렇지만 사회현상이 복잡다단하고 규칙성이 없고 객관성이 엇다고 하지만 복잡해서 과학적 연구가 될 수 없다고 하는 것은 논리적이지 못하다.

인간형태의 예측이 곤란한 것도 단지 인간이 행위가 습관적이라는 측면을 무시한 것이다. 다시 말하면 특정인의 직업 또는 교육수준, 가족 배경 등 다양한 인구사회학적 특성을 알아보면 그 사람들의 형태가 예측이 전혀 불가능한 것이 아니라는 것이다. 단지 그것을 지금까지 그것을 밝혀내지 못했을 뿐이다.

둘째, 완전하지 못한 방법적 절차상의 문제점

인간행태의 본질을 파악할 수 있는 과학적 조사 연구방법과 방법적 절차가 완벽하다고 볼 수 없다. 그렇기 때문에 방법상의 정확도(正確度)와 신뢰도(信賴度)를 지나치게 강조하여 사회과학의 적합성(適合性)과 타당성(妥當性)을 무시할 수 있다.

사회과학 방법론이 적합성과 타당성이라는 측면에서 취약(脆弱)하다는 것은 사실이지만, 아무리 정확한 과학적 조사방법과 절차를 사용하더라도 또한 그 자체가 믿을 만한 것일지라도 다분히 의문의 여지가 있다. 특히 우리 인간은 자기가 실험대상이 되고 있다는 것을 알게 되면 여느 때와 마찬가지로 다른 행동을 보일 수 있으므로 자연과학처럼 엄밀한 통제 조작연구가 힘들다.

셋째, 연구대상의 규범적인 특성이 존재

우리 인간에 대한 상징적(象徵的) 연구이므로 연구 대상이 도덕적이고 규범적(規範的)인데, 이를 과학적으로 분석하고 기술(記述)하는 데 매우 어렵다.

넷째, 윤리성(倫理性)의 문제

연구대상이 인간이므로 연구과정에서 인간을 목적으로만 사용해야 하고 수단으로는 사용할 수 없다. 그런데 이를 소홀히 할 경우 비인간화, 윤리성 문제가 발생할 여지가 있는 폐단(弊端)이 될 수도 있다.

다섯째, 가치개입의 불가분성의 관계

연구를 위한 문제를 선정할 경우 가치가 개입되고 수집된 자료와 이들의 관계를 형성(形成)하는 명제(命題)나 또는 이론의 전개와 관련 있는 개념 및 그 구성과정에 가치가 개입한다. 그리고 연구자 자신의 가치관과 그 연구가 준거(準據)하고 있는 학문적인 가치가 적용할 수 있다(김치영 외, 2015).

여섯째, 불확실한 객관적 예측 여부

연구대상인 우리 인간의 행동은 항상 연구자의 의도를 뛰어넘을 수 있기 때문에 연구자의 객관적 예측이 항상 옳은 것은 아니다.

이와 같은 사회과학의 한계성(限界性)만 고려(考慮)한다면 과학적 방법은 특별한 의미가 없다는 회의(懷疑)를 품게 될 수 있다. 그렇지만 이와 같은 사회과학적 한계성을 어떻게 극복하느냐 하는 것이 사회과학자의 임무인 것이다(김치영 외, 2015).

제5절 사회과학의 윤리성(倫理性)

과학은 조사를 통하여 이론을 탐구하고 제공하는 것이며 이는 과학적 과정(조사)으로부터 탐구되고 개발된 이론은 인간생활과 좀 더 밀접한 관련을 갖는 것이 대부분이다. 그러므로 과학적 조사는 인간생활에 도움이 되는 것이어야 한다. 더불어 인간생활에 도움을 주는 것이라고 할지라도 그 과정과 절차에서는 매우 엄격하게 윤리성이 적용되어야 한다. 즉, 수단과 목적 모두 윤리적이어야 한다는 것을 의미한다.

이와 같이 사회과학 연구를 위해서는 우리 인간을 대상으로 한 조사를 수행(遂行)하는데 이 과정에서 윤리적인 문제가 일어나기 쉽다. 특히 과학성을 좀 더 높이기 위한 엄밀한 연구를 수행하기 위해 실험조사와 동일한 방법을 사용하고자 할 때 윤리적인 문제가 일어나기 쉬우므로 사회조사수행 시 다음 사항에 유의(有意)하여야 한다.

첫째, 자신이 연구하고자 하는 연구의 내용이 우리 인간에게 해(害)를 주는 것을 목적으로 하는 것은 안 된다.

둘째, 연구하고자 하는 연구대상인 인간을 수단으로 사용해서는 안 되며, 또한 연구대상에게 신체적·정신적·심리적·물질적·법적 피해를 주는 연구는 절대로 하지 말아야 한다.

셋째, 연구대상에게 연구하려는 연구목적과 연구의 참여결과를 사전에 공지하고 그에 대해 동의(同意)를 얻어서 연구를 진행하여야 한다. 다시 말하면 고지된 동의와 자발적 참여에 입각(立脚)해야 하며, 고지된 동의는 조사자를 보호하기 위한 조치(措置)로써, 연구대상자가 연구의 내용을 인지하고 동의를 해야 한다는 것을 뜻한다.

넷째, 아동이나 또는 판단능력이 현저하게 상실된 조사대상자의 경우는 부모와 후견인(後見人) 등에게 고지된 반드시 동의를 받아야 한다. 이러한 경우 부모 또는 후견이 동의하였다 할지라도 조사대상자 본인이 참여(參與)를 거부(拒否), 또는 철회(撤回)할 수 있다. 그러므로 조사자는 조사대상자에게 조사 과정 중 언제라도 참여를 거부 또는 중단(中斷)할 수 있음을 사전에 미리 공지하여야 한다.

다섯째, 연구에 참여하는 대상자의 위험과 함께 혜택(benefit)도 미리 고지(告知)되어야 한다.

여섯째, 이미 고지된 동의에 입각한 자발적 참여의 윤리원칙은 절대로 지켜야 하는 것은 아니다. 예를 들어 음전운전 측정을 측정하고자 할 때, 운전자에게 고지에 입각한 동의를 구할 필요는 없다. 음주운전 측정은 특정한 개입을 필요로 하는 조사가 아니므로 이에 대해 동의를 구할 필요는 없다.

일곱째, 연구에 있어서 연구 결과를 발표할 때 조사대상자의 익명성(匿名性)을 보장하고, 자료원에 대한 비밀 보장, 타인의 연구결과에 대한 사용권한[21] 등을 지켜야 한다.

여덟째, 연구결과의 분석과 보고에도 윤리적 원칙은 적용되며, 또한 연구결과는 객관적으로 해석되어야 한다. 그리고 보고서를 조작과 연구자가 의도한 대로가 아닌 다른 결과가 나왔다고 해서 고의적(故意的)으로 제외하고 결과를 발표하면 안 된다.

21) 연구결과에 대한 사용권한이라 함은 타인의 논문을 인용함에 있어, 출처를 밝히지 않고 그대로 베끼는 것을 말한다. 최근에 들어 카피킬러(copy killer)가 등장해, 완성된 논문을 이 프로그램에 넣어 논문표절 등을 검사(檢査)한다.

제6절 사회과학에서의 사회복지학

일반적으로 사회복지학이라 함은 사회복지현상을 대상으로 하는 사회과학의 한 분야라고 할 수 있다. 사회복지학이 사회과학으로서 인정받기까지에는 나름대로의 고유한 연구주제와 연구방법 그리고 이론체계이 면에서 사회과학이 될 수 있는 과학적 기준을 충족시키기 위해서 부단히 노력한다.

또한 사회과학은 사회현상과 인간관계 현상을 연구의 대상으로 하고 있다. 그리고 사회복지학은 사회복지현상의 구성요소들과 요인들을 체계적으로 분석하고, 이들 간의 인과간계를 탐구하며, 개념과 변수 이론을 체계적으로 정립하는 학문영역이다. 다시 말하면 사회복지학은 인간이 구체적 욕구를 충족시키고, 다양한 사회문제를 해결하기 위하여 인접학문 즉, 정치학, 행정학, 사회학, 심리학 등에서 개발된 기술과 지식을 사용하는 응용과학이다. 이런 이유로 해서 사회과학의 영역과 연구영역이 중복되며, 이들 학문 분야에서 개발된 지식과 기술이 인간 욕구충족과 사회문제에 적극 활용한다(김치영 외, 2015).

사회복지학은 다른 사회과학 분야보다 응용과학, 실천과학으로서의 성격이 자못 강조되고 있으며, 다음과 같이 서술되고 있다.

첫째, 사회복지학의 응용과학 측면

인간의 욕구를 충족시키기 위해서 과학적인 지식을 사용하며, 복잡한 인간체계를 연구하기 위해 개발된 지식과 기술을 응용하는 응용과학 측면이 있다. 이는 종합과학적(multi-disciplinary)이고 학제적(inter-disciplinary)인 특징을 지니고 있다.

둘째, 사회복지학의 실천과학 측면

사회복지학은 실제 현장에서 직접 실천하는 실천과학 측면이 있다.

셋째, 사회복지학의 사회과학 측면

사회복지학은 사회현상과 인간관계를 연구대상으로 하고 있다. 이는 사회문제를 해결하기 위한 사회적 노력이므로 사회과학의 형태를 따른다.

그러므로 사회복지학은 사회과학뿐만 아니라 자연과학, 인문과학 등 다른 학문영역의 지식과 기술을 활용하는 학제적인 특징을 가지로 있다〔그림 2-1〕.

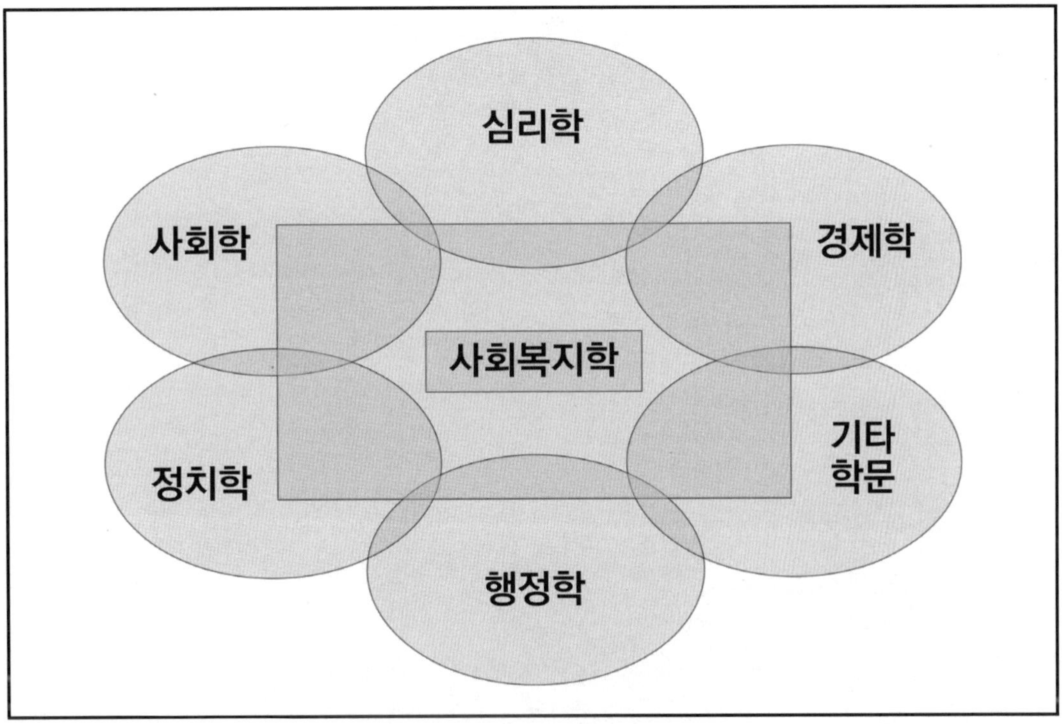

자료: 김치영 · 황인옥(2015). 〔사회복지조사론〕, 서울: 동문사, p.42.

〔그림 2-1〕 사회복지학의 영역 및 위치

제2부

연구와 논문의 이해

제 1 장

연구와 논문의 개요

제 1 절 연구와 연구논문

1. 연구의 개념과 의미

연구(research)의 의미는 무엇인가? 연구라 함은 지식에 대한 탐구를 기반으로 한 우리 인간의 활동이며, 또한 사회 전반적인 측면에 대하여 사람이 새롭게 알게 되었다던가 이미 존재하던 지식의 발견과 해석, 정정, 그리고 재확인 등에 초점을 맞추는 체계적인 조사를 칭(稱)한다. 따라서 연구의 가장 기본적인 목표는 지식에 대한 증거의 제공과 발견, 그리고 해석이나 인간이 지식이 계속해서 발전하기 위한 방법과 체계의 발전에 있다. 더불어 우리가 살고 있는 이 세상의 자연과 특성을 묘사하기 위한 과학정보와 이론을 제공하므로 실용적인 측면에서의 응용도 가능하다고 할 수 있다. 그러므로 연구는 관찰부터 시작하여 가설설정과 자료수집 등으로 인하여 최종결론을 끄집어내는 일련의 과정을 거치며, 과학적 방법을 위시로 하여 여러 가지 방법이 사용된다.

이처럼 연구는 객관적인 근거로 하여 사물의 이치를 밝히는 것이다. 또한 객관적 근거는 사실(fact)로 인정된 이론과 정합성(整合性) 있는 논리, 다시 말하면 사실(fact)이나 설명과 원리, 법칙, 이론과 같은 것이다.

그리고 무엇인가를 주장하는 것도 연구의 목적이 될 수 있지만, 주장하려는 '내용이 무엇인가'에 대한 창작성은 필히 제3자적 입장에서의 객관적 근거에 의해 밝혀져야한다. 또한 그 연구는 학문적 · 사회적으로 의미와 도움이 있는 것이어야 한다. 개인적인 관심과 흥미는 연구자 개인의 연구동기 및 원인으로써 중요하다. 그렇지만 그 연구를 한다면 결과 또한 필(必)히 학문적 · 사회적 의미가 내포되어야 한다. 비교적 자유롭게 연구의 주제를 결정할 수 있는 주변환경 이라고 한다면 다음과 같은 사항을 고려하여 주제를 찾는 것이 바람직하다고 할 수 있다.

첫째, 지금까지 연구되지 않은 새로운 연구를 찾아야 한다.

둘째, 연구의 경험과 지식이 축적된 한 가지 주제에 대한 계속적인 연구를 시도하라

셋째, 향후 미래에 그 문제가 중대하게 여겨질 문제로 부상할 가능성이 큰 미래지향적인 연구문제를 탐색하라

넷째, 연구에 투입할 수 있는 인적자원 및 물적자원이 제한된 상황에서 정말 중요한 주제를 찾아라

논문을 연구하는 사람으로서 '연구'를 실시하는 것 자체가 연구자에게 중요하다는 것은 당연하다. 그리고 학문적 · 사회적으로 의미가 있는 주제로 학술적인 평가가 높은 연구성과를 정리함으로써, 연구하는 사람으로의 능력을 구비할 수도 있다. 이러한 능력은 향후 직장생활과 사회생활에서 매우 유용하게 쓰일 것이다. 더불어 연구자가 충실한 연구로 석사학위, 또는 박사학위를 취득하는 것은 ①문제발견 능력, ②문제분석능력, ③조사능력, ④논리적 사고력, ⑤설득력 있는 주장을 행할 연구자의 능력 등이 높아지며, 동시에 향후 미래의 사회적 평판도 높아 질 것이다.

2. 논문의 정의 및 자격요건

1) 논문의 정의

논문의 정의는 우선 국어사전에 의하면, 논문이란 '연구결과나 연구의 업적을 체계적으로 적은 글'이라고 정의한다. 이 정의에 의해 논문의 기본적으로 갖추어야 할 성격을 서술하면 다음과 같다.

첫째, 논문은 연구의 결과로써 나타난 성과(成果)물이다. 논문이 집필되기 이전에 필히 일정한 연구가 진행되어야 하며, 논문은 그 연구의 성과로서 나타난다.

둘째, 논문은 이론적 · 논리적으로 독자에게 설득력이 어필되어야 한다. 작성된 논문은 여타의 사람들에게 선행연구로 읽히기 때문에 이론적 · 논리적으로 설득력이 있어야 한다.

셋째, 논문은 입으로 하는 것이 아니라 글로써 대변하는 것이다. 논문은 문장이면서 표와 그림 등도 함께 어우러져야 한다. 좀 더 자세하게 설명하면, 논문은 하나의 문장으로는 성립하지 않는다. 그렇기 때문에, '문장'보다는 다수의 문장으로 구성된 '문장군(文章群)'[22]이라고 할 수 있다.

2) 논문의 자격

논문은 '학문분야에서 저서 또는 논문 등의 선행연구(先行硏究)를 이론적이고 비판적으로 조사 · 분석한 결과에 의해 연구자의 독특한 관점에서 설득력 있는 독창적인 의견을 새로운 지식으로 논리적으로 전개하고, 학문의 증진에 기여하는 문장군'이라고 정의될 수 있다. 여기서 가장 중요한 사항은 다음과 같다.

첫째, 동일한 주제에 대한 선행연구자들의 연구에 대하여 조사 · 분석을 실시한다.

둘째, 조사하고 분석한 결과, 선행연구 결과에서 나타나는 업적의 문제점, 의문점 등을 발견하여, 연구자의 독창적인 의견을 새로운 지식으로 논리적으로 제시한다. 따라서 논문은 독창성을 지니고 있어야 한다.

셋째, 선행연구 결과에서 나타나는 업적에 추가(追加)된 독창적인 새로운 지식에 의해 학문적으로 해당 분야의 발전에 기여하고, 더불어 후속 연구자를 위해 다시 제시되는 '선행연구 업적'의 역할을 한다.

이러한 것들이 어떤 문장군에 논문으로 자격을 주는 '논문이 실질적으로 요구되는 중요사항'이라고 할 수 있다. 그러나 지금까지 연구되어 온 기존 논문작성과 관련된

22) 문장은 단편의 글로써 그 안에 사상이나 철학 등 내용은 없지만, 문장군(文章郡)은 단어에서 보듯이 문장으로 된 덩어리라고 할 수 있으며, 그 안에 내용이 있다는 것을 의미한다.

책에서는 이러한 사항들을 충분히 파악하지 않고, 단순히 논문의 구성이나 절차상의 주의를 설명하는데 불과한 것들이 대부분이었다. 물론 구성이나 절차도 중요하지만 가장 중요한 것은 논문의 내용이 그 본질에 적합한 문장군으로 구성되어 있는지의 여부(與否)가 관건(關鍵)이다. 그러므로 자료가 아무리 많다고 할지라도, 또한 방대한 문장을 작성한다고 할지라도 이와 같은 실질적인 요건이 결여(缺如)된다고 하면 논문으로서의 가치가 없을 것이다.

3) 논문으로서의 진정한 논문

논문은 일반적으로 어떤 주제나 문제에 대하여 체계적이면서 과학적으로 연구한 결과를 논리정연하게 문서상에 표현한 일종의 보고서라고 할 수 있다. 그렇기 때문에 논문은 반드시 연구논문이나 학술논문이어야 한다. 초대장이나 안내장과 같은 실용적인 문장군(文章群)과 자못 다르다. 즉, 전자는 정보의 전달을 위한 것이며, 후자는 예술적 감동을 주는 것을 목적으로 한다.

따라서 논문은 논리정연하게 독자를 설득하는 것을 목적으로 한 논리적 문장군이라 할 수 있다.

논문은 선행연구 업적을 기본으로 하여 독창적인 자신의 견해를 제시하여야 한다. 그러므로 연구자가 선행연구 업적을 조사하지 않고, 자기의 주장, 또는 의견을 일방적으로 제시하여 논문이라고 한다면, 그것은 단지 수필에 불과하다. 이는 연구자가 자신의 의견을 선행연구와 서로 비교하여 다른 선행연구는 어떤 점이 부족하였으며, 또한 다른 점이 무엇인지를 정확하게 기술(記述)해야 한다. 따라서 연구자가 얻은 결론은 선행연구 업적과 다른 점이 무엇인지를 확실하게 언급하지 않은 경우에는 진정한 논문이라고 할 수 없다. 즉 선행연구 업적과의 차별화가 확실하게 이루어져야 한다는 것이다.

부언(附言)하면 다음과 같은 문장군은 논문으로서의 자격이 없다.

첫째, 단순히 인용만 병열식으로 나열한 것, 둘째, 단순히 문헌 등을 요약한 것, 셋째, 단순히 사실의 추이(推移)를 기록한 것, 마지막으로 단순히 통계조사의 결과를 기록한 것으로 나타났다.

3. 연구논문의 정의(定義)

1) 연구논문의 의의

과학을 학문 일반과 동일시하는 넓은 의미를 적용하면 자연과학 이외에 사회과학 · 인문과학이 과학으로 간주된다.

사회과학[23]의 학문이란 그것이 어느 분야이던 간에 유사한 측면이 존재한다. 이는 학문에 있어서 연구논문이 무엇인가 하는 것을 재정론 해야 할 것이다. 일반적으로 학자들은 연구논문을 가리켜, 어떤 논제에 관하여 서론 · 본론 · 결론의 3단계의 내용을 이론적 또는 학문적으로 서술하는 것이라고 한다. 즉, 연구논문이란 구체적으로 대학원 과정에서의 석 · 박사의 학위논문을 가리키는 경우가 많이 있다.

물론 석 · 박사에 있어서 연구의 측정도구 즉, 척도는 서로 다르다. 그러나 그 내용과 기본적인 구성은 크게 다르지 않다. 그 이유는 연구논문이라는 형식이 같기 때문이다. 그러므로 연구논문이란 사회과학의 어떤 학문에 있어서나 새로운 체계나 이론 또는 실제(실용)[24]에 부합되는 사실을 연구하는 것이다. 다만, 학문의 특성에 따라 구성하는 방법이 다를 수가 있을 뿐이다.

원래, 연구논문이란 대학원의 과정에서 일정한 학문적인 수준을 평가하기 위해 마련한 제도이다.

어떤 학문의 분야이든지 간에 "새로운 원리의 현상"에 대하여 연구하여야 한다는 사명감에서 학문의 연구를 장려하는 제도이다.

새로운 것을 조사하고 생각하는 일은 조리가 있어야 하며, 일정한 서식을 준수하여야 한다.

---

23) 인간이 만든 도덕 · 종교 · 법 · 정치 · 경제 · 교육 · 예술 등을 그 대상으로 한다는 측면에서 자연과학과 대비된다. 과학을 광의의 의미를 적용하면 자연과학 이외에 사회과학 · 인문과학이 과학으로 간주된다. 사회과학을 사회에 관한 과학이라고 할 때는 '과학'이 지니고 있는 의미가 문제가 된다. 과학이라는 용어에 대한 가장 넓은 정의는 바로 그것을 일반적인 학문과 동일시하는 것인데, 이때는 자연과학 외에도 사회과학 및 인문과학 두개가 모두 과학으로 간주된다. 독일어의 'Wissenschaft'는 이러한 용법으로 자주 쓰이는 용어인데, 이 경우 인문과학에 포함되는 형이상학 · 문헌학 · 사상사 등도 과학으로 분류가 된다. 그러나 사회과학이 방법적으로 자연과학으로부터 강한 영향을 받아왔다는 사실을 고려할 때 사회과학에서의 **'과학'**을 좀 더 엄격 · 정확히 판단하여 정의할 필요가 있다.

24) 실제 또는 실용이라는 것은 이론적(theoretical)이 아닌 현장에서 자신이 경험한 사실을 말하며, 임상(臨床), 실무(實務) 또는 현장(現場)이라고도 하며, 이 모두를 일반적으로 프랙티스(practice)라고 한다.

이를 위해 마련한 논문의 규범에서 “연구의 대상이 되는 것을 정리”한 것이 연구논문이다.

어떤 의미에서 연구논문이란 ‘무한정(無限定)한 영역’을 가진 개념이다. 그러므로 연구논문은 꼭 이런 것이다! 라고 말하기는 어렵다.

다만, 많은 방향에서 생각할 수 있는 연구논문의 뜻이 ‘절대적인 개념을 정할 수 있는 것은 아니다’라는 사실이다. 논문은 상대적인 결론이다25).

연구논문은 작성하는데 있어서 ‘반드시, 이렇게 하여야 한다’라는 법칙은 없다는 사실이다. 동일한 과제를 다루는데 있어서도 예를 들어 경제수입의 제일을 성장방향으로 연구할 수 있는 과제라도 환경이론에서는 공해방지를 실현하지 못하는 성장방향이란 존재할 수 없다는 부정적인 대책론을 연구할 수 있는 경우와 동일한 것과 같다.

즉 논문의 조명(照明: lighting)이란 연구자의 전공 논제에 따라 자료의 선택에 따라, 서로 다른 결과를 낳는 연구를 할 수 있는 것이다.

다르게 표현하면 사회과학에 있어서 학문의 영역에 따라 학문적인 연구의 과정(過程: progress)을 서술할 때 이를 가리켜 연구논문이라 할 수 있다. 물론 논제에 따라 서술의 범위가 크게 다루어질 수도 있다. 중요한 사항은 어떤 논제에 대한 새로운 “입증(立證: proof)”을 입론(立論)하는 것이 중요한 사안이 될 것이다(이항구, 1999).

2) 남의 글을 그대로 옮겨 놓는 것(editing)은 논문이라고 할 수 없다.

이는 소위 가위질하는 것이라고 하며, 연구라고 할 수 없다. 자기기 주장하는 생각(idea)도 없이 인용(引用: quotation)만을 한 것도 엄격한 의미에서는 연구논문이라 할 수 없다26).

25) 일반적으로 사회과학 논문은 상대성적(相對性的)인 원리를 갖고 있다. 그 학문이 어떤 학문이든지 마찬가지로 사회과학에서의 이론은 얼마만큼 실제에 부합되느냐에 따라 논문의 내용이 달라질 수 있다. 동일한 논제를 가지고도 연구하는 사람에 따라 보는 견해와 안목(眼目)이 다르기 때문에, 글로 정리하는데 있어서는 서로 다른 결과를 낳게 하고 있다. 그러므로 논문을 작성하는 서식을 비롯하여 연구의 초점(焦點)은 절대적일 수가 없다.
다만, 상대적인 것을 원칙으로 하되 많은 이가 학문적으로 공감하는 절대성에 가깝게 하는 것이 논문의 예이다. 저자가 주창한 “인간은 노력의 동물이다.”라는 이론도 부정적으로 보는 사람으로 보는 사람보다는 긍정적으로 보는 사람이 많다고 하는 이유에서 학문적으로 이해를 갖게 하는 것이다. 그렇지만 “인간은 노력의 동물이다”라고 하는 이론도 절대적인 이론이라고 볼 수 없는 면도 있다는 것과 동일하다. 즉, 인간은 노력을 하지 않고도 삶을 영위하는 사람도 있지만, 대부분의 사람이 노력을 해야 살아갈 수 있다는 것의 긍정적인 면이 있다는 것과 동일한 이치이다.

무엇을 연구하였느냐, 무엇을 입론하였느냐 하는 것으로부터 새로운 것이냐 또는 새롭지 못한 것이냐 하는 것이 그 논문을 평가하는데 있어서 중요한 문제가 된다. 오늘의 시점에서 보면 각 대학의 졸업논문으로부터 석 · 박사의 논문에 이르기까지 엄청나게 쏟아져 나오고 있다. 이러한 것이 사회과학계통의 논문들이라고 할 수 있다. 즉 사회과학 논문이란 사회과학과 직 · 간접으로 관계가 있는 연구를 논술적으로 정리하여 놓은 것을 말한다. 물론 구술(口述)을 통하여 발표하는 경우도 연구인 것은 사실이지만, 일반적으로 연구(study)란 어떤 논제에 대한 체계를 갖추어 연구의 최종 결산서(決算書)를 마련하는 것을 말한다. 그러므로 사회과학의 논문이란 논자가 새로운 지식의 축적을 체계화하여 필요한 형식을 정리하는 것이라고 할 수 있다.

여기에서 '형식(形式)의 정리'란 논물을 작성하는 요식(要式: formal)에 있어서 절대적인 것이라고 할 수는 없다. 대부분의 사람들이 그렇게 하여 왔고 또 그렇게 실천해나가는 관례(custom)를 의미라는 것이다.

더욱이 사회과학을 연구한다는 것은 '무한정(無限定)한 영역(領域)'을 연구하는 것이기 때문에, 논문의 형식을 정하는데 있어서도 일정(一定)할 수만은 없다. 때와 장소에 따라 논하는 사람에 따라 또는 논하는 사람에 따라 서로 다르게 주장할 수 있다[27].

이것은 학문표현의 자유로서 헌법이 보장하여 주고 있는 권리이다. 그러나 많은 대학이나 연구기관에서 논문으로서 발표를 할 때에는 요식으로서 요구하는 일정한 예를 가지고 있다.

즉, 논문작성의 방법이다. 작성하는 논문은 이렇게 작성하라는 규격화를 明文으로 정한 경우가 많이 있다. 예컨대, 각 대학 또는 대학원에서의 논문제상의 요령이다. 그러므로 사회과학의 연구에 있어서도 마찬가지이다. 일정한 형식과 정리의 방법이

26) 타인이 연구한 것을 그대로 써 놓는 것이 아니라 자기(自己)의 학문적인 사상과 발견을 기술하는 것을 현대에 있어서 일반적인 말로써 '논문'이라고 한다.
서양에 있어서는 약 13 · 14세기로부터 학자들이 몇 몇이 모여 토론하는 모임의 형태로부터 출발하였다고 한다. 이것은 사회과학의 분야에서 차츰 발전되어 연구단체를 결성하는 원인이 되었다. 또한 그들이 여러 사람의 의견을 모은 뜻을 학문적으로 정리하고, 제작하여 일반에게 알리는 양식이 발달하여, 학문적인 정보의 역할과 논문이라는 형식으로 차츰 변하게 되었다. 이를 학문적으로 체계와 규격을 갖추어 내려온 것이 '논문'이라 할 수 있다.

27) 일반적으로 사회과학의 범위는 광의의 의미에 있어서 무한정한 것이 원칙이다. 예를 들어 사회복지학을 조명할 때, 경영학이나 행정학, 심리학, 법학, 환경학의 일부로써 인식하는 경우도 있으나, 1960년대 이래 사회복지학을 대상으로 하는 사회복지학은 나름대로 독자적인 학문의 영역을 개척하여 현재에 이르고 있다. 특히 사회복지학에서 파생된 학문에서 형성되는 경우가 오히려 많다.

다. 이것을 사회에서는 논문을 발표한다고 한다. 많은 이에게 알림(to inform)으로서 연구한 내용이 공인되게 하려는데 목적을 두고 있다.

더욱이, 많은 이에게 알린다는 뜻에서 많은 이들이 사용하는 형식으로 전달함으로써 보기에도 편하고 논자의 이론을 쉽게 이해할 수 있는 계기도 마련하려는 것이다.

어떤 이론을 입증하려는데 있어서는 많은 이들이 사용하는 형식화된 외형을 중요시하지 않을 수 없다[28].

4. 논문작성의 필요성(必要性)

학문인구의 증가로 인하여 연구의 경쟁은 날로 심해지고 있다. 이러한 현상은 논문을 통하여 발표하고 알리는 예(例)가 일반화되고 있다. 왜냐하면 사회과학의 이론에 있어서도 새로운 것이 발표될 때에는 발표한 사람에게 보이지 않는 기설권(旣設權)이 인정되기 때문이다[29].

예컨대, 상표에 있어서의 商標權이나 特許權과 같은 것은 상표의 제조 · 판매에 크나 큰 이해관계가 있기 때문에, 법률로서 그 개발권을 보호하고 있는 경우가 많이 있다.

그러나 일반적인 논문의 이론적인 연구는 아직껏, 그 이론에 대한 先占權(occupant)적인 역할을 할 수 있는 제도가 없다. 다만, 사회 의도 상 먼저 연구한

---

28) 사회과학 논문의 개념(觀念)에 대해 설명하면, 사회과학은 오늘날까지 활발하게 발달하여 왔다. 사람에 따라 각기 견해가 다를 수가 있다. 그러나 사회과학의 논문에 있어서 유사적(類似的)인 것이 너무나 많이 발표되었다고 볼 수도 있다. 무한정한 것이기 때문에 향후 많은 이들이 연구하려는 대상(對象)은 더욱 광범위해 질 것은 자명하다.
중요한 것은 연구자들에게 알리며 보이지 않는 학문의 先取權的인 origiality를 확보하려는 것이다. 그러므로 집필자가 일정한 體式울 갖추지 않는다면 보는 이에게 불편을 주게 된다. 즉, 논문의 체제는 하나의 요식으로 간주 할 수 있기 때문이다.

29) 기설권(旣設權)의 정의(定義)에 대해 서술해보면, 어떤 이가 먼저 발표한 이론을 인정하여 줄 때, 대우를 받을 수 있는 학문적인 권위를 지칭한다. 예를 들어, 1970년대에 어떤 논제(論題)를 가지고 갑돌이 발표한 논문을 1980년대에 갑순이가 최초로 개발한 이론적인 것처럼 '유사한 논문'으로 바꾸어 발표를 한다면 목소리가 큰 사람이 이긴다는 것처럼 먼저 발표한 것으로 알려질 가능성이 있다. 이러한 경우에는 도리가 없겠지만, 일반사람들은 관심이 없고 지나칠 수 있지만 학문하는 사람들은 사실을 분별할 줄 알고 있다. 갑순이는 학문적으로 사회적인 비난의 대상이 된다. 이때에 그 논문의 기설권을 갑돌이가 갖게 되는 경우를 말한다. 즉, 논문이란 먼저 주창(主唱)한 형식(形式)이 사회적으로 인정되게 마련이다. 그러나 학문적인 도의성이 없다고는 볼 수 없기 때문에 논문의 기설권(旣設權)은 인정의 가치가 많이 있다고 할 수 있다.

입장을 권위적으로 인정하는 묵시(revlation)적인 권위가 탄생할 뿐이다. 언제인가는 이러한 "先論의 권위"가 명문으로서 인정되는 날이 있어야 하겠다. 논문의 발표가 보다 도의적인 대우를 받아야 할 때도 반드시, 존재하여야 할 것이다.

예전에는 이른바. 구전(口傳)에 의하며 우연한 결과에 따라 어떤 이론의 권위가 성취될 수 있었으나, 지금에 와서는 지식과 연구 훈련된 구조에 의하여 발표의 형식을 마련하게 되어 있다. 왜냐하면 현대의 논문은 지식의 표현에 있어서 가장 확실한 수단이 되고 있기 때문이다. 논문이란 연구의 기록이며 과학적인 문서이기도 하다.

더욱이, 학문의 이론은 하루가 다르게 세분화되어 가고 있다. 연구의 대상도 마찬가지이다. 그러므로 어떤 "공인(公認)된 간행물"을 통하여 발표의 형식으로 따르려 한다는 것이 논문(treatise)인 것이다, 한국에서는 일반적으로 리포트(report)라고 한다.

논문은 공적으로 문서화 되어야 하며 문서화된 논문은 기록으로써 같은 분야의 모든 사람들에게 '알림'으로 인한 공인의 절차를 이행함으로써 논문으로서의 인정을 받게 된다. 이러한 수단으로써 학위논문이나 연구기관의 논문집은 논문의 효과를 뒷받침하여 주고 있다. 그렇기 때문에 논문은 작성자 혼자인 형식을 갖추어 누구나가 학문적으로 이해하고 확인할 수 있게 작성하여야 한다.

예컨대, 사회학 분야의 논문은 주로 사회복지의 범주를 중심으로 하여야 한다. 사회복지학의 범위를 벗어난 여타의 작성이 되어서는 안 된다[30]

5. 논자의 논문작성 연구자세

우리나라의 사회과학 논문은 1960대로부터 발전하여 왔다. 그러나 이는 사람에 따라 평가가 다르겠지만, 정확한 것은 지금도 다른 나라의 번역학문의 영역을 크게

30) 논문의 공인(公認)된 간행물(刊行物)은 누구에게나 널리 알림으로 인하여 논문의 이론을 확인하게 하는 방법으로는 여러 방법이 있을 수 있다. 어떤 집회 또는 학회에서 구술을 통하여 발표 할 수도 있다. 그러나 이러한 발표는 논문을 발표하였다고는 하지 않는다. 즉, 논문이란 정기 또는 비정기적으로 간행된 논문집이나 연구논문과 같은 문서화된 발표의 형식을 갖추어 불특정 다수인(不特定 多數人)에게 공시하는 역할을 한 것이어야만 한다(이항구, 1977). 즉, 공인된 간행물을 통하여 발표하는 것이 일반적(一般的)인 관례(慣例)이다. 간행물에 있어서는 단행본이건 종합된 간행물이건 간에 성격상 논문의 발표로써 인정할 만한 것이면 충분하다고 본다. 다만, 연구의 가치여부는 별문제로서 다루어져야 할 것이다.

벗어나지 못하고 있다는 것이 사회과학의 현주소인 것이다. 정확하게 말하면 무엇을 새롭게 연구하여 새로운 사실을 학문적으로 다루어 나가는 사례가 턱없이 적다는 뜻이다.

그런 이유로 사회과학의 논문을 작성하는데 있어서 논자로서의 기본적인 '마음의 자세'가 절실히 요구된다. 이는 연구자가 갖는 보람이란 새로운 것을 연구하는 것이 학문에 대한 의무이기 때문인 것이다.

일반적으로 연구논문의 발표는 연구의 산물(産物)로써 '연구업적'일뿐 아니라, 학문적인 발전에도 지대하게 공헌한다. 연구자들은 자신의 논문을 발표하고 이를 문서화하여 대다수의 사람이 인식을 같이 하게 하려고 한다. 자신의 논문에 대한 공감을 얻으려고 노력한다. 이를 위해 사회과학을 연구하는 누구나가 평범하게 이해할 수 있는 일정한 서식 같은 것이 필요할 것이다. 더불어 중요한 것은 논자가 갖는 자세가 된다. 논문을 작성하는 기본적인 자세로서 다음과 같은 사항이 요구 된다[31].

1) 최초의 것 즉, 효시성(嚆矢性)이 있어야 한다.

일반적으로 논문에 대해 말하기를 '자신이 가장 먼저 연구한 것'이라는 자부심을 가져야 한다. 어떤 사람도 아니고 자신이 최초로 연구한 것이라는 무(無)에서 유(有)를 창조하는 것이다. 즉 창조성(creativity)이 있어야 하며, 창조성이 없으면 논문이라고 할 수 없다. 잡서(雜書)가 되는 될 것이다.

이를 좀 더 쉽게 설명하면, 독창적인 새로운 가치가 존재라지 않는 논문은 논문으로서의 가치가 없다는 것이다. 그 이유는 그 논문에 있어서 생명을 찾으라고 한다면 가장먼저 말할 수 있는 것이 '새로운 생명'을 가진 것인가 그렇지 않은 것인가를 견주어 보는 것이 일반적인 관례이기 때문이다.

---

31) 논문을 작성하는데 있어서 연구자가 갖추어야 할 기본적인 자세 즉, 심성(心性)은 연구자의 자세라고 아니 할 수 없다. 다시 말하면 새로운 논문을 작성한다고 하는 것은 새로운 것을 연구하며 이를 발표한다고 하는 연구자로서의 자세이다. 남이 발표한 논문을 수식하며 다르게 변조한다든가 또는 타인의 학문적인 연구내용을 가로채어 자기가 시론(始論)하는 것과 같이 발표한다는 것은 학문하는 사람으로서의 자세가 결격되었다고 할 수 있다.
그러므로 논문을 작성하는 논자의 자세는 엄격하여야 한다. 사회로부터 책임을 지는 그러한 내용을 작성하려는 자세가 절대적으로 필요하다고 본다.
학문은 기록이며 영원히 남는 것이기 때문에 눈가림식으로 논문을 작성하여서는 아니 된다는 뜻이다.

그러나 엄밀히 말하면 새로운 논문을 작성하는데 있어서는 매우 힘들 것이다[32]. 특히 박사 학위 논문이라면 절대적인 효시성이 중요하다. 그렇지만 일반적인 연구논문은 다음과 같은 경우에도 창조성이 결여된 것이라고는 할 수 없는 것이 현실이다.
몇 가지 예시를 들어보면

첫째로 주제(主題)가 자주 등장하는 경우라 할지라도 연구의 방법이 새로운 것이라면, 연구의 방법에 따라 독창성이 결여된 것이라고는 할 수 없다.

둘째 유사(類似)한 연구방법이라고 할지라도 결론이 다른 주제로서 인식하게 하는 논문이라면 이것도 효시성(嚆矢性)이 문제 될 바는 아닐 것이다.
예를 들어, "요양보호사의 근무환경이 소진에 미치는 영향"에 관한 논문에서 요양보호사가 근무하는 곳이 노인요양시설인가. 또는 재가시설을 대상으로 하느냐에 따라 결론이 달라질 수 있다는 것이다.

셋째로 주제와 내용이 비슷한 논문이라 할지라도 시대의 변화에 따라 서로 다른 내용이 창출된 것이라면 이것 또한 그리 문제가 되지 않을 것이다[33].

넷째로 같은 주제와 내용이라 할지라도 서로 다른 분야에서 연구된 것이나 서로 다른 이념과 해석이 되어 진다면 이것도 이해가 되는 연구가 될 것이다, 그러나 사회과학의 연구에 있어서 독창성과 효시성의 문제는 논문의 가치를 결정하는 중요한 사안이다. 아무리 좋은 권위로서 작성된 논문이라고 할지라도 논문을 풀이해 나가는 발상(發想)이 남의 것을 흉내낸 것이거나 논제 자체가 남의 아이디어를 가로챈 것이라면 이는 연구한 논문이라고 할 수 없다[34].

---

32) 필자가 처음으로 대학원에 입학하여 선배와 후배들이 모여 대화하는 중 선배가 후배에서 *"그러니까 논문의 순서는 1장 서론은....이고, 2장 이론적 고찰은 ......이고 3장은 이렇게 하는 거야"*라고 하는 것을 들을 때 마다 선배님이 멋있고, 위대해 보이기까지 한 기억을 떠 올린다. 이와 같이 논문을 처음으로 대하는 대학원생들은 논문이 어렵게 느끼게 마련이다. 그리고 힘들고 고될 것이라고 생각한다.

33) 사회과학계에서도 많은 논문이 나오고 있다. 그러나 연구의 전통상 남의 것을 양해도 없이 가로채는 연구자가 있어서는 아니 될 것이다. 더욱이, 박사학위 논문에 있어서는 앞에서도 설명했듯이 내용보다도 독창력 면에 있어서 남의 것을 흉내 내는 수식적인 논문은 절대로 있어서는 안 될 것이다. 가능하면 일반적인 연구논문에 있어서도 효시성은 반드시 존재해야 된다는 것이다.

34) 사회과학 논문과 독창성은 중요한 문제가 아닐 수 없다. 논문이란 첫째로 독창적인 것이어야 한다고 하는 이론이 있을 수 없다. 그렇지만, 예시 첫 번째에서 예시 네 번째까지의 이유로서 서로 닮은 논문이 많이

논문을 쉽게 리포트(report)처럼 생각하여 논제를 설정하거나 작성하려고 할 때에 잘못이 생기는 경우가 종종 일어난다. 어떤 의미에 있어서는 논문의 논제를 정하는 것이 가장 큰 작업이라고 생각한다. 어떤 이는 논제를 정하면 그 논문의 30%정도는 달성했다고 하는 것을 보면 논제의 중요성이 과히 짐작이 간다. 그러나 논문을 시도하려는 대부분의 사람들은 너무나 쉽게 기본적인 상식(常識)으로 생각한다. 이것은 효시성이 결여된 것이라는 사실을 논문 완성한 후, 또는 완성할 즈음 알게 될 것이다. 그때쯤이면 논문을 다시 수정한다는 것을 불가능하거나 많은 시간이 소요되기 때문에 논제에 신경을 많이 써야 할 것이다.

즉. 연구논문의 논제는 독창적인 시론(始論)으로부터 출발하여야 한다는 것을 의미한다.

2) 거증성(擧證性)이 분명해야 한다.

거증성의 사전적 의미는 증거를 들어 어떤 사실을 증명하거나 또는 그 증거를 말하는 것으로 사회과학논문을 작성하는데 있어서는 반드시 그 내용에 대한 근거(basis)와 국적(nationality)이 분명하여야 한다.

참고문헌 등 출처가 분명치 않은 국적불명의 학문이라고 한다면, 그것은 임시변통의 글은 될 수는 있으나, 논문으로서 영구하게 표시가 되는 이른바 '연구(硏究)'라는 용어를 사용하기에는 무리가 따른다.

여기에서 근거라 함은 논문의 내용이 주장하는 뜻의 거증을 의미한다. 거증이란 법률적인 의미로는 자기가 주장하는 내용이 소송을 하는 경우에도 확실하게 제시할 수 있는 증거이다. 학문의 뿌리는 출처를 반드시 밝혀야 된다.[35]

발표되는 경우가 있다. 학문이 엄격한 것임을 인식할 때에는 '정당(正當)한 이유가 없이' 남의 것과 유사한 논문이 되어서는 안 된다. 글의 내용에 있어서도 얼굴이 같은데 비슷한 해석을 한다면 이것 역시, 떳떳하지 못한 연구논문이 될 것이다.

사회과학은 아직까지는 모든 부분에 이르기까지 구체적인 연구가 되어있는 학문이라고는 볼 수 없기 때문이다. 미개척된 부분이 많이 있으므로 타인의 연구를 표절하지 않아도 될 것이다. 단지, 논문을 작성하는데 있어서 논제와 내용의 독창성을 전혀 고려하지 않았기 때문이다.

35) 사회과학 논문의 거증성에 대한 심사는 분명하여야 한다. 논문을 준비하여 작성하는 사람은 누구나가 심사위원의 입장에서 논문의 근거와 국적성에 대한 연구도 더불어 실행해야 한다. 남의 것을 표절(plagiarism)하여 자기의 것으로 각색하여 마치 자기가 처음으로 창론(創論)한 것과 같이 허세를 부리는 경우, 이에 대한 심판은 근거와 거증(擧證)만이 이를 해결하여 주는 것이 되기 때문이다.

예컨대 한국의 사회복지학은 외국의 경우와 동일한 것은 안 된다. 우리 한국의 독창적인 방향으로 신토불 더욱이 출처가 분명하지 않은 국적불명의 학문은 경계하지 않으면 안 된다. 필요하다면 다른 연구자들도 이를 재현할 수 있는 것이어야 할 것이다. 그렇지 않고서는 그 논문의 진실성을 인정할 수 없으며 '사회적 정의'에 입각한 타당성을 주창할 수도 없을 것이다.

누구든지 그 논문의 진위(眞僞)를 측정할 수 있는 확정적인 기술이 이루어져 있어야 한다. 학문에 있어서는 '거증성'을 검증성(檢證性)이라고 표현되는 경우도 있다.

거증성을 앞세우지 못하는 논문이란 즉, 신빙성이 없는 무의미한 작문이라 아니할 수 없다.

3) 정확성(正確性)을 기해야 한다.

논문을 작성하는데 있어서 자신의 생명과 같이 중요하게 다루어야 하는 것은 논문을 서술할 때 정확한 기술을 요하는 것이다. 그 이유는 바로 논문을 작성한 자 또는 연구한 자가 그 내용에 대하여 학문적인 책임을 지는 데이터(data)이기 때문이다.

아무리 훌륭한 연구를 하였다고 하더라도 그것을 표현하는 내용에 있어서 '일정한 학문적인 서식'에 의한 정확성이 결여된다면, 정직하고 충실한 논문으로 볼 수 없을 것이다. 예를 들어 사회과학의 용어로부터 내용의 타당성이 정확하지 못하고, 또는 참고문헌의 없다면 생명을 잃은 논문이 될 것이다[36].

또한 내용을 참고한 서적을 인용하는데 있어서 발행연도 저자 · 출판사의 기록이 사실과 상이(相異)할 때는 그 책을 연구한 후에 작성한 논문이 아니라, 타인의 것을 그대로 옮겨 놓은 것으로 인정할 수밖에 없을 것이다.

학문의 전달은 정확성을 기하여야 한다. 만약 그렇지 않으면 학문정보로서의 기능

이(身土不二)식 방법으로 이끌고 가야 한다. 그럼에도 불구하고 외국의 언어, 풍습, 제도, 음식, 건축 등 기타의 다른 현실에 대한 차이를 알려고도 하지 않고 번역된 학문을 우리의 것인 것처럼 또는 연구자가 처음 발견한 이론인 것 같이 표현을 한다면 이것 역시, 논문의 거증성이 결여된 작문에 불과한 것이다(이항구, 1997).

36) 논문의 정확성 중에는 내용의 정확성을 비롯하여 용어 · 인용 · 비교 · 수치 · 표현 등에 이르기 까지, 머리부터 발끝까지 신뢰성이 같이 하는 정확한 인쇄로서 구성되어야 한다. 논제부터 정확한 용어의 표현이 있어야 함은 물론, 내용에 있어서도 예컨대, 장(章) · 절(節) · 항(項)으로 나누어 나가는데 있어서 어떤 항목을 보아도 소제목이 있는 경우에는 누가 보아도 전공이 비슷한 사함이라면 이런 항목의 내용은 이런 것이 연구되어 있을 것이다라고 하는 기본적인 표현을 무시하여서는 안 된다. 제목과 내용이 전혀, 일치되지 않은 사항을 나열하여 놓는 경우가 가장 많이 있다. 논제와 목차의 내용 그리고 참고와 인용의 기술은 논문의 정확성을 알아내는 요인이 된다.

은 상실된 것으로 간주한다. 논문의 척도는 연구자가 어느 정도 세밀하게 연구하였느냐 하는 것이 자신의 소양을 판단하는 것이 될 것이다.

그렇기 때문에 논문의 정확성을 기하는데 있어서 연구한 내용을 비롯하여 숫자, 수식, 각주, 참고문헌, 목록, 기입양식과 같은 기록에 대한 통일적인 정확성이 있어야만이 논문의 체계가 이루어진다. 세심하게는 기호나 부호 하나에 이르기까지 연구자의 얼굴을 반영하는 것이라는 사실을 정확하게 해야 할 것이다.

논문을 완성하는 단계에 있어도 용어의 정확성을 기해야 할 것이다. 인쇄과정에 있어서의 오차에 이르기까지 연구자에게 모든 책임이 있다는 것을 분명하게 서술하는 것이 최선이다.

더불어 사회과학을 전공하는 이들은 대개가 정확한 논리적인 수식으로부터 문장의 부호와 최종적으로는 문장의 표현이 문법적으로 정확하여야 한다. 학술상 정상적인 표현이 되는 문장이냐 하는 것 등을 소홀히 하여서는 안 된다[37].

4) 평범한 가운데 진리를 찾아야 한다.

논문을 작성하는데 있어서 평범하여야 한다고 하는 것[38]은 논문의 내용이'뛰어나지 않은'평범한 것이어야 한다는 것을 의미한다.

논문은 문장의 구성으로부터 내용이 일정한 수준에 이르기까지 전문가라면 쉽게 이해하고 연구를 해득할 수 있는 신뢰감이 있게끔 해야 한다.

예를 들어 인증(引證), 또는 각주(脚註) 또는 도식(圖式)이 정확하지 못하여 독자가 이를 일일이 확인해야 하는 경우라고 한다면, 평범성이 결여된 논문이 되는 것이다.

그리고 논문의 작성방법이나 내용은 사회과학의 논문에서 딱딱한 이공학의 공식을 참조하여 사회과학의 논문인지를 구별하지 못하게 작성된 것이라면, 논문의 평이성

---

37) 일반적으로 논문의 정확성을 기하려면, 어떤 논제에 대하여 새로운 것을 정확히 연구를 하려면 무엇보다도 '연구'라고 하는 말과 같이 그 사안에 관련하여 보다 많은 연구와 시간을 들어야 한다. 논문이란 작성이 중요한 것이 아니라 무엇을 어떻게 얼마만큼 남들보다 앞서서 연구하였느냐가 중요하다, 아무리 연구된 잘 된 것이라고 하더라도 같은 분야의 현실을 알지 못하고 작성한 것이라면 이는 착오된 논문이라 할 수 있다. 그러므로 진실 된 연구가 없는 논문은 진실성과 정확성이 없는 논문이 될 수 밖에 없다는 것을 말해준다.

38) 논문이 평범하다고 해서 독창성이 없이 많은 연구자들이 작성한 것들을 의미하는 것이 아니라 우리 일상생활에서 흔히 볼 수 있는 즉, 평범한 논제가 되어야 한다는 것을 의미한다.

을 상실한 것이다. 용어의 정의에 있어서도 가능한 모든 사람이 이해하기 쉬운 말로서 국문학적으로 쉽게 서술해야 할 것이다[39].

즉, 논문을 작성하는데 있어서의 중요한 것이 하나는 읽는데 어려움이 없어야 한다.

5) 학문의 정점(頂點)은 비교에 있다.

학문의 정점은 연구자의 시각에 따라 다르게 판단하겠지만, 보는 학문의 정점이란 얼마만큼의 '옳고 그름을 비교'하여 새로운 차이점을 연구 할 수 있느냐하는 것이다. 논문을 작성하는데 있어서 비교성(比較性)이란 어떠한 논문이든 비교학적으로 다루어져야 한다는 뜻이다[40].

비교학이란 어떤 논제를 해결하는데 있어서 그 논제와 인접된 모든 사항에 대하여 충분히 연구하고 검토하여 새로운 사실을 연구 해 낼 수 있는 기초를 말한다.

예를 들어 한사람의 서적만을 집중적으로 참고하여 연구 논문을 작성한다고 한다면, 이는 학문에 대한 비교성의 부족으로 그 가치를 인정할 수없는 것과 같다[41].

다시 말하면 어떤 사실을 연구하는데 있어서의 비교성이란 그 사실에 대한 기존의 많은 서적과 검증의 사실을 학문적으로 비교하여 연구하는 것이다. 이것은 비단 사회과학 분야 단이 거론하고 있는 것이 아니다. 어느 학문, 어느 논문이든지 간에 한 예 그 연구에 대한 비교성이 '새로운 수준을 알려주는 척도가 되는 것이다.

그만큼 사회과학의 비교성은 중요한 연구 지침이 된다고 아니할 수 없다.

이상과 같이 논문을 작성 하는데 있어서는 보이지 않는 규범적인 자세가 필요하다.

---

39) 논문이 평범하지 못하고 이상적인 학문은 연구 논문이 라고 볼 수 없다. 논문이란 실제사회를 내용으로 하는 논문으로서 언제든지 실용의 가능성과 참고할만한 것이 있어야 한다. 구체적으로 밝히기를 꺼리는 논문이나 실사회에 적용될 가능성이 없는 것은 앞에서 서술한 평범성이 결여 된 논문이라고 할 수 있다.

40) 자신이 연구하려는 것을 유사한 종류의 논문과 비교하여 향후 쓰려는 계획을 세우게 되면 효율적이 논문이 될 수 있을 것이다.

41) 학문에 있어서의 비교학 학문은 어느 부분을 막론하고 그 논제에 대한 비교성이 논문 창출에 대한 문제가 되고 있다. 원래, 비교라는 용어는 서로 다른 두개 이상의 사물에 대하여 차이점을 발견하여 주의 깊게 여러 가지로 고찰하는 것을 말하는 것으로서 새로운 사실을 교육하기 위하여 이미 알려진 사실과 비교, 검토하여 새로운 사실과 공통점을 발견하는 교수 방법을 의미한다.
그러나 모든 학문에 있어서도 비교학문 없이는 논문의 존재란 있을 수 없다고 간주된다. 예를 들어 대학의 주관식 시험 답안을 채점하는 경우에도 그 문제에 대한 어느 정도의 이해와 연구를 같이 하였느냐하는 것은 답안의 내용에 얼마만큼의 다른 내용과 서로 비교설을 잘 다루었느냐하는 것이 채점이 원인이 되는 때가 많다.

타인의 것을 소위 '가위질하려는 것'이나 남이 연구 한 내용을 약간 변용(變容)시키려는 얄팍한 마음을 가지고 있다면, 그것은 새로운 논문을 연구하여 작성하는 것이 아니라 논문을 편집하는 것이라 할 수 있다.

지금까지 서술한 효시성, 거증성, 정확성, 평범성, 비교성 이외에도 연구자는 여러 가지 갖추어야 할 심성적(心性的)인 학문하는 연구 자세가 필요하다. 그런 자세야 말로 진정한 학문을 연구하는 자의 자세라 할 수 있다.

특히 논문은 많은 사람의 연구에 관계되는 자료를 제공하는 경우가 많이 있기 때문에 객관성이 있어야 한다. 연구자의 주관적인 용어만을 강조한 나머지 객관적인 인식을 할 수 없게 형성된다면, 신뢰를 받는 논문이 될 수 없을 것이다.

여기에서 간결성과 불편성이 포함되어 말하는 경우도 많이 있다. 간결성이란 논문의 내용과 문장의 문맥이 분명한 중심사상을 가지고 구조적으로 작성되어야 한다는 의미이다. 불편성이란 타인의 학설을 공격하는 것을 중심으로 전개 한다든지, 지자의 이론만을 앞세운다면 논문의 냉정성을 가져야 한다는 불편이 결여된 것이라고 할 수 있다. 그렇게 되면 논문의 발전성 없이 답보(踏步)된 상태에서 머무르게 될 것이 자명하다. 그러나 학문에 있어서의 정당한 주장과 발표는 불편성이 아니다[42]. 이는 앞으로 학문을 연구해 나가는 연구자에게 지름길이 된다는 것을 명심해야 할 것이다.

6) 사회적으로 이슈(ISSUE)가 되는 것이라야 한다.

석·박사의 논문은 그 내용에 있어서 새로운 사실을 학문적으로 엮어 놓은 것을 요구하는 절차이다. 그러므로 내용이나 논제가 있어서, 또는 연구한 실사에 있어서 그 무엇인가의 참신성이 전제되어야 한다.

말하자면 현재 우리 사회에서 ISSUE가 되는 것이 무엇인가를 알아야 한다. 그리고

42) 논문의 객관성(客觀性)이란 연구자의 의견을 설술하는 경우에도 자신이 수집한 자료 또는 다른 이의 연구 결과를 확실하게 밝히고 연구에 대한 근거를 명백하게 제시하면서 내용에 대한 신뢰를 갖출 수 있게 하는 예이다.
더불어 간결성(簡潔性)이란 논문의 본류(本流)와 지류(支流)가 있을 때, 처음부터 끝까지 한 줄기로서 이끌어 나가야한다는 것과 같다. 무슨 말을 조금하다가 갑자기 다른 이론을 전개함으로서 논문의 전개에 무리가 가는 경우에는 주창(主唱)의 간결성이 없어 논문을 서술해 나가는 데 어색할 것이다. 즉 논제와 관계가 없는 이론을 주론(主論)으로 전개하여 나가려는 것과 동일하다. 사사로움이 없고 어느 한쪽에 치우침 없는 불편성(不偏性)의 논문을 작성하는 자세가 필요하다.

그 ISSUE가 세간의 입에서 입으로 전해지는 소위 '뜨는 것/ 떠오른 것'에 대한 준비가 되어 있어야 한다[43].

요즈음의 말로써 '뜬다'라는 표현이 있다. 즉, 많은 사람들에게 회자(膾炙)되며 새로운 학문으로 관심을 끌 수 있는 논제가 되어야 한다.

특히 뜨는 것에 있어서도 향후 미래에 많은 사람들에게 들어맞는 적합한 것이어야 한다. 현재는 적합한 연구의 내용이라 할지라도 당장 내일이 되면 내용과 현실이 맞지 아니할 때 오늘의 고생이 헛되게 된다고 아니할 수 없을 것이다. 이는 다른 이가 언급하지 아니한 논제를 택하여야 한다는 진리와 함께 미래지향적인 과제를 다루어야 한다는 의미일 것이다.

그러므로 너무나 많은 이가 연구한 일반적인 것은 '뜨는 것'이 될 수 없다. 사회과학의 많은 분야에서 남이 연구하지 아니한 영역에서 장래에 많은 사람들에게 촉망받을 수 있는 것이 내재되어야 한다. 상품만이 있는 것이 아니다. 논문에 있어서도 '뜨는 논문'은 확실히 있게 마련이다.

그러나 '뜨는 논문'은 누구나가 쓰고 싶을 것이다. 그렇다고 해서 누구든지 미래적인 의미에서의 새로운 '뜨는 논문을 작성' 하는 것이 그리 쉬운 일은 아니다.

사회 과학은 어느 분야에 있어서나 전공적인 기초과학의 과정이 존재한다. 그렇기 때문에 논문을 빨리 쓰려고 하는 욕심보다는 준비 기간에 가장 기초적인 전공과목을 이해하고, 이를 응용할 정도의 실력을 갖추어야 한다.

특히 학부의 전공과 석 · 박사의 전공이 서로 다른 때 염려가 되는 사항이다. 예를 들어 사회복지학의 석 · 박사논문을 쓰려는 연구자가 학부에서 사회복지학이 아닌 건축학을 전공한 경우, 사회복지학에 관한 선수과목을 정확하고 면밀하게 이해하고 살펴보아야 할 것이다.

---

43) 제조업자가 물건을 만들어서 세상에 내놓는다. 그리고 소비자는 그 물건을 구입하기 위해 물건을 만져보기도 하고 직접 시험 또는 시음도 해본다. 그러나 그 아무리 좋은 물건이라 할지라도 구매자가 구매하지 않는다면 과연 그 마케팅은 잘 된 것이라고 할 수 있나? 마찬가지로 논문도 사회적으로 ISSUE가 되고 논문을 완성하고 난 후에 그 논문이 사회적으로 여러 사람들에게 도움이 된다면 그 가치는 더할 나위 없는 좋은 논문이 된다고 할 수 있다.

6) 논문의 종류

일반적으로 논문이라 하면 광범위한 말로서 표현할 수 있지만 사회과학계에서 흔히 논문이라고 말할 때 '특정한 학문에 대한 학술적(學術的)'인 정리를 한 문서를 칭한다.

예를 들면 리포터(Report)를 위시로 하여 학위논문과 연구논문을 의미한다. 더욱이, 학사와 석사 및 박사 학위의 논문과 일반 학회에서 또는 연구소에서 발표하는 논문을 총칭하여 연구논문이라고 말하는 경우가 많이 있다. 그러므로 영어에서 말하는 이른바 논설을 의미하는 아티클(article)과 매우 체계적인 학문논술을 의미하는 시시스(theise), 일반적인 것을 포괄적으로 표현하여 논문의 형식을 갖추는 엣세이(essay), 졸업 논문을 말하는 시시스(thesis), 졸업 논문 중에서도 석사 학위 논문을 주로 표현하는 시시스(thesis), 박사학위 논문에 해당하는 디설테이션(dissertation), 작은 논문을 말하는 페이퍼(paper), 전공 논문인 모노그래프(monograph)[44], 일반적으로 보고서라고 칭하는 리포트(Report)는 자격시험에서 작성하는 논문과는 서로 다른 어감의 의미를 포함하고 있다[45]. 그러나 한국의 사회과학계에서는 이상의 모든 것을 학술적으로 다룬 것이라면 "레포트" 또는 연구 논문이라는 용어로서 실용하고 있다.

즉, '연구논문'이라고 하는 것도 다음과 같이 서로 다른 성격을 가진 것이라고 나누어 설명할 수 있다.

---

44) 특정 분야의 문제나 한 사항에 관한 전공논문(專攻論文)이다. 주제가 매우 전문적이고 제한적인 것이 특징이다.

45) 영어에서 아티클(article)이란 신문, 잡지의 기사 또는 논설이며 논문집에 실리는 비교적 간단한 논문이다. 트리티스(treatise)의 의미는 특정 논제를 매우 체계적으로 다룬 논문(systematic exposition)이다. 또한 엣세이(essay)는 문학수필과는 다른 학술논문이며 기말숙제로 쓰는 것이어서 학위논문 보다는 짧고 한수 낮은 텀페이퍼(term paper) 같다고 말할 수 있으며, 한 논제에 관한 일반적이고 포괄적인 의미의 논문으로 트리티스(treatise)보다는 덜 체계적인 소논문이다. 졸업논문이라는 말로서 주로 석사 학위 논문을 의미하는데 일반논문은 다른 것이 일정한 논제를 결정하여 학술적으로 명제(命題)를 해결한 논문이다. 우선 디설테이션(dissertation)과 시시스(thesis)는 둘 다 졸업논문인데, 학사, 석사, 박사과정에 대한 명칭의 기준은 나라와 대학마다 조금씩 다르다. 일반적으로 디설테이션(dissertation)이 학사, 시시스(thesis)가 석·박사 논문을 뜻하지만, 반대의 경우도 있다. 예를 들어 또 어떤 곳은 시시스(thesis)는 학·석사, 디설테이션(dissertation)이 박사 과정 논문을 의미한다. 그래서 정확한 구분을 위해 'graduate', 'doctorate', 'master' 등을 붙이는 게 일반적이다. 그렇지라도, 디설테이션(dissertation)이라고 하면 박사학위 논문을 일컫는 것이 일반적이다.

(1) 리포트[46)]

① 정의

원래 리포트라는 용어는 보고, 보고서, 그리고 보도라는 의미이다. 어떤 사물의 현상을 연구한 논문이라는 의미가 아니지만 대부분의 학생이 서로 상용(商用)하는 용어로써 논문의 의미와 비슷하게 사용하는 경우가 종종 있다. 그렇지만, 리포트는 어떤 일에 대해 조사하고 답사하여 사실 확인처럼 필요한 자료를 정리하여 보고하는 것이며, 논문이라 하면 어떤 사안에 대한 체제적인 내용을 '새로운 자료'로서의 역할을 갖게 하는 것을 뜻한다. 그렇기 때문에 이는 어떤 사실에 대하여 작성하는 내용에 따라 또는 작성하는 형식은 서로 다른 내용의 용어를 만들어내게 되는 것이다.

또한 리포트나 논문을 서로 하나로 칭(稱)하여 페이퍼(paper)라고 종종 부른다. 우리나라 학생들이 대학교에서 자주 사용하는 용어는 리포트나 조그만 논문을 막론하고 리포트 또는 논문이라고 사용하고 있다. 이것은 원래 어의(語義)는 상이하다. 그렇지만 사실에 대해 답사 또는 보고에 해당하는 것은 리포트이며 좀 더 구체적이고 상세하게 연구에 해당하는 것을 우리가 흔히 말하는 논문인 것이다.

대학에서 작성하는 소위 리포트란 대개가 학점을 이수하는 과정에서 특정 과목에 대한 보고서의 형식을 가진 '지식을 표현하는 산물'이라고 할 수 있다. 대학의 강의는 상식을 습득하기 위한 것이 아니다. '일정한 지식'을 취득하기 위한 장소이다. 그런 이유로 자신이 얻은 지식을 정리하여 이를 응용하는 것이 바로 리포트인 것으로 소위 지식을 표현하는 방법이라 할 수 있다.

리포트를 통하여 연구자 본인이 스스로 연구 능력을 발휘하려는 기초적인 과정이며, 교수님이 정하여 준 논제로 일정한 범위 안에서 연구자가 선택한 제목을 선택하여 나름대로의 지식을 쌓아, 평가해 받는 것이다.

이와 같은 과정은 연구자가 자기 스스로 자료를 직접 준비하고 내용을 정리하여 학문적인 영역을 찾아보려는 것이므로, 학문적인 측면에서 그 의의가 매우 크다고 할 수 있다. 리포트는 지적 수준을 표현하고, 학문적으로 독립하려는 기초를 마련하

46) 레포트(report)는 대학에서 학생들이 특정 주제를 조사 한다던가 또는 연구한 결과를 정리하여 교수에게 제출하는 복고서 형식의 문서를 칭한다. 어원적으로는 're: 다시', 'port: 나르다'라는 의미로 어떤 일에 대하여 연구했거나 조사한 내용을 타인에게 결과나 또는 내용을 말이나 글로 알리는 글이다. 그러므로 원어에는 '논문'의 의미는 없지만, 학생들 간의 논문이라는 의미로 통용된다.

는 과정이다[47].

학문을 하는 사람은 자신의 지식을 타인에게 알리고 이를 남기기 위해서는 리포트가 필요하다. 이는 지식의 표현뿐 만이 아니라 회사 내에서 업무의 내용으로 리포트를 작성하는 경우가 자주 있다.

② 구성요소

좀 더 좋은 레포트가 되기 위해서는 다음과 같은 내용 및 방법에 의하여 진행되어야 한다.

첫째, 연구주제 및 제목의 선택, 연구문제의 설정

둘째, 전체적인 틀(枠)의 구성과 형식

셋째, 객관적인 연구자료의 수집

- 전공서적 중심의 참고서적 등의 자료수집
- 논문, 단행본, 국내외 학술지, 관련 정기간행물 등에 게재된 자료의 수집
- 매스컴 자료와 정부 관련 및 국가기관의 보도 자료 수집
- 인터넷(internet) 등의 자료수집

넷째, 자료의 인용 표시

- 직접 인용문에는 필히 각주(脚註)를 달아야 한다.
- 레포트 작성을 배우는 초기 단계부터 습관화가 필요하다.

다섯째, 내용적인 측면에서 수집된 연구자료와 사실(fact)들을 검증(檢證)하거나 인정된 방법과 절차에 따라 분석하고 평가한다.

여섯째, 문장이나 용어가 적절한 문장력, 즉 문어체 작성하여야 한다.

일곱째, 각주, 참고문헌, 부록 등의 표기의 적절성이 되어야 한다.

---

47) 리포트가 필요한 이유는 대학 내에서 교수의 강의는 수강하는 학생 스스로가 다시 생각하고 확인함으로써 자신의 지식을 전환할 수 있는 수단이라고 할 수 있다. 학교에서 익힌 사항을 복습을 통하여 행하여지는 경우도 종종 있다. 그러나 일반적으로 리포트를 작성하여 얻게 되는 현상을 통하여 지식을 얻는 것은 대단히 좋은 복습의 방법의 하나이다. 학문에서 여러 가지의 저서와 학설(學說)이 시대에 따라 또는 장소에 따라 다르게 이해되고 있다. 그런 이유로 일정한 교수의 강의 내용도 리포트를 통하여 인접된 학문과의 관계 또는 다른 저서의 주장을 조사하고 검토하여야 한다. 이는 수강하는 학생들에게 제일 우선으로 해야 할 일이며, 그 이유는 새로운 학문을 알고자 하여 강의를 듣는 것이기 때문이다. 강의 시간에 여러 사정으로 다루지 못한 과제나 다른 나라의 경우를 체계화하려는 리포트를 작성하는 것만이 가장 큰 효과를 얻는 지식의 산물이다(이항구, 1977).

(2) 졸업논문

① 정의

졸업논문은 학사학위 취득에 반드시 필요한 요건의 하나로, 대학교육의 결산서(決算書)라고 할 수 있으며, 새로운 사실(fact)을 찾아내기 보다는 이미 알려진 사실이나 자료를 학생의 독자적인 관점에서 다시 음미함으로써 그것이 가지고 있는 내용을 파악하는 것이다.

일반적으로 학사 학위를 취득할 때에, 대개의 경우에는 졸업시험을 치르는 학교도 있지만, 졸업논문을 작성하는 학교와 학과가 있다. 이는 지도 교수로부터 논제에 대한 양해를 받고 몇 차례에 걸쳐 지도를 받는 것이 일반적이다.

대학에서의 4년 동안 자신이 습득한 전공 지식을 활용하여 연구자의 주관이 들어간 논문을 작성해 나간다. 이것은 단순한 지식을 자랑하는 것뿐만이 아니다. 지도 교수와 연구자 간의 순수한 학문적인 접촉과 증진을 위하거나, 또는 학문 능력의 함양과 자기비판의 기회를 마련하고 준비하는 것이다. 대학의 논문은 전문적인 연구 논문이 아닌 가장 기초적인 논문에 해당한다[48].

졸업논문은 일반적인 리포트(Report)보다는 비중면에 있어서 큰 것만은 사실이다. 그러나 유심히 보아야 할 것은 어느 정도의 깊이를 가지고 작성할 수 있나 하는 것이 주요 관심사이다. 졸업논문을 작성하는 가장 큰 목적은 대학에서 스스로의 힘으로 학문의 연구를 해보는 것이다. 이는 얼마만큼 객관성 있는 연구 능력을 구사하는가 하는데 있는 것이다.

또한 졸업논문에서 내용도 중요하지만, 이것 못지않게 중요한 것은 논문의 양식과 체제이며, 이는 일반적인 논문의 양식과 체제가 엄격하게 지켜져야 한다.

그리고 졸업논문은 담당지도 교수[49]의 지도를 받아 작성된다는 점에서 교수와 학

48) 본격적으로 대학의 졸업논문의 용어가 활용하게 된 것은 1975년에 '대학 졸업 제도의 개선 방안'이 나오면서부터 시작되었다. 그 내용에는 다음과 같다. 대학의 학사 과정에 필요한 전공 과정은 많은 정도의 상관 관련성이 있음에도 있다. 그럼에도 불구하고 각 과목에서 이수한 전공 내용을 종합 할 수 있는 기회가 부족하므로 계획적인 지도하에 논문작성 과정을 통하여 교수와 학생간의 학문적인 접촉을 하여 전공 과목의 지식하여 자주적인 학문 연수의 능력과 태도를 함양하는 데 있다. 라고 규정하여 각 대학에서 이에 따르기 시작하였다. 그러나 지금에 와서 이에 대한 재고의 의견이 지배적이다.
그렇지만 이와 같은 제도는 학문의 원천지인 대학에서 자기의 실력을 작문으로 작성하는 좋은 기회가 될 뿐만 아니라, 자신의 실력 향상에도 많은 도움이 될 것이다.

49) 지도교수는 학문의 어버이라고 해서 처음부터 마지막까지 학문 및 관련 사항에 대해 함께 논의하고 상담

생간의 학문적 접촉의 증진을 의미한다.

② 구성요소

졸업논문에 있어서 좀 더 좋은 논문이 되기 위해서는 다음과 같은 내용과 방법에 의하여 진행되어야 한다. 즉 레포트의 구성요소와 비교하면 첫 번째부터 일곱 번째 항목까지는 동일하다. 그렇지만 레포트와 비교해 볼 때 추가적인 요건의 요하고 있다.

첫째, 연구주제 및 제목의 선택, 연구문제의 설정

둘째, 전체적인 틀(枠)의 구성과 형식

셋째, 객관적인 연구자료의 수집

- 전공서적 중심의 참고서적 등의 자료수집
- 논문, 단행본, 국내외 학술지, 관련 정기간행물 등에 게재된 자료의 수집
- 매스컴 자료와 정부 관련 및 국가기관의 보도 자료 수집
- 인터넷(internet) 등의 자료수집

넷째, 자료의 인용 표시

- 직접 인용문에는 필히 각주(脚註)를 달아야 한다.
- 레포트 작성을 배우는 초기 단계부터 습관화가 필요하다.

다섯째, 내용적인 측면에서 수집된 연구자료와 사실(fact)들을 검증(檢證)하거나 인정된 방법과 절차에 따라 분석하고 평가한다.

여섯째, 문장이나 용어가 적절한 문장력, 즉 문어첼 작성하여야 한다.

일곱째, 각주, 참고문헌, 부록 등의 표기의 적절성이 되어야 한다.

여덟째, 일관성과 통일성이 있어야 한다.

- 논리적 사고와 구성이 필요하며, 짜임새가 일관성과 통일성이 함께 어우러져 있어야 한다.

아홉째, 항상 배움의 자세를 가져야 한다.

하는 것이 학생의 도리일 것이다.

(3) 학위논문

① 정의

일반적으로 학위논문은 대학원 교육의 산실(産室)이라고 할 수 있으며 본격적인 연구논문이다. 학위논문은 연구자 자신이 향후 전문적인 연구를 위한 것이라고 볼 수 있다.

또한 학위논문은 전문학술지에 발표되는 논문과는 구별이 되며, 학위논문은 연구자의 능력제시를 목표로 하기 때문에 다루고자 하는 주제에 대한 연구사적인 고찰, 충분한 자료의 제시 등 많은 노력이 절실히 요구된다. 그리고 학위논문은 청구하는 학위의 종류에 따라 성격에 많은 차이가 있다.

② 구성요소

타 논문과의 차별성이 있기 위한 좋은 논문이 되기 위해서는 다음과 같은 내용과 방법에 의하여 진행되어야 한다. 졸업논문의 구성요소와 비교하면, 객관성과 창의성에서 추가적인 요소를 요한다.

첫째, 연구주제 및 제목의 선택, 연구문제의 설정

둘째, 전체적인 틀(枠)의 구성과 형식

셋째, 객관적인 연구자료의 수집

- 전공서적 중심의 참고서적 등의 자료수집
- 논문, 단행본, 국내외 학술지, 관련 정기간행물 등에 게재된 자료의 수집
- 매스컴 자료와 정부 관련 및 국가기관의 보도 자료 수집
- 인터넷(internet) 등의 자료수집

넷째, 자료의 인용 표시

- 직접 인용문에는 필히 각주(脚註)를 달아야 한다.
- 레포트 작성을 배우는 초기 단계부터 습관화가 필요하다.

다섯째, 내용적인 측면에서 수집된 연구자료와 사실(fact)들을 검증(檢證)하거나 인정된 방법과 절차에 따라 분석하고 평가한다.

여섯째, 문장이나 용어가 적절한 문장력, 즉 문어첼 작성하여야 한다.

일곱째, 각주, 참고문헌, 부록 등의 표기의 적절성이 되어야 한다.

여덟째, 논문 작성과 연구활동은 동일하다.

- 새로운 발상이나 연구가 진전될 때 기록하는 습관을 항상 지녀야 한다.

아홉째, 객관적인 태도를 지니고 작성하여야 하며, 주관적인 태도를 갖게 되면 자칫 오류에 빠질 염려가 있다.

- 애매모호성, 증명불가, 선입견(先入見), 편견(偏見), 감정 등을 경계하여야 한다.

열 번째, 창의성이 있어야 한다.

- 연구자 자신의 주장, 사상, 발견 및 발명, 내용의 참신성(斬新性)을 지니고, 그것의 객관성 입증이 반드시 필요하다.

열한 번째, 일관성과 통일성이 있어야 한다.

- 논리적 사고와 구성이 필요하며, 짜임새가 일관성과 통일성이 함께 어우러져 있어야 한다.

열 두번째, 항상 배움의 자세를 가져야 한다.

(4) 석사 학위 논문

일반적으로 석사 학위 논문이란 대학에서 박사학위를 취득하기 위한 과정이라고 할 수 있다. 학점을 취득하고 일정한 과정을 걸치면 2년간이나 또는 2년 6개월간에 걸쳐서 자기 스스로 연구한 것을 종합하여 논문으로 발표하는 것을 말한다. 각 대학마다 상이하지만 대학에 따라서는 학점을 중요하게 생각하여 논문의 비중을 그다지 크게 두지 않는 대학도 있으나, 우리나라에서는 대부분 논문의 작성 능력을 중요시 하고 있는 것이 사실이다.

연구하는 사람이나 또는 과정에 따라 서로 달리 해석할 수가 있지만, 석사학위논문은 학사 학위논문과 다르게 '본격적으로 연구를 시작'하는 과정이라고 할 수 있다. 즉, 학사 학위 논문은 다른 이가 연구한 것을 서로 비교하여 작성자로 하여금 어떤 논제에 관한 내용을 잘 이해하였다고 하는 데에 초점이 맞추어 지고 있다. 석사 학위 논문은 다른 사람이 연구한 것을 토대로 하여 새로운 것을 발견하는 내용을 것이다.[50].

50) 석사 학위 논문은 다음과 같은 특징이 있어야 한다.
(1) 자신이 전공하는 분야에 대한 학리적(學理的)인 용어로부터 현실적인 학설에 이르기까지 즉, 사회과학의 석사학위논문이라면, 각기 분야의 기본적인 학문을 이수한 사람답게 자신의 전공 분야에 대

이는 무(無)에서 유(有)를 창조하듯이 현상을 새롭게 비교 연구할 수 있는 기초를 확인하는 논문이다. 물론 새로운 사회과학의 영역을 개척하여 연구하는 것이 된다면 금상첨화(錦上添花)가 될 것이다. 그렇지만 일반적인 석사 학위 논문은 본격적으로 연구과제에 대한 비교 연구를 얼마만큼 논문의 형식에 따라 수행 하였느냐가 관건이 된다. 그러므로 다른 사람이 연구한 것을 얼마만큼 정확하게 이해하고 비교하였는가 하는 것이다[51].

즉 석사 학위 논문은 리포트나 학사 학위 논문보다는 좀 더 차원이 높은 연구의 용어를 사용한 논문으로 보면 무난하다. 다른 이들의 연구 과정을 참고하여 혼자서 어떤 사항을 해결하여 나갈 수 있다는 연구 초보자의 논문이지만, 석사 학위논문에 있어서도 연구의 내용이 독창적이며 창의적인 학문이 된다면 더욱 좋을 것이다.

또한 석사 학위 논문의 심사 기준은 흔히 '논문작성의 형식'이 관례로 하고 있다. 그렇지만 타인의 논문을 참조하여 조립하는 논문이라고 해서 논제로부터 최후 수정에 이르기까지, 기존의 논문과 유사한 논문이라면 석사 학위 논문으로서의 창조성이 결여될 것이다.

학문에 있어서 가장 큰 실수는 타인의 연구를 중간에서 가로채는 것이다. 자의든 타의든, 결과적으로 타인의 논문을 도둑질한 예로서 기록된다면, 이것은 엄연한 범법 행위가 되는 것이다. 그런데 한국에서의 국회 청문회에서 유명 정치인들의 논문 표절에 대해 자주 세인들에 입에 오르는 것을 자주 목격한다. 그러나 청문회가 끝나면

한 기본 적인 지식이 담겨야 한다.

(2) 석사학위논문은 논문의 내용이 세상 밖으로 나왔을 때 박사학위논문처럼 모든 사람들에게 활용되어 유용한 학문으로 실생활에 이용되는 것 보다는 논문이 가져야 할 기본적인 논문의 형식, 목차, 전게서, 상게서, 문헌과 참고, 인용, 비교 특히 각주(脚註: footnote)에 대한 기본적인 것을 습득하고 이를 용용하려는 사항에 초점을 맞추어져 있어야 한다.

(3) 논제에 대한 과제를 사회 과학적으로 조사, 검토, 비교, 분석, 확인, 창의하여 학문적인 체제를 조립하여 자신의 능력과 작성기술에 대한 내용이 되어야 한다.

51) 학문의 頂點(Vertex)은 比較研究이다.
필자의 意見으로는 학문을 얼마만큼 이해하여 얼마만큼의 연구를 하였으나 하는 기준을 말하라고 한다면 그 학문의 비교 능력에 달려 있다고 생각한다.
어떤 논제를 다루든지 간에 그 논제에 대해 유사한 내용과의 비교를 하거나 많은 연구자들의 연구내용을 비판하여 그에 대한 장 · 단점을 확인할 수 있을 때, 그에 대한 연구를 시작할 수 있다고 생각한다. 원래 Comparative study라고 하는 것은 어떤 사안에 대한 못하는 용어이다. 한두 권의 책을 보고 모든 것을 통달한 것 같이 자랑한다면 그 얼마나 부족을 드러내는 논문인가. 비교 학문이라는 용어를 사용하려면, 몇 권이 되었든지 간에 해당 분야에 대한 기존의 저서와는 논문은 전부 탐독하고 연구한 뒤에 사용하여야 하는 말이다.

흐지부지하는 경우가 많아 슬프기 그지없다.

본인은 우연의 일치라고 변명하지만, 한번 올린 글은 항상 쫓아 다니므로, 주의해서 작성해야 할 것이다. 그러므로 석사 학위 논문의 논제를 정할 때에는 지도 교수와 함께 충분한 논의가 걸친 후에 논제를 택해야 될 것이다.

본래 연구라는 용어는 어떤 사항이나 사물에 대하여 그 원리와 현상을 깊이 캐고 조사하고 '생각해내는 일'을 의미한다. 석사 학위 논문도 동일하다[52].

석사 학위 논문은 어떤 논제에 대하여 타인이 연구 한 것을 토대로 하여 좀 더 깊이 있게 비교·검토하여 어떠한 문제를 도출해 내어야 한다. 그렇지 않고서는 '연구라는 용어'를 사용하기 어려울 것이다. 타의의 것을 자기의 것으로 만들기 위해서 논문의 과정과 형식을 갖추어 놓는 것이 바로 석사학위 논문이다. 그렇기 때문에 석사학위 논문은 여타의 논문과 비교하여 비슷한 면이 있는지를 반드시 조사해 보아야할 것이다[53].

(5) 박사 학위 논문

박사 학위는 일반적으로 박사 과정 모두를 이수하고 소정의 시험과 절차[54]를 이행한 후에 제출하는 지식을 가지고 있는 사람으로서 독자적인 학술 연구를 수행할 수 있는 능력을 나타내며, 논자가 확실한 내용의 논문을 제출하여 심사를 얻는 것을 의미 한다[55].

---

52) 석사 학위 논문에 대하여 간단히 서술하면, 석사 학위 논문을 a masters thesis 라고 하는 경우를 자주 본다. 석사라고 하는 의미는 엄격하게 규격화(standardize)된 논문의 작성을 의미하는 것으로서 일정(一定)한 문제의 해결을 위하여 정해진 관점에서 論證(argument)을 전개한 것으로 이해되고 있다. 여하튼 간에 석사 학위 논문은 형식적인 규격을 중시하여 문헌중심적인 내용이 주로 다뤄지고 있다.

53) 석사학위 논문은 박사학위 논문과 질적으로 다르게 논문의 전반적인 흐름과 논제, 목차, 용어(전게서, 상게서, 각주 등)의 정확한 파악을 하고 있으면 석사학위 논문 연구자로의 기본적인 것은 갖추어져 있다고 보면 된다.

54) 일반적으로 박사과정을 마치게 되면 학위 논문을 시작하게 된다. 그러기 위해 바로 행하는 것이 종합시험, 외국어(영어)시험, 그리고 제2외국어(일어, 중국어, 불어, 독어, 서반어 등)시험에 통과를 해야 비로소 논문을 쓰기 시작하게 되는 것이다.

55) 우리나라에서의 박사 학위는 전문 분야의 학술에 관하여 연구가 깊고 일정한 연구업적이 있다고 인정하는 사람이나 각 대학원위원회가 행하는 박사 논문의 심사 및 시험에 합격 한 사람에게 수여하는 학위로서 전공 분야에 따라 예를 들어 문학, 경영학, 법학, 철학, 이학, 공학, 농학, 의학, 공학, 신학, 음악박사 등의 학위와 같은 것이다. 역사상으로 한국에서도 제도가 상이하지만, 박사라고 하는 말을 사용했었다. 3국시대의 고구려, 백제, 신라, 그리고 고려시대에 학문이나 전문 기술에 종사하는 이에게 주는 벼슬제도가 있었다. 현재와는 다르지만 예전에 박사하고 하는 말이 있었다. 어쨌든 한국에서의 박사에 대한 전통

이런 이유로 해서 박사 학위 논문은 석사 학위 논문과는 달리 작성자 자기 스스로가 논제를 가지고 좀 더 구체적이고 상세하게 혼자 연구하여 나갈 수 있는 학문적인 능력이 있는지 없는지를 우선의 내용으로 한다(이항구, 1997).

예를 들어 논제와 연구의 목적이 살아 있지 못하고 타인이 힘들여서 연구한 학문을 그대로 옮겨 놓는 정도의 것이라면, 그것은 학문의 편집이라고 할 수 있다. 즉 창의적인 연구는 아니다. 그러므로 박사 학위 논문은 학문의 효시성(嚆矢性)에 기준을 두는 경우가 많다. 더불어 어느 정도 수준에 맞는 박사 학위 논문이라면 내용에 있어 서의 오자(誤字), 탈자(脫字)에 기준을 두어서는 안 된다[56]. 문장 하나 하나의학문적인 논리로부터 인용과 참조의 타당성 그리고 표현의 세련성 및 '현재사회에 대한 논문의 공헌도'를 중요시하여 실생활에 활용되는 학위 논문이면 좋은 학위하고 볼 수 있다. 즉, 누구도 시도하지 않았던 사안(事案), 블루오션(Blue Ocean)[57]이면 더욱 좋은 학위 논문이라고 볼 수 있다.

이를 위해 박사 학위 논문 작성에 있어서 지도 교수가 반드시 존재하고 있는 것이다. 지도 교수가 없는 것은 속된 용어로 '애비 없는 자식'[58]이라고 할 수 있다. 부모 없이 우리가 태어날 수 없듯이 지도교수가 없이 자식인 본인(연구자)이 없는 것 또한 자명하다. 지도 교수는 석사·박사 학위 논문에 동일하게 존재한다.

그렇다고는 하지만 박사 학위 논문작성에 있어서는 학술적인 창의성과 자율적인 조건을 최우선으로 한다[59]. 타인의 것을 인용하는데 있어서나 비판하는데 있어서 또

은 외국보다도 훨씬 제도임을 엿볼 수 있다.

56) 박사학위 논문은 논문의 전반적인 흐름과 효시성, 내용 등을 우선으로 평가해야 하는 것이 일반적 인 것으로, 논문이 오자 및 탈자에 평(評)하는 것은 바람직스럽지 못하다.

57) 블루오션(무경쟁시장)의 원래 의미는 고기가 많이 잡힐 수 있는 넓고 깊은 푸른 바다를 말하는데, 한 기업에서만 신기술의 신제품이 개발되어 팔리는 무경쟁시장을 말한다. 그러나 논문에서는 연구자가 쓰려는 비슷한 논제가 많아 많은 어려움이 있지만, 아무도 시도하지 않은 논제를 먼저 선점하는 것을 의미한다고 할 수 있다.

58) 자식은 자기를 낳아준 부모님이 어버이지만, 학문의 어버이는 지도교수라고 할 수 있다. 그러므로 지도를 받는 연구자는 학문은 물론 학문을 연구하는데 일어나는 모든 사안을 지도교수와 상의하는 것이 연구자로서의 자세라 할 수 있다.

59) 박사 학위 논문에 대한 이론 박사 학위 논문을 가리켜 디서테이션(dissertation)이라고 하는 경우가 많이 있다. 어떤 이는 엣세이(essay) 또는 시시스(thesis)라고 하는 경우도 있지만, 디서테이션이란 학술 논문에 대한 학술학위(research degree)로서 전문직의 학위(professional degree)이다 즉, 어떤 논제에 관하여 이론적인 논증(argument)과 문헌적인 비교 연구의 소산을 의미한다. 이 논문이 통과 된 사람을 가리켜 박사라고 한다. 한마디로 말하면 박사라는 뜻은 '학식이 많은 정통한 사람'의 의미로 알려지고 있다(이항구, 1997).

는 작성자의 새로운 주장을 입증하는데 있어서 '학문적인 설득력'이 일정한 수준에 도달하지 않고서는 도저히 이룰 수 없는 일이다.

박사 학위 논문은 작성자의 경력이 화려하다고 하여 본문의 내용이 화려해지는 것이 아니다[60]. 더욱이 작성자의 욕심이 크다고 하여 좋은 논문이 작성되는 것도 아니다. 평소의 학문적인 소양과 연구를 위한 준비 기간과 내용이 얼마만큼 공을 들여 노력 하였느냐 하는 것이 논문작성의 능력으로서 나타나는 것이다. 특히, 사회 과계에 있어서의 박사 학위 논문은 역사가 길지 아니한 개척 학문이기 때문에, 학문에 대한 사명감과 일관성도 함께 갖추어야 할 요소라고 아니할 수 없다[61](이항구, 1977). 박사 학위 논문은 학계에서 학력으로서 가장 마지막 단계이며, 이는 가장 최상급의 논문으로 충분한 연구를 갖고 대하여야 할 것이다. 그러므로 박사 학위 논문은 무엇을 어떻게 연구할 것인가 하는데 있어서, 가장 깊이 연구하여야 할 사항이 '주제의 선정'이라고 할 수 있다.

타인이 전에 사용한 논제라고 할 때, 아무리 잘 작성된 논문으로 발표를 하여도 논문으로서의 가치는 찾을 수 없는 것이다. 특히, 박사 학위 논문을 작성하는데 있어서 남이 발표한 논문에서 정보를 얻어 새로운 작성법으로 논문을 발표하다라도 이는 재탕(再湯)이 되는 것이다[62].

주제를 선정하는데 있어서는 전공 학문의 '기본적인 지식'[63]과 '옳고 그름을 판단할 수 있을 정도' 세련(洗練)되고 고도화된 연구의 경력이 있어야 한다. 또한, 연구 경력이란 타인이 취급한 것인가 아닌가를 스스로의 지식과 자료에 의하여 판단할 수 있는 능력을 말한다[64].

60) 박사 학위 논문은 과거의 자신의 경력이 대단하다고 해서 논문의 질이 좋고, 반면에 그렇지 않다고 해서 논문의 질이 떨어진다거나 하지 않는다. 자신이 준비하는 기간과 자료, 내용 등에 따라 학위 논문의 수준이 정해진다.

61) 학문적인 설득력이란 학문적인 정의성과 지식적인 전문성을 의미한다.

62) 논문이 발표된 후에 가장 많이 지적되는 것이 타 논문에 대한 재탕이나 또는 유사한 내용의 것이냐 하는 것이기 때문에 다른 논문에 대한 사전 확인은 반드시 필요한 것이다.

63) 여기에서 기본적인 지식이란 특수한 학계에서 연구의 대상으로 삼고 있는 학문적인 내용을 '전문적인 지식'으로 취급할 수 있는 수준까지의 실력을 가져야 한다는 것을 의미한다.

64) 일반논문에 있어서는 연구하는 방향과 내용에 따라 이른바 재탕 또는 삼탕 논문의 논제와 유사 논문의 논제를 같이하는 경우가 있다. 나쁘게 말하면 타 대학 대학원 논문으로 발표된 것을 그대로 표절하여 다시 편집하는 경우가 전혀 없다고 할 수는 없다. 특히, 사회 · 과학계의 논문 주제는 그 내용이 몇 달이면, 누구나가 학문에 관심이 있는 자가 논문의 내용을 알 수 있는 것이 하나의 평범한 관례로 알려져 있다.

학계에서는 동일한 주제를 가지고 연구하는 경우도 많이 있을 것이다. 그러나 연구자가 연구하는 주제를 가지고 타인이 먼저 논문의 발표를 하였다고 하면 자신이 시기적으로 늦게 발표된 것은 논문으로서의 가치가 없게 된다.

학위논문 연구의 가치는 참신(斬新)한 논제를 선택하는 것으로부터 시작해야 한다. 그러므로 석사 학위 논문의 주제는 적어도 한 학기 정도의 주제 선정에 관한 스스로의 연구가 필요한 것이라면, 박사 학위 논문은 최소한도 2년 정도가 소요되어야 한다[65]. 물론 지도교수와 연구자가 함께 논제에 관해 충분한 토의가 있어야 한다. 주제 선정은 연구자가 한다. 그렇지만 먼저 학문의 길어 경험한 지도교수를 비롯한 동일 분야의 교수들의 자문을 받는 것 또한 중요한 과제가 될 것이다.

과제를 선정할 시 포함되어야 하는 것을 보면 다음과 같다.[66].

① 연구자의 능력으로 해결할 수 있는 논제이어야 한다.

박사 학위 논문은 자신의 욕심만가지고 이루어지는 것은 아니다. 이는 일정한 능력을 전제 조건으로 하여 즉, 자료의 수집이나 주어진 시간에 해결할 수 있는 논제를 선택하여 작성해야 큰 무리 없이 진행된다. 간단하게 한마디로 자기 자신이 연구하는 분야에서 논문작성이 가능한 논제를 선택해야 한다는 의미이다. 즉, 자기가 연구하는 분야에서 논문작성이 가능한 논제를 찾아내야 한다는 뜻이다.

② 새로운 비전(Vision)이 있는 논제이어야 한다.

참신하고 새로운 비젼이 있는 논제는 새로운 시대를 앞서는 '새로운 시각(視覺)'이 있는 논제를 선택하여야 한다. 비젼이란 향후 연구의 방향이 발전성 있는 논문으로, 학문하는 사람(연구자)에게 평생의 연구 과제가 될 수 있는 것이어야 한다.

다시 말하면 박사로서 학문이 끝나는 것이 아니다. 이는 박사 학위를 받음으로써

65) 학위논문을 준비하는 연구자들이 논제를 정할 때 리포트를 작성하는 정도의 안일한 사고방식으로 대하는 경우가 있다. 이는 논문의 기본적인 사항을 이해하지 못하는 처사라고 볼 수 있으며, 충분한 기간을 갖고 논제를 정해야 한다.

66) 사회과학 논문의 참신성: 사회과학은 연구의 객체가 무제한 학문이다. 아직껏, 개척이 완료된 부분은 하나도 없다. 그렇기 때문에, 학문의 분야에서 참신한 논제를 찾는다고 하는 것은 그리 어려운 일이 아니다. 전문적인 지식을 가진 교수님들과의 자문은 참신한 논제를 찾는데 절대적인 요건이 라고 생각한다. 논제를 설정할 수 있는 학문적인 능력을 기른다면 비젼(vision)이 있는 논제를 찾는 것은 노력에 대가(代價)로서 반드시 찾아온다. 그러나 학문을 편협(偏狹) 되게 생각하거나 학문의 비전을 무시한다면 논제의 설정은 어려움이 많이 찾아올 것이다.

본인 스스로 일정한 연구를 개척하여 진행해 나갈 수 있다는 제도적인 것에 불과하다. 그렇기 때문에 논문의 주제는 한번으로 끝나는 것이 아니다. 이는 향후 계속해서 좀더, 발전적으로 나갈 수 있는 참신한 '비젼'이 있는 것이어야 할 것이다. 일시적 '방편'의 논문은 비젼이 없는 논문이라고 볼 수 있다[67].

③ 실제 활용성(活用性)에 이용할 수 있는 주제이어야 한다.

실제 활용성 있는 논문이라면 현재 우리 사회에서 응용할 수 있는 논문의 주제를 색출해야한다. 응용학문의 목적은 우리의 생활을 질적으로 좀 더 나아지게 하기 위한 것임을 명심해야 할 것이다. 즉 우리의 사회를 보다 밝게 그리고 사회 전체가 미래와 꿈이 이루어질 수 있는 '희망적인 내용이 되어야 한다. 그러므로 논제의 활용적인 측면에서 제일 먼저, 요구하는 조건의 하나이기도 하다.

활용성이 없는 논문은 도화지에 그림을 그려 놓은 활자에 불과하다. 학문은 영원한 것이므로, 후세의 연구자들이 비판하고 배우는 것이기에 넓은 의미에 있어서의 활용성, 즉 우리 생활에 응용할 수 있는 것이어야 한다[68].

④ 글로벌(Global)시대에 전혀 손색이 없어야 한다.

세계는 점점 좁아지고 있다. 인터넷 시대에 최근에는 화상강의, 유투브 등[69] 매체가 점점 발달하고 있는 요즈음, 학문 또한 이에 발맞추어 하나가 되고 있다. 선진 여러 나라의 특정 전공 논문과 서로 비교될 수 있는 수준이 되어야 한다. 우리나라에서 또는 지역 대학에서 인정될 뿐만 아니라, 세계 속에서도 번역하여 활용될 수 있는 내용을 갖춘 논문이어야 한다[70].

---

67) 논제를 둘러싼 학문적인 데이터(data: 자료)를 평시 수집해야 한다. 논문 작성 시 의욕이 넘친 열의를 갖고 작하려는 논문도 참고할 수 있는 데이터(data)가 없으면 정확하고 좋은 논문으로 조명할 수 없다. 전공이 어느 분야든 간에 인접된 학문을 병행하여 한다는 것이다. 사회복지학을 다루려면 유사한 학문인 사회학, 심리학, 통계학, 법률학과 같은 인접 된 학문도 전문적으로 잘 이해할 수 있는 지식이 준비됨으로써 사회복지학의 제자리를 확인할 수 있는 것이다. '자기 분야만 하나만을 알고 근접학문에 대해 전혀 모르면 새롭고 활용성 있는 논문을 작성하는데 있어서 거리감이 있다고 할 수 있다.

68) 논제를 정할 때에 몇 가지 염두에 둘 것이 있다. 첫째, 논제는 자기가 현재 하고 있는 분야와 관련 되는 것, 둘째, 자기가 현업에 종사하는 일이 없는 경우는 관심 분야에 논제를 택해야 될 것이다. 셋째, 만들어 놓은 물건이 잘 팔릴 수 있도록 즉, 잘 팔리는 물건처럼 논문이 완성되었을 때 많은 사람들에게 어필(appeal)될 수 있는 것이어야 한다.

69) 최근에 들어 코로나(corona)19(코로나바이러스감염증-19)가 만연(蔓延)되어 팬데믹(pandemic)이 선포되는 등으로 일명 USA(Untact, Smart, Aducation) 즉, 비접촉, 스마트 교육이라는 말이 나올 정도로 우리사회는 물론 논문을 작성하는 데 있어서도 글로벌화 되고 있다.

(6) 전문학술지 논문

① 정의

전문학술지 논문은 '연구자의 학문에 대한 기여(寄與)'라고 볼 수 있으며, 본격적인 연구논문이라고 볼 수 있다. 이는 무엇보다 전문학술지에 게재(揭載)를 위하여 제작상의 문제와 독자의 시간절약이라는 측면에서 논문의 간결성이 요구된다. 사회과학과 관련된 논문의 경우는 일반적으로 A4용지 20쪽 내외 정도의 원고분량이 요구되지만, 한국연구재단(구, 한국학술진흥재단)의 등재지는 A4용지 15쪽 내외로 되어있는 것이 대부분이지만, 그렇지 않은 경우도 있다.

② 구성요소

전문학술지에서 요구되는 구성요소는 학위논문의 요소와 거의 동일하다고 보면 무리가 없다. 단, 원고분량에서 많은 차이가 있음을 유의하여, 작성하여야 된다.

제2절 학위 논문을 위한 절차

1. 논제의 선정(選定)에 심혈을 기울여야 한다.

학위논문을 작성하는데 있어서 가장 기본이 되는 것은 논제(a subject)이다. 논제는 주제라는 용어로서 표현할 때도 있으나 그 내용에 있어서는 동일한 의미이다.

학위 논제의 선정은 자신이 작성할 수 있는 가부를 정하는 것과 같다. 그러나 많은 이들은 논제의 선정에 가장 많이 노심초사하는 것 같다[71].

---

70) 국제화를 비교할 수 없는 '좌정관천(우물안 개구리)식'의 학문은 전근대적인 논문이다. 외국어란 주로 영어 · 일어 · 중국어 · 불어 · 독일어 · 러시아어 · 스페인어 등과 같이 우리와 함께 학문적으로 비교할 수 있는 국가의 언어이다. 이러한 언어를 통하여, 서로 교환하여도 손색이 될 수 없는 내용이 연구되어야 한다는 뜻이다.

71) 논제를 정하는 것이 어렵고 힘들지만 반면에 매우 중요한 부분을 차지하고 있다. 그러나 모든 연구자들이 이에 대한 많은 시간과 정성을 쏟는다. 그만큼 중요한 것이라는 것을 나타내 주고 있다.

논문은 작성하는 형식만을 잘 가꾸면 된다고 하는 사람이 많이 있다. 그렇지만 작성하는 형식이란 논제가 확고하게 연구된 후에 뒤따르는 수단일 뿐이다. 이른바 확인은 아니기 때문이다. 학자에 따라 소신을 달리할 수 있으나 필자의 의견으로는 논문에 있어서 가장 중요한 것은 "어떤 논제"를 가지고 작성할 것인가 하는 사항이다[72].

왜냐하면 주제의 선정은 논문의 핵심을 찾아 구체적인 준비와 연구가 이루어지는 주요한 열쇠가 되는 된다.[73].

2. 논문심사위원이 희망하는 명제(論題)의 기준(基準)

석 · 박사 학위논문을 심사하는데 있어서 심사위원의 마음은 그다지 차이가 별반 없다. 왜냐하면 심사위원은 누구나 막론하고 논문 심사의 대상으로서의 경험이 있다. 더욱이 심사 논문과 관계되는 학문을 전공하고 강의하여 온 분들이다.

전문적인 지식과 자격을 갖추지 않으면 학위논문을 심사한다는 것은 어렵다. 물론 심사위원의 입장에서 보면, 의뢰된 논문이 어떠한 논제를 가지고 연구하였는가 하는 것을 먼저 확인하겠지만, 주로 다음과 같은 과정을 논문에서 확인할 것이다.

1) 논제의 타당성(妥當性)

학위논문의 논제 타당성이라고 하면 연구자의 전공과 제출한 논문이 우선 제목으로부터 학문적인 타당성이 있는가 하는 문제이다.

즉, 제출한 논제가 학문적으로 구성할 수 있는 가치가 있는가? 논제에 있어서의 용어상 정의가 정확하게 되었으며, 또는 학문적인 관념이 잘 구성되어 있는가? 논제

---

72) 학위논문의 논제를 선정 과정에서 고심한다는 것은 사회과학의 논제 설정이 어떠한 공식적 방식이나 기술에 의하여 창조하여내는 것이 아니다. 우연한 경우에 학문적인 영감(inspiration)이나 우연한 동기에 의하여 또는 많은 학문의 비교를 하는 동안에 정보를 얻어 찾아내는 경우와 같은 이치이다. 쉽게 얻어지는 것이 아니라 일정한 수준에 알맞은 노력이 있어야 학계로부터 인정받는 논제가 선정할 수 있다는 의미이다. 학위논문의 주제 선정의 정보는 지도교수님을 비롯한 여러 전공교수님들의 강의에서도 얻을 수 있다.

73) 논제에서 핵심을 찾아내는 것을 필자는 즉, 논제의 Key Word 어떤 논제를 접할 때. 의문점으로부터 반의적인 연구를 우선하여야 한다. 예를 들어 참신성(斬新性), 해결성(), 활용성(活用性), 미래성(未來性), 가치성(價値性), 효시성(嚆矢性)과 같은 것을 논문의 비젼으로써 생각하여 과연 어떤 것이 핵심이 될 수 있나 하는 것을 기존 이론과 비교하여 연구하여야 한다는 뜻이다. 즉, 논문이란 알려지지 아니한 것을 공인받으려는 작업이므로 논문 제목의 주제성은 가장 중요한 관문이 아닐 수 없다.

가 향후 미래 지향적인가? 세계 속의 학문 분야에서 인정될 수 있는 척도가 어느 정도인가의 타당성에 관한 사항이다.

(1) 논제에 대한 용어상(用語上)의 정의가 중요하다.

어떤 학문이든지 간에 학문적으로 사용하는 용어가 있으며, 또한 그 용어는 연구대상의 학문에서 정당하게 사용 되는가 또는 공인되고 있는 용어인가가 중요하다.

일반적으로 대개의 법률을 살펴보면 보통 제2조는 '용어상의 정의'를 정하고 있다. 이는 우리나라에서는 국회를 통과하여 집행되고 있는 법을 인용하여 그 정의가 정해진다[74].

우리나라에서는 정치 · 경제 · 사회 · 문화 · 기타의 분야에서 국민이 생활하는데 필요한 약 2,000여개 이상의 법률이 정하여져 있다. 이는 한국인의 생활에서 또는 학문에서 기준이 되는 용어로, 즉 법률에서 정해진 용어이며, 그것이 '근거'가 되어야 한다.

예를 들어 '노인'이라는 말이 있다. 이에 대한 노인이라는 용어가 분명히 근거로 되어 있음으로서, 일반적으로 사용하는 것과 같다. 그러므로 모든 용어는 그 근거로서 법의 용어만이 타당성을 갖는다고 할 수 있다. 또한 장애자보호법에 '장애자'라고 정해진 정법(正法)이 있으면 논문에서도 장애자라는 용어를 사용하는 것이 좋다는 의미이다. 장애자라는 용어가 있음에도 불구하고 굳이, 장애우[75]라는 용어를 사용하는 것은 좋은 표현이 아니다. 일반 사람들은 남이 사용하지 않는 용어를 사용하는 것을 좋아하는 경우가 자주 있다. 그렇지만 논제에 대한 용어는 항상 근거가 있는 용어를 반드시 사용하여야 한다. 즉 정초적(定石的)인 용어로 논제를 택하여야 한다.

---

74) 용어상(用語上)의 정의(定義)에 대하여 모든 법률의 제2조에는 용어상의 정의라 하여 그 법에 관한 한국식 용어를 정하고 있다. 그러므로 사회복지법이나 사회복지 관련법에서 근거가 되고 있는 용어는 논문을 작성하는 데 있어서도 그대로 인용하는 것이 원칙인 것이다.
예를 들어 사회복지사업이라는 근거가 있는데 구태여 사회복지기업이라고 한다든지, 사회복지시설이 있는데, 사회복지설비라고 한다면, 사용하는 어의가 잘못된 것으로써 정당성을 주장할 수 없다. 사회복지기업이나 사회복지설비라고 해서 말이 되지 않는다고는 할 수 없을지 모르겠지만 우리나라에서는 한국 사회복지사업이나 사회복지시설을 연구한다고 하면서, 논문의 제목과 어의(語義)도 모르면서 논문을 작성하면 안 될 것이다. 논문에서 용어를 사용할 때는 반드시 이론적인 학문적인 근거가 있어야 한다.

75) '장애인'이라는 용어가 있음에도 불구하고, '장애우'라는 표현이 듣기에 좋은 표현이라고 생각하여 이것을 사용하는 것과 '탈북자'를 '새터민' 등으로 사용하는 것은 불적절한 것임을 나타내 준다.

(2) 학문적인 개념(觀念)이 전제되어야 한다.

일반적으로 논문이라고 하면 그것이 어떤 것이든 상관하지 않고 학문으로부터 출발하는 연구의 결과라고 할 수 있다. 이런 이유로 논제를 심사할 때 가장 우선시 되는 것은 바로 학문적인 표상(表象)이다. 즉, 학문적인 표상이란 연구자의 연구내용이 구체적으로 분석될 때, 전공하는 과목의 법주 속에 있는 논제인가 하는 의미이다.

예를 들어 논제는 사회복지학의 연구 과제인데, 논제의 내용은 일반 경영학의 학문을 그대로 인용 한 것이라면 학문의 범주를 잘못 생각하고 있는 것이다.

논제에 관한 학문적인 표상은 가장 먼저 연구하여야 하는 즉, 유사 논문의 명칭 사용이나 유사 내용의 논문이 존재한다면, 정말 조심하여야 할 문제인가를 생각하지 않을 수 없다.

이런 이유로 해서 논제를 정할 때는 전공 분야의 모든 대학에서 논문의 제목과 내용을 먼저 확인하고 조사하여야 한다.

만약 그렇게 하지 않으며 정작 공들여 써 놓은 논문이 다른 대학의 유사 논문처럼 오해를 살 소지가 있을 것이다.

석 · 박사의 학위논문이란 '학문하는 연구자의 자존심과 관련된 소산물'이라고 할 것이면 심사위원의 마음은 돌아서고 말 것이다. 학문의 시야를 너무 미시적으로 보기 때문이다. 어느 정도 그대로 따라간다면, 좋은 인상을 받는 논제로는 볼 수가 없다. 이는 타인의 것을 그대로 옮긴 것에 불과한 것이다.

그런데, 대개의 학문은 논문의 논제가 집중화 현상을 보이고 있다. 이것은 선행자들이 걸어간 논문의 정신을 이어받는 것은 좋다. 이렇게 함으로써 자신이 원하는 논제를 찾을 수 있을 것이다.

(3) 논제가 향후 미래적인 것이어야 한다.

시대가 변함에 따라 학문 역시 시대의 흐름에 따라 현시점에 맞게 변화하고 응용(應用)되는 것이 원칙이다. 논제가 아무리 좋다고 하더라도 현재 주변환경과 동 떨어진 논제로만 고집하는 것은 연구자의 자세로서는 현실 감각에 맞지 않은 처사로 지양(止揚)해야 될 사항이다.

그러므로 어떤 진공의 학문에 있어서나 구태의연(舊態依然)한 형식적인 조건만을 갖춘 논문은 정작 논문으로서 아무런 가치가 없다.

즉, 새로운 것이 있어야 하고 미래지향적이어서 향후 발전성이 있는 것이 되어야 한다. 필자의 생각으로는 어떠한 학문이라도 어제의 것은 현재에 와서 보면 '지나 간 역사책과 같은 구시대의 유물'로 되고 있다.

하루 하루의 조건과 내용이 달라지고 있는데도 60년대의 것을 참고한다면 아무리 잘 연구하였다 치더라도 오늘에 와서 볼 때, 참신함이 없어지고 발전성이 없는 연구로서의 가치가 없는 것이 될 것이 자명하다.

이와 같이 논문은 제목이 곧 논문의 영혼이라 할 수 있다. 향후 미래 지향적인 것이 되지 못하고 그대로 옮겨놓는 일처럼 각색한 논문이라면 처음부터 논문이 잘못되는 것이 된다.

논문의 제목이란 살아 있는 용어이어야 하며, 생동감이 있어야 한다. 좀 더 정확하게 설명하면 논문이란 '살아 있어야 한다.'는 것이다.

독자에 자주 눈에 띄지 못하는 제목이나 막연한 제목의 연구는 내용을 보기 전에 신뢰감 잃은 논문으로 간주되는 경우가 많이 있어, 처음부터 논제에 많은 정성을 들여야 한다.

예를 들어 매스미디어 등에서 가끔 새로운 것을 발견되거나, 연구 하였다고 특종으로 소개하는 경우가 있다. 내용이 소개되는 것이 다 그렇다고는 볼 수는 없다. 그렇지만 비전공자가 보는 경우에도 인식을 같이 할 수 있는 새로운 논제의 연구가 필요하다. 이것은 동일한 전공자인 주변의 선배, 또는 교수들에게 서로 상의 하여 연구를 시작하여야 한다는 뜻이다.

그러나 일반적인 대개의 논문을 보면 같은 분야에서도 알지 못하게, 비밀스럽게 박사를 밟고 있는 중에 아무 말이 없다가 갑자기 연구 발표의 날에 논제를 공개하는 예가 없지 않다는 것이다.

그렇기 때문에 연구자가 논제를 정할 때에는 미래 지향적이어야 한다. 세계는 점점 좁아지고 있다. 이는 통신의 매체 등이 엄청난 속도로 빠른 상황에서 논제 또한 국제적이어서 그 속에서 연구의 척도를 찾아내야 한다.

시대는 변화가 빠른 속도로 변한다. 즉 발 빠르게 돌아가는 현재의 국제상황에 맞게 연구 또한 생동감이 있도록 연구해야 된다. 비단, 현재의 과제만이 아닌 향후 미래의 과제를 전문적인 시각으로 연구해야 될 것이다.

향후 미래를 위한 논제가 되어야 논제로서의 가치가 있는 것이다.

(4) 이론(理論) 및 실제(實際)[76]가 분명하여야 한다.

사회과학관련 학문에 있어서의 논문은 대개의 경우가 유사한 제목 중의 용어가 있다. 이른바 이론과 실제라는 말이다.

예를 들어, '~에 관한 연구 또는 ~ 관한 이론과 실제'라는 제목이다.

이론(theory)이란 어떤 연구에 대하여, 순수한 관념을 중심으로 논리에 알맞게 조직적으로 서술하는 것이다.

그러므로 어떤 내용에 대한 잡다한 지식이 아니라, 그것을 '학리적으로 이해시키려는 정리적(整理的) 또는 통일적(統一的)인 것'을 의미한다.

이론적인 연구라고 해서 어떤 경험이나 사실을 단지 보고하는 내용이 되어서는 안되며, 연구 객체에 관한 즉 상식을 일괄적으로 정리하는 것이 되어서는 안 된다. 논제나 내용에 있어서도 지식의 연구가 아니라, 상식의 보고인 경우가 많이 있다. 이것은 학문이 무엇이며 상식이 무엇인지를 간략하게 취급한 결과이다.

이는 순수한 관념적(觀念的)[77]인 타당성이 숨어 있어야 한다. 실제(practice)란 여러 가지 면에서 말할 수 있으나 연구논문에 있어서의 실제란 이른바, 실무적인 연구

---

76) 학문은 이론(理論)과 실제(實際)가 존재한다. 이론(理論)이라는 낱말은 토론의 환경과 방법론에 따라, 다른 분야의 지식 속에서 수많은 구별된 뜻을 가진다. 과학에서, 이론은 수학 또는 논리의 서술이거나 자연현상 모임의 방식의 증명할 수 있는 표본이며, 같은 종류의 관찰이나 미래의 발생을 예측할 수 있고, 실험을 통해 테스트할 수 있다. 이러한 과정을 통하지 않으면 경험론을 통하게 되므로 왜곡이 일어날 수 있다. 일반적인 용도에서, 이론은 예상, 의견, 숙고를 나타내는 데에 사용된다. 이러한 용도에서, 이론은 사실을 기반으로 할 필요는 없다. 그런데 이는 다시 말해, 현실에 대해 언제나 참을 표현할 것을 요구하지 않는다. 이러한 용도는 "사실이 아니지만, 이론일 뿐이다"와 같이 잘못된 일반 서술로 비롯될 수 있다. 현실에 대한 참된 서술은 더 숙고하여 사람들이 생각하는 것에 대해 독립적으로 '참'인 서술로서 이해된다. 이러한 용도에서, 이 낱말은 가설과 동의어로 나타낸다.
반면에 실제(實際)는 이론과 정반대의 개념으로 임상(臨床), 실천(實踐), 실무(實務)라는 용어로 대신할 수 있으며, 이를 일반적으로 현장(現場)이라는 의미로 자주 사용된다. 이는 이론과 달리 실제로 현장에서 직접 체험하고, 이를 경험한다는 의미를 뜻한다.

77) '관념적'이란 "자신이 직접 경험하지 않은 일에 대해서까지도 정확하려 할 때, 인간에게만 가능한 고유한 능력인 사고를 통해, 직접 견문으로 경험하지 않은, 앞서 생존한 사람들의 행동에 대해서 판단을 거듭하여, 현실이라는 이름으로 현재 눈앞에 구체적으로 존재하는 결과에 대하여 무엇이라고 응답하는 행동"을 말한다. 즉 여기서의 관념적이란 학문에서 의미하는 것으로 연구자가 연구하는 내용이 사실적으로 분석될 때 자신의 전공과 동 떨어진 것이 아닌 전공과목의 영역 내에 있는 논제를 의미한다.

를 말한다.

자신이 연구하려는 논제를 연구 하였으면 실제로 우리 사회에서 어떻게 응용(應用) 되고 있는가 하는 과제이다.

다시 말하면 실제란 각 분야에서 직접 운영되고 있는 실무에 관한 연구이다. 그렇기 때문에 논제를 선택할 때에는 이론적으로 적합하여야 하며, 생산적인 의미에 있어서 '산증거로서의 가치가 함축되어야 한다.

사실 연구 논문이란 이론적인 것으로 되어 있는 것이 상당하다. 이론만을 치중하다 보면 전공 분야가 사회에서 응용 가치가 없는 '신심(信心) 없는 입으로만 하는 연구'가 될 염려가 크다.

2) 연구 논제는 최초성(最初性)이 되어야 한다.

학위 논문, 특히 박사 학위 논문은 우선 논제에서부터 처음으로 시작한다는 자부심을 갖는 최초성이 되어야 한다. 타인이 연구한 것을 각색하여 논문을 작성한다면, 그것은 가위질을 한 것에 불과하다.

일반적으로 박사학위는 타인이 연구한 것을 편집하여 작성한 석사 학위 논문과 전혀 다른 분야이다. 최소한 박사 학위 논문은 논제로부터 남의 것을 인용 한 제목이나 각색한 제목이 되어서는 아니 된다. 자신이 연구한 최초의 것을 논제로 삼아야 한다. 즉 지금껏, 그 누구도 연구한 적이 없는 것을 학문적으로 새롭게 개발하여 정립하는 것이 가장 중요한 과제이다.

즉, 일반 교과서나 사회에서 필요로 하는 어떤 조그마한 과제를 학문적으로 정립하고 이를 이론과 실제에 서로 알맞게 정리하여, 새로운 영역의 학문적인 체계를 개발해 놓는 것이어야 한다.

좀 더 상세히 설명하면 '사회복지사는 바르게 살아야 한다'고하는 사항을 가지고 박사 학위를 작성한다면 그 논제를 정할 때, 예를 들어, '사회복지사의 생활의 정도(定道)에 관한 연구' 또는 '정의로운 사회복지사의 생(生)에 관한 연구', '사회복지사의 생도(生道)에 관한 이론과 실제의 연구', '사회복지사의 당위성(當爲性)에 관한 이론과 실제" 등과 같이, 다른 이가 선행 연구한 사실이 없으며, 설령, 있다고 하더라도 그것이 방향이 다르게 이론과 실제를 개발하여 연구하여야 한다는 의미이다. 논제의 최초성이란 자신이 전공하는 분야에서의 최초성과 다른 나라의 전공 부분에서의 앞선 것이 되어야 한다. 즉, 국내에서뿐만 아니라 외국에서도 건드리지 않은 것이어야 함은 두말할 나위도 없다.

이런 이유로 학문의 최초성(最初性)을 무시하고 유사 논문으로 학위를 받는다면 그 당시는 모를지라도, 학문하는 사람의 자세가 아니라고 본다.

3) 학위논문은 학술적(學論的)인 것이어야 한다.

연구하는 학문에 따라 또는 그 영역에 따라 학설과의 관계가 상이한 경우가 많이 나타난다. 그러나 학문이라면 학설 없는 연구란 '깊은 연구'라고 볼 수가 없다. '학설이란 대학자나 원로 교수만이 또는 외국의 저명인사만 행하는 것이라고 말하는 사람도 있다고 혹자는 말하는 사람도 있을 것이다.

그렇지만 필자는 그렇게 생각하지 않는다. 학설이란 특별한 것이 아니다[78]. 학문상의 주장이나 논설을 새롭게 마련하는 것으로, 내용이나 학설을 자주 인용한다. 이는 논문 작성 시 결코 좋은 방법은 아니다. 자신의 얘기를 주장하는 것이 바로 학문하는 사람의 자세라고 볼 수 있다.

우리나라의 학계에서는 강의 중이나 세미나 또는 강연을 할 때, 외국인이 말한 내용이나 또는 학설을 자주 인용하곤 한다. 이는 한국인으로서 주체성의 문제로 좋은 현상만은 아니다. 왜냐하면 모두 동일하게 학사 · 석사 · 박사의 과정을 밟은 사람들이 자기의 학문적인 주장을 새롭게 개발해야 한다. 이것이 연구자의 자세라고 본다. 그럼에도 불구하고 외국인이 주장한 것은 권위적이고, 국내 학자가 주장한 것은 좋은 시선으로 보지 않은 것, 자체는 연구하는 사람의 자세라고 볼 수 없다.[79].

즉, 외국인의 이름을 거론하며 그 무엇을 인용한다. 국내의 학자가 인용한 것을 자신이 직접 그 외국인의 책을 보고 인용한 것처럼, 사실은 외국인의 책을 본 적도 없

---

78) 학문에서 학설이라고 하면, 누구나 주장할 수 있는 것으로 가령 필자가 "인간은 노력의 동물이다!"라고 한 말이 생각난다. 이는 인간으로 태어나서 삶을 영위하는 데 노력을 하면 살 수 있다는 어떤 당위성(當爲性) 즉, 노력을 해야만 이 세상을 살아간다고 하는 의미를 내포하고, 또한 노력을 하면 성공의 길이 보인다는 암시적인 내용을 포함하고 있다. 즉, 학설은 자신이 연구한 사항에 대해 누구나 주장할 수 있다는 것을 보여준다.

79) 남의 것을 내 것인 양 주장한다면 이는 학문의 초기이던 시대에는 그것이 가능했다. 그러나 현재는 그렇지 않다는 것을 보여주는 것으로 자신의 주장 및 인용을 정확히 해야 한다.

이 국내의 학자가 인용한 것을 그대로 베낀 것에 불과한 것이다.

그러니까 연구자는 어떤 논제를 가지고 연구를 할 때에는 특히 사회과학에 있어서는 국내외의 선행 연구자들의 유사한 연구를 참고하는 것도 좋지만, 학문이란 '주관적인 연구'에 해당하는 자기의 학설을 개발하는 것이 좋다고 주창(主唱)한다. 유명한 학자만이 학설을 발표하는 시대는 호랑이 담배피던 시절이다. 논문으로 학설을 발표하면 바로 학설이요 이를 발표한 사람이 학자라고 할 수 있다.

더불어 박사 학위논문에 있어서는 무제한 학문의 영역이 꿈속에서 잠자고 있는 현실에서, 그 논제가 어떤 것이든 무엇이든지 상관없다. 좋은 학설이면 한 치의 망설임 없이 시작하여야 하며, 이것이 학문의 길로 가는 첩경이다.

즉, 새로운 학설을 개발한 논제로서 연구하여야 한다. 왜냐하면 많은 사람이 다양한 학설을 발표할 때 학문은 날로 발전하는 것이다. 학설 없는 학문이란 편집된 학문에 가위질하는 것에 불과하다.

4) 연구의 비전과 사상이 새롭게 학문적인 것이어야 한다.

학위 논문 즉 석 · 박사 학위를 작성하는 데 타당성이 있는 것으로서 새로운 학문적인 관념과 미래 지향적이며, 전공 분야에서의 최초성(最初性)을 갖는 이론과 실제가 분명한 학설적인 것을 해결할 수 있는 논제란 심히 어려운 것임은 말할 것 없다.

그렇지만 이는 그렇게 어려운 문제가 아니며, 논문에 관련된 사항을 이해한다면 해결될 수 있는 것이다. 이와 같은 것이 종합적으로 집필될 때, 하나의 과제가 해결될 수 있을 것이다.

3. 논문 진행의 절차

일반적으로 논문을 쓰는 데에는 반드시 그 절차가 있다. 이 절차를 잘 따라 진행해 나가면 논문을 성공적으로 수행할 수 있다.

논문은 순서에 정해진 대로 진행한다는 것은 연구자 이외의 제3자도 쉽게 이해하고 긍정할 수 있는 학문적인 체계를 뜻한다.

즉, 논문을 통하여 발표하고자 하는 학리적인 연구 결과를 논리적인 순서에 따라 체계를 갖추어 발표함으로써, 연구한 내용을 바르게 전달하려고 하는 논문의 구성을 뜻한다. 바로 논문이 가지고 있는 품격(品格)을 준비하는 것이다.

그러나 논문을 작성하는데 있어서의 형식이 반드시 이러하다라는 것은 없다[80]. 다만 사회과학 특히, 학위논문을 작성하는데 있어서는 많은 대학원 또는 사회 과학계에서 일반화되고 있는 체계와 구성이 있다.

논문의 일반적인 논문의 순서는 다음과 같다.

1. 논문의 제목(題目: Title)
2. 저자의 이름(by the name)
3. 목차(目次: contents)
4. 서론(序論: Introduction)
5. 본론(本論: 연구의 내용-Methods, Results)
6. 결론(結論: conculusion)
7. 요약(要約: summary)
8. 참고문헌(參考文獻: bibliography)

---

80) 논문의 형태를 갖추기 위해서는 우선 논문준비물로서는 먼저 초고(草稿)(rough copy)를 작성하는 것이 좋다. 초고 없이 바로 연구 논문을 쓰는 것은 많은 허점과 실수를 초래한다.
초고는 원고지를 사용하지 않는 것이 좋으며, 대형 Note를 사용하되, 한줄 씩 비워두면서 작성하면 작성하는 데 편리함을 느낀다. 이는 작성하는 중에 수정 · 첨삭 등 더 좋은 자신의 견해, 내용 또는 참고문헌이 생겼을 때 이를 시정하고 바로 잡는 데 좋은 방법인 것이다. 초고에 있어서도 참고하는 저자, 인용내용, 각주(脚註)의 번호와 내용은 반드시 기록해 두어야 나중에 실수하는 일이 없다. 또한 논문 체계의 통일성(統一性)과 논리적 체계의 타당성(妥當性)도 이때로부터 세심하게 써야한다. 초고는 언제든지 개정(改訂)하거나 정정할 수 있는 것을 전제로 하여야 한다. 이것은 회수를 정하지 말고 검토하여야 한다. 이를 위해 큰 소리로 읽어 내려가면 이상한 문맥과 어색한 내용을 보게 될 것이다(이항구, 1997).

9. 부록(付祿: appendix)

10. 색인(索引: Index)으로 구성한다.

1. 서두(序頭: Preliminaries)

서두에는 제목(Title page), 머리말 (Preface), 차례(Contents), 표(表) 또는 목차(lists of illustration)로 되어 있다.

2. 本文(text of thesis)

본문에는 문제의 제기(introductory problem statement), 연구의 계획(study plan), 이론적 배경(theoretical foundation), 결과의 분석(main finding result)으로 되어 있다.

3. 결론(結論)

과제(課題)와 제기(提言) 그리고 새로운 연구로 결론을 맺는다.

4. 참고(material references)관계로 구성되어 진다.

대개의 논문은 일정한 배열 순서를 가지고 있을 뿐이고, 논문이 성격에 따라 또는 내용에 따라서 논문의 형식도 달라질 수 있다. 이것이 바로 논문작성의 진행 형식이다. 일반적인 논문작성의 절차는 보통 3단계로서 구성되고 있다. 서론(緖論), 본론(本論), 결론(結論)이 바로 그것이다. 서론에서는 문제에 대한 학문적인 제기(proposal)[81)]를 하고 본론에서 제기된 내용을 논증(論證)하며, 결론에서 연구자의 판단으로 새로운 매듭을 짓는다. 이러한 3단계의 순서가 모든 논문에 있어서 갖추어지고 있는 형식이다. 이것을 논문의 구성이라고도 한다. 여기서 말하는 구성의 뜻은 논문의 표제지로부터 맨 끝의 색인에 이르기까지 펼쳐져 있는 구성을 의미한다. 즉, 참고자료(reference material)의 배열을 의미한다. 즉, 논문의 서술로부터 본문과 참고 자료의 배열을 뜻하며, 그렇다고 해서 반드시 일정한 기술 방식만이 지켜져야 한다는 것은 아니다. 단지, 사회과학 계열의 논문을 작성하는 경우에 많은 이들이 이러한 방식

81) 문제의 제기는 서론에서 연구자가 연구하려는 것에 대해 문제가 있어 이를 문제 삼아 연구가 필요하다는 것을 역설하는 것이다. 이를 연구의 필요성과 유사하게 사용되는 의미이기도 하다.

으로 실시하고 있다는 것이다.

부연하면, 논문 작성을 처음 하는 이에게는 전통적인 3단계 구성의 방식이 가장 일반적이며, 이러한 논문의 기준 절차를 순서대로 서술해 보면 다음과 같다.

1) 논제(論題)

논제는 앞에서 설명한 바와 같이 학문적으로 어떤 분야에서의 효시성(嚆矢性)과 거증성(擧證性)이 확실하고 평범하며, 일반적이면서도 학문적인 진리가 함께하는 학설 창시적인 것이 바람직하다. 그렇지만 이러한 논제가 처음부터 확정정해지는 경우는 드물다. 자신이 연구하는 부분에 대하여 수집하고 나열하다 보면 의외로 좋은 논제가 발견되는 경우가 많이 있다. 그런 와중에 '가장 적합한 논문'으로 변경되는 경우가 자주 있다.

논제는 자신이 연구하는 논문의 얼굴이자 간판이다. 이는 연구한 내용을 한마디로 표현할 때의 작성되는 논문의 이름이기 때문에 논제를 정하려면 신중해야 한다. 논문의 핵심을 나타내는 학문적인 용어로서 논제를 잡아야 한다. 논제가 부족하다고 생각될 경우에는 부제(subtitle)를 넣어서 작성하면 좋다[82]. 특히 영문으로 병기하는 경우에 원래 논제의 뜻과 차이가 나지 않게 용어를 세심하게 정해야 한다.

2) 목차(目次)

일반적으로 목차라 하면 논문의 순서를 요약하여 작성한 것이다. 즉 목록(目錄)이나 조목(條目)이라고 하는 사람도 있다. 어쨌든 이는 논문의 내용을 간결하게 표현할 수 있는 중요한 부분이라고 할 수 있다.

연구자가 지도 교수에게 논제를 상의하게 되면, 지도교수가 목차를 정하여 오라는 것도 바로 이런 이유에서이다.

학위논문에 있어서는 세밀한 목차를 작성하는 것이 원칙이며, 일반적인 연구논문

82) 주제(主題)와 부제(副題)의 관계(關係) 서로 뗄래야 뗄 수 없는 관계가 된다. 논문의 주제로서 해결하여 나갈 때 있어서 어떤 부분을 더욱 구체적으로 강조하거나 어떤 부분을 집중적으로 연구하였을 때, 작성하는 것이 바로 부제(副題)이다. 그러므로 부제는 주제를 뒷받침하는 것이 되어야하며 결코 부제가 곧 주제의 역할을 하여서는 논문의 구성이 맞지 않는다.

인 경우에는 저자명 바로 뒤에 목차를 붙인다. 편집상 목차를 생략하는 경우도 있으나 반드시 이렇게 하여야한다는 관례(慣例)는 없다(이항구, 1977).

다만 연구논문에 있어서 본문의 첫머리는 다소 작은 활자로 표시하는 경우에도 세분(細分)할 필요는 없다. 원래 목차란 그 논문의 내용을 대변하는 것이다. 독자로 가별 무리 없이 읽을 수 있는 것이면 무난하다[83]. 일반적으로 목차는 장(草), 절(節) 또는 로마그리스어 Ⅰ과 1까지만을 표시하면 될 것이다.

그렇지만 학위논문에 있어서는 목차를 작성하는데 있어서 정확하고 세밀한 내용의 것을 작성하여야 한다. 처음에 정하든지 또는 심사 중에 수정받아 정하든지 간에 논문의 제목은 '현실과 결부되어 살아 있는 지식(知識)'으로 작성하여야 한다. 왜냐하면 논문을 작성하는 경우에 다른 이의 글을 참고 또는 인용하는 경우가 많이 있다. 그러나 연구 속에는 '살아있는 지식(知識)'의 발견이 대단히 중요하다. 이것을 중심으로 연구화하여야 한다. 타인의 것만을 이해하는 정도의 논문은 연구 논문이라 할 수 없는 이유이다. 학문하는 사람이 진실한 의미에서의 아는 지식 즉, 연구하고 이를 서로 비교하여 새로운 생명을 만드는 것이 진정한 지식인 것이다.

이것이 진정한 학문이며 바로 '연구의 보람(Motivation)'이라고 할 수 있다.

여기에 말하는 살아있는 지식이란 학문을 조명하는데 있어서 지식(知識)과 상식(常識)이 존재할 수 있는데, 지식은 사회적 타당성이 있는 연구된 근거가 명백한 학식을 뜻하고, 상식은 아는 것(知)에는 충분히 주장을 할 수 있을지 모르지만, 학문적인 근거나 조리가 없이 입으로만 말하는 내용을 의미한다. 그렇기 때문에 연구논문이란 상식이 전제되어서는 안 된다.

지식이란 산지식만이 논문을 작성하고 단지 서론을 펼쳐 나가는데 필요한 자료가 된다. 산지식이 없이 남의 것을 옮겨만 놓는다면 그것은 연구가 아니라, 가위질에 지나지 않는다.

(1) 목차(目次)를 정하는 순서

목차를 정하는 순서는 일정한 방법이 없다. 우리나라의 많은 논문은 언제부터 인

83) 목차의 중요성 대개의 논문은 목차를 보고 그 논문의 수준을 평가하는 때가 자주 있다. 그 이유는 목차가 논문의 흐름을 대변하고 있으며, 또한 중요한 연구내용이 이곳에서 이루어지기 때문이다. 그러므로 정확한 용어로써 연구의 결과물이 그대로 배어날 수 있도록 하여야 한다.

지, 어디서 근거한 것인지는 잘 알려져 있지 않으나 장(草) · 절(節) · 항(項)을 예전부터 사용하고 있다. 그러나 비교적 짧은 논문은 예를 들어 단락식으로 하여 I · 1) (1)의 기호를 사용하여 작성하는 경우가 대부분이다. 그러나 목차의 순서에 있어서 반드시 이렇게 해야 한다는 룰(rule)은 없다. 이는 단지 일반적으로 행해지는 관행일 뿐이다.

물론 장(章)과 절(節)을 분류하는데 있어서도 분류 자체가 중요한 것이 아니다. 이는 장(章)과 절(節)의 내용이 "적절하게 구성"이 되어져 있나 하는 것이다. 장(章)은 절(節)이 가지고 있는 전체에 대한 제목이며, 또한 절(節)은 항(項)에 대한 제목이다. 또한 장(章)보다는 절(節)에서 절(節)보다는 항(項)에서 해결하려는 논제에 대한 더욱 구체적인 구성이 잘되어 있느냐 하는 것이 논제를 살리는 척도(尺度)가 된다.

(2) 논문의 목차는 상대적(相對的)인 것이 원칙이다.

논문의 목차를 작성하는 데 있어서 일반적인 사례는 있으나 반드시 해야만 하는 원칙은 존재하지 않는다. 연구논문이란 연구자의 자신이 추구하는 특징을 그대로 반영하는 것이다. 그렇기 때문에 작성자의 특징에 따라 목차의 기호는 자유롭게 작성하는 것이 좋다고 본다. 그 이유는 논문의 특징은 일정하지 않은 것과 같이, 꼭 장(章), 절(節)이라는 형식을 굳이 갖추어야할 필요는 없다. 단지 장(章), 절(節)보다 더 좋은 견해가 없는 이상 일반적인 사례를 따르자는 것이다(이항구, 1977).

일반적으로 논문의 목차는 가능한 간략하게 작성하는 것이 좋다는 설과 구체적으로 작성하는 것이 바람직하다는 설이 있다. 사람에 따라 다르겠지만, 필자는 후자를 주장한다. 왜냐하면 목차가 구체적으로 작성하게 되면 논문의 전체적인 내용을 수정해 나가면서 완성해 나갈 수 있기 때문이다.

(3) 논문의 목차와 내용은 필할 수 없는 불가분의 관계에 있다.

논문은 연구이며, 연구의 방법이나 조직은 누구나가 학술적으로 이해하기 쉽게 전문적인 내용으로 기술하면 된다. 국적을 불문하고 논문이라는 용어의 근거가 되는 논문작성법(論文作成法)이라는 말은 존재하지 않는다. 이는 단지, 대학이나 연구기관에서 자신들이 작성한 사례를 가지고 통례로써 사용하고 있을 뿐이다.

그러므로 논문을 작성하는 목차 또한 절대성이 없다는 것이다.

(4) 논문작성의 기호(記號)를 작성하는 순서

논문 작성 시 기호의 순서를 적어 나가는데 있어서도 일반적으로 많이 사용하고 있는 단계적인 기호를 사용하면 무난할 것이다.

즉, 다음과 같은 것이 일반적인 기호이다.

예시1) 第一編

第一章

第一節

第一項

第一目

예시2) 第1編

第1章

第1節

第1項

第1目

예시1)과 예시2)는 장절식(章節式)이다.

예시3) 第1編

第1章

第1節

1.

가.

ⓐ

예시4)

1.

(1).

가.

①

㉮

예시3)과 예시4)는 혼합식(混合式)이다.

예시5)

I.

A.

1.

a.

(1)

(a)

(十進法의 예시) I

1

1.1

1.2

1.2.1

1.2.2

1.2.2.1

지금까지 서술한 기호는 논문의 성격과 분량에 따라 혹은 연구자의 취향(趣向)에 따라 자신이 선호하는 것을 선택하면 된다. 우리나라에서는 보통 논문이 횡서(橫書)로 구성되어 있기 때문에 미적인 감각을 생각해야 될 것이다(이항구, 1977).

이를 토대로 필자가 구성한 예를 들어보면 다음과 같다.

(필자의 예시) 제1장

1.

1)

(1)

㉮

㉠

ⓐ 등으로 하면 무리가 없다.

(5) 10진법의 기호

예시1)로부터 10진법의 예를 설명하면 다음과 같다.

예1)에는 漢字만으로, 편(編) · 장(章) · 절(節) · 항(項) · 목(目)을 표시한 것으로서 중국의 종서(縱書)논문에 많이 사용되고 있지만, 현재 한국에서는 그리 많이 사용하지 않는다.

예시2)는 한자의 숫자를 아라비아 숫자로 번호를 바꾼 것으로 연구자의 필요에 따라 사용할 수 있다.

예시3)은 예로부터 5까지는 이른바, 혼합식으로서 한국의 논문들이 가장 많이 사용하고 있다.

외국 특히 서양의 많은 논문들은 우리와 같이 분명한 단계적인 기호를 사용하지 않고 대문자로 된 글씨체 또는 이택릭(Italic)체와 같이 활자를 달리 하는 제목만을 표시하고 있다. 그리고 논문에 있어서 또는 보고서에 있어서 또는 처음부터 끝까지 '일률적(一律的)인 순서'를 택하는 것이 좋다. 다시 말하면, 기호는 전후 사정을 봐서 융통성 있게 사용하는 것이 가장 합리적이다.

3) 초고(草稿)를 작성하는 경우의 예

논문을 작성할 때에는 반드시 초고를 작성할 필요는 없다. 단지 논문작성을 위해 준비된 여러 가지의 기록이나 자료가 필요하기 때문에 초고를 작성하는 경우가 많이 있다. 이는 논문작성 시 처음에 논문을 작성해 나가면서 부닥치는 과정이 너무 많아 계속 수정을 해나가는데 수고를 덜기 위한 방법이기도 하다.

(1) 초고 작성은 왜? 필요한가?

논문작성에서 초고(a rough copy)는 원고지에 본격적인 원고를 작성하기 이전에 논문의 골격을 구체적으로 작성하는 것을 의미한다. 원래 원고는 원고지에 작성하는 것이 원칙이지만, 처음부터 원고의 내용을 원고지에 써 내려 간다는 것은 어려운 일이다. 일반적인 경우 초고의 작성으로부터 시작한다. 이는 초고가 나중에 벌어질 염려가 있는 '첨삭(添削) 및 수정(修正)'을 하기 위해, 논문을 전반적으로 손을 봐야 할 경우 고치기 위함이다.

(2) 초고를 작성하는 데 있어서의 테크닉(technic)

① 초고 용지의 선택

논문작성 시 초고의 용지를 선택하는 것은 연구자의 마음대로이다. 그러나 나중에 원고를 작성하는데 편리함을 갖게 하여야 한다. 예를 들어 노트나 질이 좋은 시험지와 같은 것이다. 노트에 초고를 작성하는데 있어서도 용지의 양면을 사용하지 말고 한 면만을 사용하되, 비워두고 작성하는 것이 좋다. 이는 나중에 여러 가지를 첨가하는 경우가 생길 것을 대비하는 것이다.

㉮ 서론

서론 부분에서는 연구의 주제분야에 대해 전반적으로 언급하고 관련되는 문헌들을 고찰한다. 이와 같이 석 · 박사의 학위 논문에 있어서는 제일 먼저 서론을 작성하여야 하며, 이는 서문(序文) 또는 서언(序言) 및 서(序)라는 말로써 표현하며, 일반적으로 서론이라는 용어를 자주 사용한다.

대체로 논문이란 작성자가 자신이 연구하고자 하는 것을 '이해하기 쉽게 학술적'으로 작성하여야 한다.

즉, 논제의 선택이유 · 본론의 실마리 · 논제의 향후 방향 · 논제에 대한 작성자의 주관과 학문적인 믿음 등을 서술하는 곳이라고 할 수 있다.

그러므로 서론은 반드시 본론과 구별되는 내용을 기록하여야 하며, 바로 문제를 提起(proposal)하는 곳인 우리가 흔히 사용하는 '문제의 제기'인 것이다.

㉠ 연구의 목적

연구의 목적이란 연구자가 작성하고자 하는 논문에서 '무엇을 왜? 작성하려고 하는가'를 정확하고, 명백하게 다루어야 한다. 자신이 작성하고자 하는 논문이 추후에 발표되어 세상에 나올 때 학문적으로 어떠한 공헌을 할 것인가 하는 궁극적인 목표와 연구의 대상 및 방법은 어떠한 방식으로 전개해 나갈 것인가를 명확하게 해 두는 것이다.

학문적으로 공헌한다고 하는 것은 학계의 학문 발전에 이바지하는 것 이외에도 논문과 관계되는 사회에 어떠한 보탬을 줄 것인가 하는 연구를 포함하여 말하는 것이다[84].

그렇기 때문에 연구의 목적은 되도록이면 확실하고 분명한 것이 좋다.

이는 어떤 의미에서 논제와 함께 논문의 성취 여부를 가름하는 중요한 사안(事案)이다. 사회과학은 이공계학문과는 상이(相異)하게, 논문이 가야할 길을 확실하게 열어두어야 한다[85].

그러므로 연구의 목적은 '첫줄에서 부터" 학문의 힘을 실어 서술하여야 한다. 왜냐하면 대개의 심사위원은 연구목적을 구체적으로 심사하려는 경향이 있음을 보았다.

㉡ 연구의 범위

연구의 범위는 무릇 연구하는 영역을 말하며, 작성하고자 하는 논문의 학문적인 범위를 말한다. 이는 시간적인 범위와 공간(장소)적인 범위를 비롯해서 연구하고자 하는 대상자 등의 총체적인 사항을 말한다. 사회과학은 여타의 학문과 인접되어 있어 연구의 범위를 확실하게 하지 않으면 타학문의 논문이 되는 경우가 있으며, 주의해야 한다. 학문의 경계를 확실하게 분명하게 해두어야 한다는 것이다[86]. 즉 다른 학문과의 학문적인 혼선이 될 가능성이 매우 커서 조심해야 할 사항이다.

그러므로 연구의 범위를 작성하는데 있어 많은 공(功)을 들여야 한다. 왜냐하면 학

84) 학문의 공헌도 어떠한 논문이든지 논문이란 학문에 대한 기여도가 있는 것이어야 한다. 이는 사용하는 새로운 연구나 학계에 대한 학문적인 공헌의 효과가 없는 논문이라면 그것은 생명이 없는 즉, 몸뚱아리만 있고, 정신(情神: idea)이 존재하지 않는 논문이라고 할 수 있다.

85) 이공계학문은 정확한 데이터 또는 수치에 의해 확실한 결과물이 나온다. 그렇지만 사회과학 학문은 그렇지 못하기 때문에 연구의 목적을 확실하게 해두어야 결론에 가서 다시 한 번 연구의 목적과 결부하여 연결시켜야 보다 좋은 논문이 된다.

86) 논문작성에 있어서의 범위는 논제가 가지는 특징을 분명히 하여야 한다. 사회복지학인지. 사회학인지, 광고학인지, 행정학인지, 심리학인지, 체육학인지를 종합 과학이라는 원칙에서 연구범위를 분명히 해야 된다.

문적인 경계선(a boundary line)을 확실하고, 명확하게 함으로써 연구의 한계가 어디까지인가 범주를 나타내게 되는 것이다[87].

㉢ 연구의 방법

일반적으로 사회과학적인 학문을 연구하는데 있어서 특히 어떤 것을 반드시 이렇게 하여야 한다든지, 또는 이와 같은 방식을 연구해야 한다는 공식을 없다.

그러므로 연구방법에는 불문율(不文律)이 없으며[88], 더불어 논제는 그 대상에 대한 이론과 실제를 연구하게 된다(이항구, 1977).

논문 작성 시 이론을 개발하고 실제를 적응화하는 데는 어떤 특별한 공식에 의해서 형성되는 것이 아니다. 이론을 개발하기 위한 연구방법은 제법 많지만, 어떤 공식에 의한 것은 없다. 특히 이론을 개발하는데도 무한적인 연구방법이 보완되고 응용(應用)되어야 한다.

논문의 연구에서 작성자가 작업하려고 하는 학문에 관계없이 '학리적인 연구'를 내용으로 하는 것이 대부분이다. 예를 들어 연구자가 실증적 연구를 하였다 하더라도 그것은 하나의 학리를 준비하기 위한 것일 뿐이며, 단지 연구방법의 범위에 속한다는 것일 뿐이다[89].

다시 말하면 연구의 방법에 따라 연구의 효과가 서로 다르게 주창되는 경우에도 어떤 내용을 증명할 수 있는 새로운 학리를 정립하는 과정에 불과하다.

그렇기 때문에 연구의 방법은 연구방법 그 자체에도 연구 방법의 기술이 내포되어 있어야 한다.

② 학문 개발에서의 이론 개발 방법

대체로 학문이란 먼저 선결되어야 하는 것이 이론이다[90]. 이론이 개발이 되어야

---

87) 예를 들어 학문의 연구는 시간적인 범위 또는 공간적인 범위를 중요시할 때가 많이 있기 때문에, 더욱 그렇다.

88) 연구의 방법에 대하여 학문적인 불문율(不文律: an unwritten law)은 없다. 학리적인 연구란 사회적인 타당성과 학문적인 타당성을 내용으로 할 때가 있다. 같은 사항을 학리적으로 연구하는데 있어서도 예를 들어 사회학적인 분석 방법을 선택한 것과 경영학적인 분석 방법을 선택하는 경우에 결과가 서로 다른 연구가 나올 것임으로 이를 위해 연구의 방법을 분명하게 하여야 한다(이항구, 1977).

89) 사회과학의 분야에서 연구되는 이상, 연구의 방법 역시 · 학리적(theoretical)인 것이 가장 많다. 그러나 굳이 학리적인 연구만을 연구하고 할 필요는 없다. 왜냐하면 연구의 영역이 일정하지 않기 때문이다.

90) 학문에서 선결되어야 하는 것이 이론인데, 이 이론으로 논문 작성에 필요한 사항을 펼쳐나가는 것이다.

우선적으로 진행되어야 한다. 이론 개발이란 일반적으로 해당 분야의 교과서나 연구 기관의 연구 과제로서, 학문화되지 아니한 학리를 새롭게 학문화하는 것을 의미한다.

예를 들어 '복지관광'이라는 것이 있다. 용어적인 측면에서 보면 이는 단순히 관광을 복지측면에서 다루어야 한다는 것에 불과하다. 최근 복지라는 용어가 매스미디어 또는 우리 사회에 많이 사용되어지는 말이기도 하다. 지금까지의 관광은 먹고 마시고, 구경하는 것에만 초점이 맞추어진 관광상품이 나왔다. 그러나 관광도 복지 측면에서 즉, 인간과 인간사이의 관계에서 일어나는 여러 가지의 사회 과학적인 연구를 한다면 '복지관광'이라는 이론을 개발하게 될 것이다. 여기에는 복지와 관광의 비교에 관한 개발로 인한 학설도 발표될 수 있을 것이다. 이러한 실증적인 연구가 이론 개발을 위해 배경이 되어 다시 학설이 되는 사례이다. 사회과학의 학문을 다루는데 있어서는 그 이론이 광범위하다.

학문에 있어서 학술 개발이라고 하면 일반인들은 대단한 것만 생각하는데 실지로는 그렇지 않다. 거대한 것만이 개발만이라고 할 수 없다. 연구하려는 것이 무엇이든지 사회 과학적으로 학술상 체계를 갖추어 놓는다면 그것이 곧 학문의 개발이라고 할 수 있다. 이와 같이 학문의 개발을 위해 이론적인 것을 새롭게 개발하는 것이 이론개발이다. 단지 이론을 개발하는 방법은 일정하지 않다. 그 이유는 이론은 또 다른 이론을 낳기 때문이다.

특히 최근의 4차 산업혁명, 또는 AI[91] 신흥 과학 분야의 신생 이론이 무한정 한 범위를 갖고 있는 곳이다. 예를 들어 환경 분야에서 학문과 같은 곳에서는 이론 개발 자체를 아직 '시작하지도 않은 것이 있는 것 같다. 사회복지학 분야도 마찬가지다.

그러나 이론의 개발이란 반드시 '제도[92]를 근거로 한 것이어야 한다. 제도적인 이

---

91) 최근에 많이 회자(膾炙)되고 있는 '인공지능(AI)'은 사고나 학습 등 인간이 가진 지적 능력을 컴퓨터를 통해 구현하는 기술이다. '인공지능(AI)'은 개념적으로 강(强)인공지능(Strong AI)과 약(弱)인공지능(Weak AI)로 구분할 수 있다. 강(强)AI는 사람처럼 자유로운 사고가 가능한 자아를 지닌 인공지능을 말하며, 인간처럼 여러 가지 일을 수행할 수 있다고 해서 범용인공지능(AGI, Artificial General Intelligence)이라고도 말한다. 강(强)AI는 인간과 같은 방식으로 사고하고 행동하는 인간형 인공지능과 인간과 다른 방식으로 지각·사고하는 비인간형 인공지능으로 다시 구분된다고 할 수 있다.
약(弱)AI는 자의식이 없는 인공지능을 말하며, 주로 특정 분야에 특화된 형태로 개발되어 인간의 한계를 보완하고 생산성을 높이기 위해 활용된다. '인공지능(AI)'은 바둑 프로그램인 알파고(AlphaGo)나 의료분야에 사용되는 왓슨(Watson) 등이 대표적이다. 지금까지 개발된 인공지능은 모두 약(弱)AI에 속하며, 자아를 가진 강(强)AI는 등장하지 않았다(다음백과).

92) 제도(制度)는 관습이나 도덕, 법률 따위의 규범이나 사회 구조의 체계이며, 제도 가운데 그 사회에서 실제로 받아들여지거나 지지를 받는 제도를 사회 제도라고 부른다. 이 사회제도는 사회적 행동을 일정한 방향

해가 되어 있지 아니한 것은 곤란하다 즉, 모든 이론은 우리나라에서 개발할 때, '입법기관인 국회를 통과 한 규범'의 범주 안에서 개발하여야 한다(이항구, 1977).

③ 사회과학에서의 실증을 위한 방법

논문, 특히 사회과학의 논문에서 실증 분석 또는 실증 연구라는 용어가 자주 거론된다. 이는 어떤 사안에 대하여 이론적인 논증만은 물론이고 경험적 사실 또는 실험 및 통계적인 뒷받침과 같은 방법으로 학문을 분석하려는 것이다. 즉, 프랑스의 실증주의(positivisme[93])와 같은 철학자가 학문을 증명함에 있어서, 글을 써 내려가는 것 즉, 서술(敍述)과 순수한 사고(思考)와 시간적 또는 공간적인 기능을 연구하여 그것을 정식화하자는 것으로부터 출발한 방법이다(이항구, 1977).

학문에 있어서 이론의 개발은 소극적인 연구로 보면서, 실질적인 적극적인 연구를 하여야 한다는 뜻으로 실증연구[94]라는 용어를 발전시켜왔다.

즉 어떤 논제를 연구함에 있어서 이론이 아닌 실질적인 '어떤 사안을 증명할 수 있는 증거'를 마련하여야 한다는 의미에서 실증적인 연구가 대부분을 차지하고 있다.

그러나 실증하는 방법에 있어서 문제가 없는 것은 아니다. 이는 연구하고자 하는 학문에 따라 다를 것이다. 사회과학의 통계학에서는 1970년대로부터 SPSS(statistical pakage for the social science)의 통계 방법과 SAS(statistical analysis system)라는 컴퓨터 프로그램을 통 한 자료 분석의 방법으로 이를 대신하는 경우가 있다. 그렇지만 실증 연구에 있어서는 '연구하고자 하는 분석의 객체가 되는 어떤 사안을 선택' 하느냐하는 것이 매우 중요하다고 할 것이다.

으로 이끌어 주는 조직화된 관행과 절차이며 인간이 사회적으로 살아가는 데 필요한 기본적 틀로서, 모든 사회에 공통된 것이다. 또한 사회의 목표를 달성하기 위해 개인의 활동을 조직하고, 미래 세대를 양육하는데 필수적인 기능을 담당한다(위키백과).

93) 실증주의(positivisme)는 구체적이고 경험적인 관찰이나 실험 등으로 증명 가능한 지식만을 인정하는 인식론을 말한다. 대표적으로 자연 현상처럼 사회 · 문화 현상 탐구에 있어서도 관찰이나 실험을 통해 객관화된 자료를 수집하고 계량화하여 그것을 근거로 증명하는 방법을 강조한다.
프랑스의 철학자이자 사회학자인 콩트가 실증주의 사회학을 창시했는데, 그는 인지의 발달과 관련하여 '신학적 단계 – 형이상학적 단계 – 실증주의적 단계'를 주장하면서 실증주의 단계를 가장 높은 것으로 보았다. 이는 방법론적 일원론의 근거를 마련하기도 했다. 실증주의를 한 마디로 요약하면 객관적으로 검증된 증거를 통해 과학적 지식을 발견하려는 사조를 의미한다(학습용어사전 사회문화).

94) 실증 연구(實證硏究)는 사람들이 실제로 겪어 얻은 지식 따위에 기초하여 시행하는 연구. 사회학뿐만 아니라 사회 과학 전반에서 보편적으로 사용되는 연구 방법으로서, 대표적인 것으로는 조사 통계 방법이 있다.

실증적인 방법이란 연구가 발표 된 경우, 전문가의 입장에 사회적으로 공헌이 된 것이라면 연구의 가치가 있겠으나, 연구실에서만 알아주는 내용의 실증 연구라면 연구로서의 가치가 요원(遙遠)할 것이다.

즉, 실증을 위한 원인도 중요하지만, 이에 대해 실증하는 방법 또한 역시 중요하다. 예를 들어, 기초 통계 분석이나 기술 통계 분석, 다변량 통계 분석. 다차원 척도법 등 무든 사회과학에서 어떤 학문을 연구할 것인가 하는 문제와 그 무엇을 어떻게 다루어야 할 것인가 하는 것으로부터 연구하여 어떻게 하는 것이 소위, 실증적인 역할을 할 수 있을까 하는데 좀 더 깊은 생각을 가져야 할 것이다.

④ 새로운 영향 평가의 방법

영향 평가(Impact Assessment)란 현재에도 응용되고 있는 제도이다. 예를 들어 교통 영향 평가 또는 환경 영향 평가라는 말이 나돌고 있다.

이와 같이 사회과학에 있어서도 법률 영향평가 · 노동 영향평가 · 경제 영향평가 · 경영 영향 평가 · 교육 영향 평가 · 심리 영향 평가 · 관광 영향 평가 언론 영향 평가 등과 같이, 어떤 사안에 대하여 실증적인 연구를 하기 위한 제도를 연구하여야 한다. 즉 사회과학의 학문을 연구하는 학문 영향 평가라고 하는 것은 이미 정해진 사안에 대하여, 정치, 경제, 문화, 사회, 제도, 예술 등 어떠한 영역의 것이라도 그 내용을 규명(究明)하고 그에 대한 학문적인 해설과 예측(豫測)을 통하여 실질적인 분석과 결과를 얻는 것을 지칭한다.

단지, 향후 미래의 어떤 사안(事案)을 실무적으로, 좀 더 확실하게 알기 위해서, '구체적인 평가'를 하는 것이다. 이는 실증적인 연구의 근거를 마련하는 것으로 우리나라에는 지금까지도 사회과학 연구를 위한 영향 평가는 연구한 바가 없어 그 개념만을 과제로서 제시하는 것이다. 이는 연구자들이 앞으로 심혈(心血)을 기울여 연구해야 될 것이다.

㉯ 본론 및 내용

일반적으로 학위논문의 내용은 논제의 구체적인 연구를 말한다. 학술논문 또는 학위논문은 서론과 본론 및 결론이 함께 있어야 한다. 특히 본론은 가장 중요하고도 중요한 부분을 차지한다.

또한 본문은 제기된 문제에 대해 각종 증거를 통해 체계적이며 논리적으로 검증 혹은 논증하는 부분이다. 경험연구에서는 경험적 분석결과와 일차적인 해설과 주장을 서술하고, 문헌연구[95]에서는 이론적 논거와 논증 및 그에 근거한 직접적인 주장을 진술한다. 그러나 논문의 내용에 있어서는 반드시, 지켜져야 할 요건이 있다.

㉠ 논제 결정은 중요한 사안

논제를 정함에 있어 가장 많이 사용하는 논문의 머리는 정의(定義)와 의의(義意)가 대부분이다. 이는 논문의 방향을 어느 쪽으로 이끌고 가느냐의 관건이 되므로, 내용이나 본론을 심도 있게 연구하여 결정해야 한다[96].

㉡ 논제에 관한 역사적인 과정

이는 발달과 발전의 역사를 서술하며, 어떤 사건으로 학문이 어떻게 변화하여, 오늘날까지 왔나 하는 문제를 다룬다. 논제가 신선한 것일지라도 이에 대한 배경을 서술해야 하며, 선행연구가 없을 지라고 유사한 사례를 들어 작성해야 한다[97].

역사적인 과정과 사실에는 국내 및 외국의 발달과정도 함께 첨부하여야 한다.

㉢ 논제의 새로운 사실 근거

논문에서 논제는 학술적·학문적으로 사회생활에서 어떻게 적용되며 응용되고 있는가 하는 것이다. 이는 응용(應用)하고 있는 사실적 근거를 말한다. 근거는 대개의 논문에서 법리적인 근거를 많이 제시하지만, 근거 이외에도 논제를 확인할 수 있는 무궁무진한 내용으로 사실을 입증하여야 한다(이항구, 1997).

또한, 새로운 사실 근거는 학문적인 대안(代案)이 있어서야 한다. 이것은 어떤 의미

95) 일반적으로 논문 작성 시 크게 2가지로 나누어진다. 즉, 양적논문과 질적논문이 있는데, 문헌연구는 딱히 양적이나 질적이나 명확하게 구분을 할 수 없으나 굳이 구분하자면, 질적인 논문으로 볼 수 있다. 그러나 문헌연구를 할 때는 제2장의 이론적 배경을 튼튼하게 해야 전체적인 논문의 조화가 잘 된다고 볼 수 있다.

96) 논문에 있어서 논제는 무엇을 연구하고, 독자에게 무엇을 전하려 했는가 하는 연구자의 주장이다. 자신이 주장하고 하는 이론을 논문에서 작성하여 놓는 것이 바로 논문의 핵심이 되는 본론이다. 본론은 내용과 동일한 의미로 논제에서 포착되는 여러 잡다한 학문적인 환경에 대하여 보다 구체적으로 이를 해결해 나갈 때 곧 논문의 본문이 되는 것이다. 즉 보다 사실적으로 세심하게 구성되어 있는 것을 의미한다.

97) 논제가 새롭고 신선한 것이라고 해도 선행연구가 존재해야 하며, '새롭고 신선하다'는 의미는 역(逆)으로 생각하면 전(前)에 이와 같은 선행연구가 거의 전무하다는 의미도 된다. 그렇다 할지라도 논제와 연결이 될 수 있는 것을 소재로 선행연구를 끝까지 찾아 작성해야 한다.

에서의 연구자의 주관이다. 새로운 주관이 없는 논문이란 있을 수 없기 때문이다.

그러므로 여타의 논문과 유사한 이론이 나열식으로 되어서는 절대로 안 될 것이다.

㉣ 새로운 학문 발견의 나타남

적어도 박사 학위 논문에서는 새로운 학문의 발견이 있어야 한다. 즉, 자신이 연구하는 학문에 대한 주관이 뚜렷해야 한다는 것이다. 즉 연구를 통해서나 또는 영향평가를 통해서 새로운 발견. 즉, 새로운 학설이 존재하여야 그 논문이 빛을 발하는 것이다[98].

그러므로 박사 학위 논문에서 새로운 발견이나 개척 또는 자신이 주장하는 학설 없이, 남의 것을 편집하여 나열해 놓는다든지 주변 인접 과학의 내용에 전공적인 용어나 달아 놓는다면 그것은 논문이 아닌 해설집이 되는 것이다. 즉, 자신이 알고 있는 지식을 논리적으로 서술하여 자신이 하고 싶은 주장을 펴나가는 것이다.

예를 들어 사회복지사업이라는 무형과 유형을 대상으로 하는 사회복지사업 마케팅이라는 내용에서, 일반적인 제조업에서 거론되는 생산마케팅에 사회복지사업자만을 첨가 한 것이라면. 그것은 살아 있는 논문이 아니다.

새로운 학설을 발견하여 기술(記述)하는 것은 쉽지 않다. 어떤 이는 말하기를 '새로운 이론이란 이름 있는 교수나 또는 저명한 사람만이 새롭게 제시하는 것'이라고 말하곤 하지만 사실(事實)은 그렇지 않다. 누구나 자신의 주장을 피력(披瀝)하여 얼마든지 새로운 학설을 주장할 수 있는 것이다.

무릇 학문이란 새롭게 연구하여 논리적으로 기술한 것으로, 박사 학위에서는 최소한 타인이 손을 안 된 새로운 것을 연구하는 것으로 해야 한다.

여기서 새로운 영역이란 발견을 의미하며, 이는 새로운 학설을 말하는 것이다. 왜냐하면 박사 학위를 취득한다는 것은 무릇 새로운 사안(事案)의 학문에 대해서 자신이 홀로 개척해 나갈 수 있다는 사회가 인정해주는 것이라고 할 수 있다. 즉, 박사 학위 논문은 최소한의 학설 제시가 필히 존재해야 하는 연구이다[99].

---

98) 전체적인 논문의 핵심을 어떤 방향으로 이끌고 나가려고 하는가 또는 어떠한 학설을 다시 만들어 합리적으로 타인에게 인정받으려고 하는가 하는 것이 논문의 주관이다. 이 논문의 주관은 명백한 것이어야 하며, 독자로 하여 작성자의 주관을 직관적으로 명확하게 이해하기 쉽게 작성하여야 한다.

99) 논문 작성에 참조할 만한 가장 기본적인 근거는 일반적으로 참고 문헌이라고 볼 수 있다. 참고 문헌은 학술 연구에 연구 재료가 될 만한 모든 것을 의미한다. 그러므로 반드시, 유형적인 것만이 참고문헌이

ⓜ 학문의 일관성으로 기술(記述)

학위논문이란 논제로부터 서론, 그리고 결론에 이르는 동안 학문적으로 일관성이 있어야 된다.

즉, 처음부터 마지막까지 '학문적인 흐름과 조류'가 동일한 맥락으로 짜여져야 한다. 논문을 작성하는데 있어서 가장 중요한 것이 바로 일관성으로, 문장의 앞뒤가 다른 논리라든가 또는 다른 내용의 연구가 되어서는 안 된다는 것이다.

특히 학문적인 참조 및 일관성은 중요한 문제로 이를 잘 활용하면 논문작성에 도움이 될 것이다[100].

ⓑ 논문의 꽃은 비교분석

학문 특히 논문에 있어서의 최고의 정점(頂点)은 바로 관련 논문을 비교 분석하는 것이다.

두 개 이상의 학술적인 비슷한 사항과 서로 다른 점 더불어 장점과 단점의 비교가 되는 것은 '거짓이 섞이지 않은 진솔하고 정직한 의미에서의 학문의 옳은 것을 찾는 것'을 칭(稱)한다. 이는 자신이 작성하려고 하는 논제에 관한 가장 기초 과학의 준비가 어느 정도 잘되었나에 따라서 서로 다르게 나타난다. 또한 서로의 학문을 비교하여 얻은 지식의 내용을 보면 그 논문의 성격 및 수준을 보다 쉽게 이해할 수 가 있다.

ⓢ 정리한 논문의 내용을 가장 적절하게 배열

논문을 연구한 자료를 어떻게 하면 가장 효과적으로 정리하여 학문적인 체계를 마련하느냐 하는 것이 중요한 사항으로 대두된다. 옛말에 "구슬이 서 말이라도 꿰어야 보배" 라는 말이 있듯이 논문 또한 아무리 좋은 자료를 찾았다고 하더라도 이를 잘 정리하여 배열하지 않게 되면 좋은 논문이 될 수 없음은 자명(自明)하다.

예를 들어, 본문의 내용 중에서 자신이 넣으려는 것을 章(장)에 넣어야 할지 또는 절(節), 항(項)에 넣어야 할지 정확하게 배치되어야 할 부분이 있는데, 이러한 원칙을 지키지 아니하면 학문적인 정당성을 구사(驅使)하기가 어려울 것이다.

될 수 있다고는 할 수 없으며, 무형적인 것도 좋은 참고문헌이 된다는 것을 알아야 한다.

100) 학문적인 측면에 있어서 참고란 타인의 학문적인 자료를 살펴 나가며 생각한다는 뜻이다. 인용이란 타인의 글 가운데 한 부분을 끌어내어 적어 놓는 사례를 말한다. 이것을 참고문헌(references)이라는 표현을 사용하며 외국의 논문작성 방법에 자주 등장한다.

논문은 아무리 좋은 자료와 열정의 연구만으로 훌륭한 논문이 될 수 있는 것이 아니다. 연구의 내용을 좀 더 짜임새 있게 제3자가 읽어도 쉽고, 이해할 수 있도록 작성해야 된다[101].

즉, 사회과학의 논문에서 가장 절실히 요구되는 것이 설득력이다. 설득력은 논리적으로 자기의 주장을 펼쳐나가야 논문으로서 가치가 있다.

◎ 사전에 수집한 자료는 모두 활용(活用)

연구논문작성을 위해 연구 및 계획하는 기간에 수집된 자료는 전부 활용하여야 한다[102].

서론이나 결론과는 달리 가장 많은 부분을 차지하는 것이 본문이므로 내용의 구체적인 연구가 되어야 할 것이다.

㋜ 표(表), 그림, 수치는 반드시 부연설명

연구논문의 내용을 강조하는 통계적인 자료나 도표(圖表) [103] 또는 수치를 제시하는 경우에도 그 내용을 이해시킬 수 있는 해설을 하여야 하고 논평하는 것이 좋다[104].

왜냐하면 논문에 제시한 입증 자료는 작성자 자신이 충분히 '해결되거나, 처리된 의견이 있음을 입증'하여야 하는 이유에서인 것이다.

사회과학의 논문은 실험 · 실습을 행하는 자연 계열의 논문과는 다르게, 이론을 중심으로 연구하는 사례를 자주 목격한다. 통계(統計)나 도표(圖表)를 인용하는데 있어서도 반드시 필요한 경우에 한하여 제시하여야 하며 제시한 내용에 대해서 충분한

101) 우리가 보통 일반적으로 배열(配列)이라는 말을 자주 사용한다. 건축에서 집을 지을 때 먼저 설계를 하고 그 다음 땅 위에 주춧돌을 놓고, 기둥을 세워서 집을 짓는 것과 동일하게 논문 또한 마찬가지로 본문의 구조를 서로 안배(按配)를 잘 맞추어서 작성하면 구조적으로 균형 잡힌 논문이 될 것이다.

102) 논문의 연구자료를 활용하는 능력 또한 하나의 기술에 속한다. 기간 중에 준비된 것을 여지없이 모두 게재해야 한다. 단, 게재할 때 주의해야 할 것은 균형 있게 하나도 빠짐없이 본문에 실어야한다.

103) 일본인들의 논문을 보면 전반적으로 도표(圖表) 또는 수치 등을 활용한다. 이는 독자로 하여금 이해가 잘 되도록 쉽게 표현된 즉 '친절한 논문'임을 자주 볼 수 있는 것은 전술한 바와 같이 도표(圖表), 수치 등을 인용하기 때문이다.

104) 도표(圖表)는 연구 내용을 그림 또는 그래프(graph)를 통하여 설명하려고 할 때를 의미한다. 수치도 숫자의 내용으로 어떤 내용을 설명하려고 할 때 표현하는 방법의 하나다. 그러나 사회과학의 논문에서 도표(圖表) 또는 숫자로서 표현하는 경우에는 반드시 '작성자의 논문에 필요한 증거가 됨을 설명하여야 하며 표시의 내용에 있어서도 해결되거나, 처리된 의견으로 구체적인 설명을 함께 곁들이면 좋다.

설명을 있어야 한다.

4) 살아있는 이론(理論)개발의 전제

살아있는 이론이란 기존의 발표 된 학문의 이론이 아니라 지금까지 발표된 기존의 것에 자신이 연구한 새로운 것을 첨가한 이론과 기존의 이론을 새롭게 수정하여 내 것으로 만들어내는 것을 말한다.

사회과학에서 말하는 살아있는 이론은 1970년 및 1980년대의 이론이 아닌 2030년대를 향한 실질적인 이론으로 우리 사회에 실용화 할 수 있는 이론을 발표해야 한다.

사회과학의 이론 개발은 이공계와는 달리 이제 시작단계라 할 수 있다[105]. 학위를 얻기 위한 연구 논문을 작성하는 데 있어, 평소 꾸준히 연구 된 내용을 '살아있는 이론개발'하여야 한다.

5) 서론, 즉 문제의 제기에서 나온 것은 구체적으로 입증(立證)

서론의 문제의 제기에서 "노인의 삶은 향후 이렇게 될 것이다"와 같은 내용을 서술하였다고 하면 이를 입증하여 좀 더 구체적으로 분석·확인하여 비교하여야 한다. 일반적인 사회과학에서의 비교 연구는 발전적인 이론의 밑바탕에서 형성되는 것이 좋다.

6) 남의 연구를 각주 없이 베끼는 것은 엄연한 범법행위

소위 연구논문이라 함은 연구자가 스스로 연구한 것을 글로써 나타내는 것이다.

남이 연구한 것을 도둑질한 결과가 된다면, 학문하는 사람으로서의 윤리적, 도덕적 자격이 없다. 타인의 이론을 차용(借用)하는데 있어서도 마찬가지이다[106]. 타인의 것

105) 사회과학은 무한한 학문이다. 예를 들어 사회복지학의 뿌리는 사회학을 비롯한 사회학적인 곳에서 또는 심리학, 경영학, 법학과 같이 무제한 학문의 영역과 관계를 가지고 있으며, 순수한 사회복지학에 있어서도 사회복지위생정책, 사회복지 인사정책, 사회복지 교양정책 등과 같이 아직껏 연구되지 않은 분야가 너무 많이 있다. 향후 미래를 향해 정진하는 사회복지학 전공자들이 연구해야 할 분야인 것이다.

106) 사회과학을 연구하는데 있어서 타인의 이론이나 연구를 다시 각석(脚色)하여 작성자가 연구한 것처럼 발표를 하는 경우 범법행위이다. 그러나 이를 제재하는 경우는 거의 없다. 인사청문회(人事聽聞會)는 대통령이 행정부의 고위공직자를 임명할 때, 국회의 검증 절차를 거치게 함으로써 행정부를 견제하는

을 인용한 사람답게 원래의 내용을 변형하지 않는 범위 안에서 인용이라는 근거를 제시하고 이에 대한 작성자의 연구는 원해의 것과 확실히 다르게 작성하여야 한다.

독자가 보아도 타인의 것을 자기의 것으로 발표한 것이 아니라는 것이 확실하게 되어야 한다. 그러므로 논문에서 출처 및 근거를 밝히는 일은 매우 중요한 사항이이며, 이를 지켜지지 않으면 바로 범법행위가 된다.

㉠ 수박의 겉에서 시작하여 빨간 속의 단맛 내듯이 논문의 내용도 구체적으로

수박의 단맛을 보기 위해서는 수박 안의 맛이 좌우되는 것과 마찬가지로 논문의 맛 또한, 본론을 작성하는 데에 크게 좌우된다.

일반적으로 본론이란 포괄적인 논리의 전개에서 시작하여 좀 더 세심하고 구체적인 내용의 연구에 따라서 작성이 되어 진다[107]. 세심하고 구체적인 내용이란 어느 누구도 다루지 아니한 작은 것에 이르기까지, 논문의 논제로서 세심하게 살펴야 할 것이다.

중요한 것은 논문의 본론에서 항상 중요하게 생각해야 할 것은 논제의 전체적인 줄거리, 연구의 본질과 과제에 대한 중심으로 전개해 나가야 한다.

㉰ 결론

논문에 있어서의 결론이란 '연구의 끝맺음'이다. 서론과 본론에서 제기(提起)한 문제에 대하여 최후의 판단을 내림으로써 논문을 보다 논리적으로 끝맺음 맺는 곳이다.

결론에서는 본론의 내용을 요약하고 일반화 또는 추상화된 함의를 기술(記述)하는 것이다. 그리고 경험연구의 경우에는 그에 덧붙여 논문의 한계를 언급하고 새로운 연구를 제안하기도 한다.

제도적 장치이다. 이때 국회의원은 해당 회의에서 후보자가 공직에 대한 수행 능력을 갖추고 있는지 질문을 통해 검증한다. 장관 내정자로서의 청문회 시작 전부터 내정자에 대한 많은 의혹을 제기할 때, 논문표절은 단골로 나오는 질문사항인데 내정자의 표절시비는 그 당시뿐이고 범법행위로 전혀 제재(制裁)를 받지 않는다. 우리 사회에서 이에 대해 특별하게 벌(罰)을 주는 예가 없다. 그러나 이것은 엄연히 학문적인 절도 행위이다. 유형의 재물을 절취하는 것만이 절도는 아니다. 남의 연구를 도둑질하는 것 또한 절도임에 틀림이 없다.

107) 논리의 전개는 논리학적이어야 한다. 논리학이란 강력하면서도 지속적인 효과를 내는 설득의 도구다. 그 이유는 논리가 합리적인 정신 활동이기 때문이다. 특히 논문에서의 논리학이란 실증주의를 중심으로 엮어 나가는 것이기 때문에 바른 인식을 얻기 위하여 규범이 될 수 있는 법칙을 연구하는 학문이라고 할 수 있다.

논문의 결론은 서론과 마찬가지로 너무 길어서는 안 된다. 즉, 중복적인 내용을 서술하여서도 안 되며, 간명하고 요약적인 표현으로 작성하여야 한다. 다만, 연구에서 미진했던 부분이나 연구의 전망 또는 실천적, 학문적, 정책상의 건의와 해결책을 서술할 수는 있다.

즉, 논문의 결론 부분은 핵심적인 표현으로서 연구의 결과를 작성하여야 하며,[108] 그리고 처음부터 끝까지 논문을 작성해 가면서 자신이 느낀 부분과 이에 대해 자신의 사상과 자기만의 주장을 넣는 것도 좋은 방편의 하나가 될 것이다.

㉠ 요약과 함의

연구 결과의 요약과 논의 및 높은 추상 수준에서 일반화된 함의를 기술하는 것이 결론의 핵심이다. 경험연구의 경우, 본론의 장에서 직접적인 분석 결과만 진술했다면, 결론을 두 개의 절로 나누어 연구 결과의 해석을 먼저 다룸으로써 최종결론의 전(前) 단계로 구성할 수도 있다. 그러나 가능하면 직접적인 분석결과와 해석은 본론의 장에서 마무리하는 것이 좋다(정병기, 2017).

요약은 서론과 본론을 모두 간결하게 축약하고, 또한 반복되는 문장을 되도록 사용하지 않는 것이 좋다. 기초적 지식의 사람이라면 요약만으로 논문의 전체적인 내용을 이해할 수 있을 정도로 간단·명료하고 포괄적으로 기술해야 한다.

요약과 결론에서는 일반적으로 새로운 정보를 담은 문헌을 인용하지 않는다. 단, 훌륭한 표현이나 시사성이 강한 표현을 인용할 때에는 사용해도 괜찮다고 보는 것이 일반적이다.

㉡ 연구의 한계와 새로운 연구 제안

함의 및 시사점과 함께 연구의 한계를 명시하고 후속 연구를 제안할 수 있다. 특히 한정된 표본집단이나 사례를 집중적으로 분석하는 경험연구에서 연구의 한계를 명시하는 것은 일반화와 추상화의 타당도를 높이기 위해 반드시 필수가결한 것이다.

새로운 연구 또는 후속연구의 제안도 같은 맥락에서 필요하다. 연구의 한계를 규정

108) 결론은 누가 보더라고 간결하게, 논문의 결론을 작성하는데 있어서 서론이나 본론의 내용과 관계가 없는 주장을 하거나 추상적인 말 보다는 구체적으로 서술해야 한다. 또한 논문의 결론 부분에서는 불필요한 내용의 기록은 되도록 삼가 하여야 할 것이다.

해 놓음으로써 그 한계를 극복할 수 있는 새로운 연구가 무엇인지 드러날 것이며, 또한 이를 통해서 새롭고 참신한 연구가 되어 진다면 연구자의 연구결과가 한층 높은 일반성과 완성도를 가질 수 있게 될 것이다. 그 새로운 연구를 구체적으로 언급함으로써 이러한 바람을 더욱 명확하게 하는 것이다(정병기, 2017).

㉣ 요약문(要約文)

현대의 논문은 일반적으로 외국의 학계와의 관계를 도외시(度外視)할 수 없는 주변 환경으로 인해 대개의 논문에는 요약문을 넣고 있다. 이는 논문의 첫머리에 실리는 경우도 없지 않지만, 대부분의 논문에는 마지막에 기술하고 있다.

논문에 따라서는 ABSTRACT라고 하며, 초록(抄錄)으로 대체하는 경우도 있다. 이는 논문전체에 대한 요약문을 한글과 영문으로 혼합하여 작성하고 있다.

㉤ 참고문헌

㉠ 참고문헌 작성법

참고문헌은 논문의 맨 끝에 참고한 문헌들의 내역을 상세하게 작성하는 것이다. 참고문헌의 작성형식은 대학이나 학회에 따라 차이가 있으므로, 해당기관의 편집규정에 반드시 따라야 한다. 여기에서는 그동안 저자가 경험했던 저서와 논문에 느낀 참고문헌 작성의 가장 일반적인 방법을 설명하고자 한다.

ⓐ 참고문헌은 새로운 쪽(페이지)에 **〈참고문헌〉**이라고 제목을 넣은 후 시작한다.

ⓑ 참고문헌의 나열은 본문에서 이미 인용이나 또는 언급된 것만으로 제한한다. 즉, 연구자가 내용은 참고하였지만, 실제로 본문에서 언급이 안된 것은 기재하지 않는다.

ⓒ 저자이름, 출판연도, 제목(또는 책 이름), 출판정보의 사이에는 마침표로 구분하며, 출판사와 쪽(페이지) 범위의 사이에는 쉼표로 구분한다.

ⓓ 출판연도는 '(　)'안에 기재하며, 쪽(페이지)의 범위는 'p.'를 사용하지 않는다. 단, 본문에서는 'p.'를 사용한다.

ⓔ 동일한 저자가 발간한 여러 문헌은 연도순으로 배열하며, 동일 연도에 발행한 문헌이 두 개 이상일 경우에는 알파벳(alphabet) 순서에 따라

출판연도 뒤에 a, b, c를 붙여 구분한다.

ⓕ 저작물의 제목을 표시하는 방법으로 논문, 기사는 이중따옴표(“ ”)로, 저서는 이중꺽쇠(『 』)로 표시한다.

ⓖ 국문 저서나 간행물 이름은 이중꺽쇠(『 』), 신문사명은 꺽쇠(「 」), 논문제목은 이중따옴표(“ ”),로 둘러싼다.

ⓗ 학술회의 발표문은 발표장소와 날짜를 적는다.

ⓘ 참고문헌은 한글문헌, 로마자로 표기되는 외국문헌, 기타 외국어(일본어, 중국어, 블란스어, 독일어, 러시아어 등) 문헌 순으로 가나다 또는 알파벳(alphabet) 순으로 배열한다.

㉡ 구체적인 예시

일반적으로 가장 많이 사용되는 참고문헌의 작성방법에 따라 저서, 학위논문, 번역서, 논문, 신문기사, 칼럼(column), 인터넷 자료 등의 구체적인 예시를 들어보면 다음과 같다.

• 저서

- 저자가 1명인 경우

문상목. (2001). 『사회복지개론』. 서울: 주원출판사

· Gonyea, J.(2010). 『The policy challenges of a larger and more diverse oldest old population』, New York: Wang Business.

- 저자나 편저자가 2명 이상인 경우

될 수 있는 한 모든 공동저(편)자의 이름을 표기하고, 3명 이상인 경우 3명까지만 표기하고 ‘외’라고 표기한다.

문상목 · 최기홍. (2005). 『사회복지실천론』. 서울: 양서원

Davidson. S. and Gentry T.,(2013). 『Age UK End of Life Evidence Review』. New York: Win Business

- 동일 저자가 여러 편의 논문이나 저서가 있는 경우

동일 저자가 여러 편의 논문, 또는 저서가 있는 경우에는 출판 연도 순서를 기록하고, 동일 연도에 쓰여진 것은 본문에 인용된 순서에 따라서 출판연도 뒤에 2000a, 2012b. 2015c 등과 동일한 방법으로 표기한다. 이 때, 맨 앞의 저자이름은 반복을 피하고, 실선으로 대체한다.

이평화. (2019a). 『사회복지실천론』. 서울: 진영출판사
______. (2019b). 『인간은 과연 무엇으로 살아가는지 우리들은 아는가?』. 서울: 진영출판사

강대훈. (2014). 『사회복지실천론』. 서울: 진영출판사
______. (2011). 『한국의 사회복지와 일본의 사회복지의 문제점과 비교』. 서울: 진영출판사

• 학위논문

김해균. (2018) "초고령 노인의 삶의 만족도 영향요인에 관한 연구", 명지대학교대학원, 박사학위논문.

• 번역서

다니엘, 스미스. 이평화 옮김. (2018) 『인간은 무엇으로 살아가는가?』. 서울: 진영출판사.

• 학회지, 월간지, 계간지(季刊誌) 등의 논문이나 기사(記事)

강대훈(2017). "저출산 초고령 사회 대비를 위한 혁신적 대응 전략 연구", 「21세기사회복지연구」, 2017년 제14권 제1호 p.28.

Weyerer, S. (2008). "Fuchs, A., et al, Prevalence and risk factors for depression in non-demented primary care attenders aged 75years and older, Journal of Affective Disorders, 111, p.153-163.

• 발표논문

엄기욱. (2008). "노인장기요양보험제도의 서비스 질 향상 방안," 한국보건복지 포럼 142권 0호.

• 일간지, 주간지의 기사와 칼럼

신문기사의 경우에는 다음과 같이 기재한다.

「대원일보」, (2003). "이제 우리도 말할 수 있다," (9월 4일), 7.

컬럼의 경우에는 연구자의 이름을 먼저 기재하고, 발행연도, 제목, 일간지명, 발행일의 순서로 기재한다.

문상목. (2016). "비겁한 사람의 자기합리화."「기호일보」. (9월 4일).

· Blazer, D.(2000). "Psychiatry and the oldest old,"「The New Times. (Dec, 21).

• 인터넷 자료

제작자, 제작 연도, 주제명, 웹주소(검색일자)의 순서로 기재한다.

최기홍. (2000). "연말연시의 술 마시는 요령." http://www.kwafu.org/korean/about1.php(검색일: 2019, 9. 4).

인터넷 자료의 인용 부분은 쪽(페이지)로 표시되지 않기 때문에 자료의 분량이 많은 경우에는 검색 일자 다음에 있는 바(Bar)의 비율로 기재한다. 예를 들면, (1/10 Bar)의 뜻은 인터넷 전체 자료의 십분의 일을 인용하였음을 나타냄을 뜻한다.

최기홍. (2000). "연말연시의 술 마시는 요령." http://www.kwafu.org/korean/about1. php(검색일: 2019, 9. 4). (1/10 Bar).

제 2 장

논문작성의 실제

제 1 절 논문작성의 구체적 방법

1. 논문작성의 순서

논문이 실질적 요건과 형식적 요건을 기본으로, 실제로 어떻게 논문을 작성해야 하는가에 대해 설명해 보고자 한다. 논문작성은 논제를 정하여 임시 제목을 결정하는 것에서부터 시작된다. 〔그림 3-1〕과 같이 몇 단계를 거쳐 점차적으로 진행해 나간다. 집을 짓기 위해 우선 절차가 중요하듯이 논문의 경우 또한 절차가 중요하다고 할 수 있다.

논문작성의 각 단계는 약간의 수정할 것이 있다면 전 단계로 돌아갈 수 있다. 이는 처음부터 다시 시작해도 된다는 것을 의미한다. 만약, 어떤 단계에서 뜻밖의 장애가 발생할 경우, 이전 단계로 돌아가서 수정(修正)해야 한다.

또한 한번 결정한 사항이 어려움이 있다면 다시 전 단계로 돌아가 수정하는 것이 좋다. 이를 그대로 진행하는 것은 논문을 쓰는 연구자로서 안 좋은 방법이라고 할 수 있다.

논문작성의 구체적인 과정을 살펴보면 다음과 같다.

1. 논제를 정하고 임시 제목을 설정한다.

↓

2. 논문의 제출 일정을 확인한다.

↓

3. 문헌과 자료를 수집한다.

↓

4. 선행연구를 자세하게 조사 · 분석한다.

↓

5. 독자적인 지식을 검토한다.

↓

6. 논문의 골격초안을 만들어 본다.

↓

7. 논문을 본격적으로 집필한다.

↓

8. 논문의 전체를 재검토하여 조정한다.

↓

9. 논문을 완성하여 제출한다.

자료: 김명호 외(2016), 『논문작성의 이해와 실제』, 서울: 두남출판사. p.60.

〔그림 2-1〕 논문작성의 구체적인 과정

〔그림 2-1〕의 각 단계에서 문제가 있고, 또한 진전이 더 이상 없을 경우에는, 그 이전 단계로 피드백(feed back)한다. 논문이 완성되기까지의 절차는, 이와 같은 피드백에 의한 수정의 반복이라고 볼 수 있다.

2. 논문 절차에서 필수적 작업

1) 1단계: 논제(論題)의 결정 및 임시 논제 결정

(1) 논제의 선택

논문을 쓰기로 결정한 후, 우선 무엇에 대해 작성할 것인지 논제를 결정해야 한다. 논제를 정하는데 있어서, 졸업논문과 학위논문은 다음과 같은 사항에 대해 유의해야 한다.

- 자신의 지도교수와 자주 상담한다.
- 광범위하고, 막연한 주제는 가능한 피한다.
- 내용은 지금까지 연구해 온 가장 가까운 분야를 논제로 정한다.

대학원 중 일반대학원이 아닌 야간 전문대학원 및 특수대학원 등에서 대학원생들의 석사학위논문의 논제가 그들의 여러 사회적 경험을 반영함에 따라 광범위하고 황당할 수 있다. 따라서 보다 좋은 논문을 완성하기 위해서는 다음과 같은 점을 고려해야 한다.

첫째, 연구자의 논제를 자신의 지도교수와 서로 상의하고, 지도교수가 논문을 지도할 수 있어야 하며, 연구자도 관심과 흥미가 있어야 한다. 즉 논제는 자신이 관리될 수 있는 것이어야 한다.

둘째, 주제는 연구자의 실력에 맞는 것이어야 한다. 예컨대, 연구자가 지금까지 연구해 온 분야에서 자신의 역량에 따라 연구분야나 또는 인접분야에서 논제를 선택해야 한다. 또한 좋은 논문의 논제는 연구자 자신과 가까운 주변에 산재해 있다. 연구자가 흔히 겪는 일상생활에서 관심을 가지고 있는 사항에 좀 더 깊게 파고 들어가면 좋은 논문이 될 수도 있다.

셋째, 범위가 광범위한 논제는 일반적인 논문으로서 적당하지 않다. 그렇기 때문에 한정적인 범위에서 문제점을 면밀하게 깊이 심사숙고하는 것이 중요하다. 논문 심사위원의 입장에서 보면, 모든 문제에 대해서 세세(細細)한 것을 알고 있다고 할 수 없다. 그러므로 좁게 그리고 깊은 논문이 좋은 논문이 될 확률이 높다. 예를 들면, '사회복지사의 미래의 직업에 관한 연구'를 논제로 하기 보다는 '학교 내에서의 사회복지사의 미래 직업관' 또는 '복지관 내에서의 사회복지사의 미래 직업관' 등 보다 좁은 범위에서의 논제가 바람직하다.

넷째, 지도교수의 지도하에 연구해 온 논제에 관한 성과를 집대성하고, 향후 미래의 연구자로서 지위를 견고하게 하기 위해 자신의 노력을 들여 연구의 결과가 나와야 될 것이다.

또한 논제는 자신이 현재 근무하고 있는[109] 즉, 직접적 관련되어 있는 것이면 좋을 것이다.

(2) 가제(假題)의 결정

논제를 정하게 되면, 그 다음에 임시로 가제를 정해야 한다. 가제는 논문의 내용을 정확히 반영하고, 간결하게 표현한 것이 아니어도 상관없다. 또한 논문의 내용에 알맞은 논제는 최종 논문을 완성한 시점에서 정하는 것이 좋은 방법이다. 학회의 학술대회, 세미나 등에서 논문발표의 사례를 보면, 가끔 논문의 논제가 내용과 맞지 않는 경우가 있다. 이는 연구자가 주의해야 할 사항이다.

2) 2단계: 논문 제출 일정의 단계

논문을 제출해야 하는 일정을 확인하고 나면, 논문작성 계획을 수립해야 한다. 논문을 쓰려고 하는 연구자는 논문을 언제 제출하면 좋은지 확인한 후, 논문작성을 위한 일정계획을 세워야 한다.

대학원, 즉 석사나 박사학위논문의 경우 학교에 따라 다르지만, 대체로 12월말에 최종논문을 제출하는 대학이 대다수 이다.

다음은 석사학위논문의 월별 논문작성 일정계획을 간단하게 나타내면 다음과 같다. 그러나 이는 참고만 할뿐 반드시 이와 같이 계획을 세우라는 법은 없다. 가을학기(5월~다음 해 6월)에 시작하는 연구자는 약간 계획을 달리 해도 큰 무리는 없다.

---

109) 논제는 연구자가 현재 근무하는 일과 관련되어 있는 것으로 추천하는 이유는 자신의 전공과 실제로 근무하는 실무(實務), 즉 이론과 실제가 함께 어우러져야 좋은 논문이 될 수 있다. 일부 연구자들은 연구하려는 논제와 현재 자신이 하고 있는 일과 전혀 관련이 없는 것으로 논제를 결정하는 사례를 보는데 그 방법은 매우 어리석은 방법이라고 볼 수 있다.

- 3월: Key word(주제어)와 가제의 결정
- 4월~5월: 각종 문헌 및 자료의 수집
- 6월~7월: 선행연구의 정확한 조사 및 비교분석
- 8월: 구성에서의 뼈대(frame)와 초안 작성
- 9월~10월: 본격적 논문 시작과 논제 확정
- 11월~12월 초: 논문심사
- 12월 중순: 논문심사 결과 제출, 논문 완성
- 12월 말: 논문 인쇄와 완성본 제출

3) 3단계: 논문과 관련된 자료수집

논문 제출기한을 재차 확인하여 일정계획을 수립하면, 3단계의 주제에 대한 관련 문헌과 자료들을 수집한다. 선행연구에 관한 문헌과 자료들을 효율적으로 수집할 수 있는 방법을 서술해 보면 다음과 같다.

(1) 연구자의 지도교수와 상담

졸업논문과 석사학위논문을 작성할 때, 가장 많은 지식을 제공할 수 있는 사람은 다른 사람이 아닌 바로 지도교수임을 직시(直視)해야 한다. 그렇기 때문에 지도교수에게 문헌과 자료에 대해 조언을 부탁하며, 정독해야 할 기본서 즉 교과서 등 논문에 필요한 방법을 지도교수와 상의하여 그 지시에 따른다[110].

박사학위논문을 작성하는 경우에도 논문제출자에게 제도적인 지도교수는 존재하지만, 논문제출자의 연령, 경력 등을 견주어 볼 때, 어느 정도의 연구실적을 올린 경우가 많을 것이다. 그러므로 관련 문헌과 자료의 수집에 대해서는 연구자가 스스로 알아서 처리할 수 있을 것이다. 전적(全的)은 아니지만, 지도교수가 아닌 다른 교수에게서 문헌과 자료의 소재에 대한 의견을 구할 수도 있을 것이다. 그러나 항상 지도교수에게 자문을 구하는 것이 연구자로서의 자세라는 것을 잊어서는 안 된다.

110) 연구자는 키워드(key word)에서 시작해서 자료의 수집 등과 관련된 사항은 자신의 독단적인 결정이 아닌 항상 지도교수에게 도움을 청해야 한다.

(2) 국립도서관 및 국회도서관의 활용

예전과는 달리 각 대학의 도서관의 시설 및 시스템이 날로 발전되어 자료수집이 한층 수월해지고 있다. 그러므로 연구자는 자신이 찾고자 하는 자료의 수집을 할 때 도서관을 활용하면 매우 효율적이다. 아날로그 시대에서 디지털시대로 전환됨에 따라 일일이 찾는 방법에서 탈피해 인터넷을 이용하면 자신이 찾고자 하는 문헌들을 검색할 수 있다.

최근에 대부분의 저서와 논문, 세미나, 회의로 등의 자료들이 소장된 국회도선관의 전자도서관(www.nanet. go.kr), 학술연구정보서비스(http://www.riss.kr), 한국학술정보(http:kiss, kstudy.com)를 이용하는 연구자들이 많아. 이를 활용하는 것이 효율적이다.

(3) 최신 신문기사 내용의 스크랩(scrap)

논문의 논제가 시사성(時事性)이 있는 경우에는, 신문기사 스크랩을 파일(file)에 모아두면, 서론에서의 문제제기, 연구의 필요성, 연구의 목적 등에 매우 유익한 자료가 된다[111].

(4) 인터넷, SITE 등의 활용

연구자 자신이 쓰려고 하는 논문의 주제에 대하여 정보를 얻으려고 할 때, Naver, Google, Yahoo, Daum 등을 이용하면, 유익하다.

4) 4단계: 선행연구의 정밀 조사 및 비교 분석

논제에 대한 문헌과 자료가 수집되면, 연구자는 선행연구를 조사하고, 관련된 자료와 비교, 대조하여 논제에 대한 폭 넓은 이해를 해야 한다. 더불어 선행연구의 정밀조사 및 비교분석을 다음과 같이 실행한다.

111) 논문을 쓰려고 할 때 지도교수와 상의해서 논제(논문의 제목)가 정해지면 약 30%이상은 되었다고 하는 사람을 종종 볼 수 있다. 이 말은 그만큼 논제가 중요하다는 것을 의미한다. 그런데 논제가 주어지고 서론 즉, 문제의 제기, 연구의 필요성과 목적 등을 쓸 때 대부분의 연구자는 처음에 어디서 어떻게 시작하는 것이 좋을지 모르는 경우가 허다하다. 이 경우에 자신이 작성하려는 논문의 서두(序頭)를 바로 최신의 신문기사나 잡지 등을 활용하면 논문을 효율적으로 작성할 수 있다.

(1) 참고문헌들을 이해하고, 용어와 표현 등에 차이가 있는지 면밀히 조사한다. 이 경우 이해를 높이는 방법의 하나는 핵심 참고문헌을 정독(精讀)하여 이해를 하는 것이 절실히 요구된다.

(2) 법규, 통계, 판례, 법규 등의 자료를 수집하고 나서, 논문의 논제와 상충(相衝) 되는 것은 없는지 확인하고, 문헌이 주장하는 논지(論旨)를 뒷받침하는 것이 무엇인지 조사하여 확인한다.

(3) 연구자가 수집한 여러 문헌 중에서, 논제와 가장 근접한 자료 4~5편 정도 정독하여 내 것으로 만들어야 한다. 이 경우에 문헌을 읽을 때 비판적인 시각을 가지고 읽어야 한다. 비판적으로 읽게 되면 논문의 맨 뒷 부분의 결론에서 제언(提言)을 할 때 정책적 제언, 실천적 제언, 학술적 제언에 많은 도움이 된다.

5) 5단계: 독창적인 비판의 시각적 검토

앞에서 서술했지만 선행연구를 정확하게 조사·분석하여 자신만의 독자적인 지식을 습득하여 자신의 것으로 만들어야 한다. 물론 독자적인 지식은 자신의 의견에 불과하지만, 이것을 토대로 독창적인 논문을 만들 수 있을 것이다.

과거 어느 국문학자가 얘기하길 시(詩)를 쓰려면 100편의 시를 암기하면 시를 쓸 수 있다고 한다는 말이 생각난다. 책을 정독으로 읽으며, 자구(字句)의 해석에 그치지 않고 저자의 사상을 예리하게 비판하는 것이 가능해 진다.

일반적으로 사회과학 논문은 가설을 설정하는 경우를 자주 본다. 그러나 이론적 근거가 없는 가설을 연구자가 자신이 가지고 있는 독선적인 사고방식으로 연구하는 것은 무의미하다. 선행연구를 접하면서 선행연구의 주장을 비판적으로 읽는 것이 필요하다.

이와 같이 선행연구들을 비판적으로 읽으며, 연구자 자신만의 지식이 된다.

6) 6단계: 논문의 틀(frame)과 초안작성(草案作成)[112] 시작

연구자가 문헌과 자료를 기초로 하여, 선행연구의 개요를 일일이 서술한다. 이 경우 내용의 문제점을 차근차근 정리한다. 전체적인 논문을 구성하는 틀을 만든 후, 연구자가 선행연구를 읽고 발견한 주요 포인트를 기록한다. 더불어 연구자 자신의 의견이나 주장을 기록하면 된다. 또한 연구자의 지식을 합리적으로 근거나 증거를 제시해야 한다. 이와 같이 작성된 초안을 계속 서술해 나가면 논문이 완성되는 것이다.

7) 7단계: 본격적인 논문의 시작

(1) 논문 작성 시 유의사항

쉽게 이해할 수 있는 논문을 작성하기 위해서는 다음과 같은 사항에 유의해야 한다.

① '갑은 을이다'라는 주어와 서술어 관계를 정확히 해야 한다.

졸업논문을 읽어보면, 주어와 서술어 관계 즉, 국어가 제대로 되지 않는 것을 목격한다. 이는 문장의 의미가 정확하지 않기 때문에 항상 갑과 을의 관계가 명료하게 작성해야 한다.

② 가능하면 문장은 짧게 해야 한다.

너무 긴 문장은 읽기 어렵다. 그래서 한 문장이 100자[113]를 넘지 않도록 한다. 그 이유는 문장이 길어지면, 주어와 서술어의 어군(語群)이 많아지게 되어 '갑은 을이다'라는 주어와 서술어 관계가 모호하게 되기 때문이다.

③ 쉬운 글귀가 되어야 한다.

난해한 어구(語句)를 사용한다고 좋은 논문이라고 할 수 없다. 어려운 내용의 논문을 일반적으로 평이하게 표현하는 연구자가 되어야 하며, 그 이유는 연구자가 내용을 완전하게 이해하지 못하면 전체적인 문장을 부드럽게 표현할 수 없기 때문이다.

112) 초안은 실제의 논제가 아니가 임시로 작성한 논제를 말한다. 실제의 논제는 처음에 논문을 작성하면서 약간씩 바뀔 수가 있다. 이때 결정하여 작성하는 논제가 바로 임시논제 즉, 초안(草案)이 되는 것이다.
113) 일반적으로 한 문장은 100자를 넘지 말아야 한다는 것은 3행(세줄) 정도면 적당하다고 본다.

(2) 선행연구의 정밀한 조사와 비교분석한 결과를 성문화(成文化)

논문 작성 시 타인의 글을 인용하게 되는 경우가 있다. 이 때 다른 사람이 연구한 논문이나 이론을 인용(引用)해야 할 때가 있으며, 출처나 각주를 달지 않으면 표절이 되지 주의해야 한다. 특히 논문을 작성해 나갈 때 나중에 정리해서 주(註)를 달게 되면 잊어버릴 우려가 있으므로 그때 그때 작성하는 것이 효율적인 방법이다.

① 직접적인 인용[114)]

논문 작성 시 직접적인 인용 시(direct question)은 원문을 그대로 가져오는 방법을 의미한다. 그러므로 타 연구자의 저작 표현을 그대로 인용하기 위해서는 특별한 경우를 제외하고는 직접 인용은 가능한 피하는 것이 좋은 방법이다. 직접인용은 다음과 같은 경우에 자주 사용한다.

㉠ 법과 관련된 사항 또는 중요한 포고문을 밝힐 때 인용한다.
㉡ 수학이나 과학 등 그 밖의 주요 공식을 인용할 때 사용한다.
㉢ 타인의 저술 내용을 원문 그대로 옮길 경우에 사용한다.

직접인용은 가능한 정확하고, 원문에 가깝게 작성하는 것이 필요하다. 한 개 또는 두 개의 문장 전체를 인용하는 것 정도는 가능하다. 그렇지만 이 이상의 문장을 인용하는 것은 좋은 방법이 아니다. 그렇기 때문에 인용은 길게 하지 않도록 하며, 간접인용 또는 간략한 요약을 하는 것이 좋은 방법의 하나일 수 있다.

② 간접적인 인용

일반적으로 간접인용(indirect quotation)은 타인이 작성한 원문을 약간 변형시켜 자신의 것으로 만드는 방법을 말한다. 다시 말하면 타인의 생각을 그 사람이 주장한 것을 그대로 인용하지 않고, 일단 논문 작성자의 말로써 바꾸어 인용하는 것을 지칭하며, 일명 의역(paraphrase)이라고도 말한다. 이 방법은 실제로 많이 사용하고 있지만, 이 경우도 간접적인 인용이라고 할지라도 직접인용과 별 차이가 없으므

114) 인용 시 3행(세줄) 이내의 직접 인용은 따옴표로 표시한다. 그리고 3행 이상의 긴 직접 인용은 줄을 바꾸어 작성한다. 그리고 따옴표는 제외하고, 인용문 전체를 작은 글씨로 작성한다.

로 인용문의 마지막 부분에 출처를 명시하여야 한다.

③ 바꾸기

타인이 주장한 말을 자신의 말로 바꾸는 것을 말하며, 일반적으로 저자가 하고자 하는 말을 깊이 이해할 필요가 있다. 이는 타인의 견해나 사상을 자신의 말로 표현하는 훈련이 절실히 요구된다.

④ 정리 및 정리

요약은 타인의 아이디어를 원문보다 훨씬 짧다. 이는 자신의 글로 작성하는 것으로서, 원저자(原著者)의 핵심을 보다 간략하게 표현하는 방법이다. 정리 및 요약에도 각주에 의한 원전(原典)을 밝혀야 하며, 이 경우 요약을 하면서 각주를 달지 않으면 표절로 된다.

(3) 목차 및 참고문헌 목록 작성방법

① 목차 작성방법

논문이 진행되면서 본문의 구성에 쪽(page) 수를 넣은 목차를 작성한다. 이는 전술한 6단계에서 작성할 때의 임시목차와는 다르게 실제로 작성된 논문내용을 기초로 하여 목차를 작성한다.

② 참고문헌 목록 작성방법

논문을 써 내려갈 때 인용한 문헌의 목록을 작성하는 것을 말한다. 참고문헌 목록에 대해서는 적용하고자 하는 문헌인용시스템에 따라 약간의 형식에 차이가 있으며, 또한 명칭도 각각 상이(相異)하다. 설령, 각주나 후주(後註)에 완전한 정보가 있다하더라도, 연구자가 논문을 집필하는 가운데 참고한 문헌들의 모든 목록을 표시하여야 한다. 이렇게 함으로써 독자에게 정확한 정보 및 후진 연구자에게 많은 도움이 된다[115].

115) 타인의 논문을 참고하여 논문을 작성할 때 기존의 각주 및 참고문헌을 보게 되면 연구자는 그 참고문헌으로 자신이 원하는 자료를 쉽게 찾을 수 있다.

③ 전체적인 논문의 구성

목차 및 참고문헌 목록이 완성될 때 전체적인 논문의 구성은 논문의 일반적인 구성 즉, 서론, 이론적 배경(이론적 고찰), 연구방법, 결론을 포함한다. 이를 표로 나타내면 다음과 같다.

〈표 2-1〉 전체적인 논문의 구성

구분		내용
표지		각 학교마다 다르지만, 일반적으로 학위논문의 표지 형식은 학교에서 지정해준다. 이를 담당 교학처 또는 이와 관련된 행정실에 문의 한다.
목차[116)]		학위논문의 경우 장(章), 절(節) 또는 Ⅰ, Ⅱ, Ⅲ 등으로 목차가 구성된다.
본문	서론	문제의 제기와 연구의 목적, 연구의 필요성을 작성한다.
	이론적배경	논제에 관련되어 이와 연관된 이론을 작성하며, 이론적 고찰이라고도 한다.
	연구방법	연구의 모형과 연구 방법 즉, 연구의 측정도구와 관련 되는 사항을 서술한다.
	결과	요약 및 연구의 한계, 제언 등을 적는다.
참고문헌		논문에서 참고하고 인용한 문헌을 기재한다.
부록		양적인 논문인 경우 설문지나 참고할 내용을 첨부한다.

자료: 김명호 외(2016), 『논문 작성의 이해와 실제』, 서울: 두남을 참고로 하여 저자 작성.

또한 어느 논문에서는 본문의 전후에 ‘머리말’ 또는 ‘후기’, ‘감사의 글’ 등을 기술한다. 그러나 이것들은 논문에서 차지하는 비중이 큰 것이 아니고, 또한 필수 사항이 아니다.

116) 일반적으로 논문 구성의 목차는 장(章), 절(節) 또는 Ⅰ, Ⅱ, Ⅲ...등으로 작성된다. 학위논문은 장, 절로 이루어지며, 학술논문에는 Ⅰ, Ⅱ, Ⅲ...등으로 작성한다. 그러나 학위논문일지라도 Ⅰ, Ⅱ, Ⅲ...등으로 작성하는 학교도 있어, 각 학교마다 다르다.

8) 8단계: 논문 전체의 재검토와 수정 및 조정

논문의 맨 마지막 중요한 사항은 논문 전체를 재차 읽고, 맨 처음에 결정한 임시 제목과 내용이 서로 일치되는지를 다시 한 번 검토 · 확인해야 한다.

(1) 완성된 논문과 논제의 내용과 일치성

논제를 정하고, 논문 작성 후 논문과 본문의 내용을 비교하여 과연 타당한지를 다시 한 번 심오(深奧)하게 검토하여 확인한다. 그렇지 않으면, 지도교수와 상의하여 다시 논제를 정하여 수정 · 보완해야 한다.

(2) 오타 및 탈자의 확인

예전에는 논문작업을 수기(手記)로 하였지만, 요즈음은 모든 작업을 컴퓨터로 한다. 컴퓨터 작업이 편리한 것은 사실이지만, 작업하는 도중 실수로 인해 오해를 일으키는 일이 있을 수 있다. 이러한 실수를 확인하기 위해 다시 한 번 오타 및 탈자 등에 주의해야 한다.

(3) 일관성 있는 용어표현

논문은 리포트나 발표문과는 달리 긴 문장이 대부분이다. 그러므로 논문의 부분분이 논리에 맞는지 또한 앞에서 서술한 용어를 뒤에 다른 말로 사용한다든가 하는 경우를 볼 수 있다. 예를 들면, 앞에서는 '노인'이라는 용어를 뒤에서는 '어르신'이라는 용어를 사용하고, '어린이 보육'이라는 것을 '어린이 돌봄'이고 하면 헷갈릴 수 있으며, 일관성이 없어 독자에게 좋지 않은 인상을 남기게 된다.

다행인 것은 컴퓨터상에 검색 및 치환(置換)하는 기능이 있어 용어를 표현할 때 비교적 통일된 용어를 사용할 수 있다.

9) 9단계: 완성된 논문의 제출

논문이 완성되면 이제는 제본을 하여 제출하는 단계이다.

(1) 제본

졸업논문을 완성하면 제본을 제출한다. 물론 제본을 하지 않는 학교도 있지만, 대부분의 학교에서는 제출한다. 학교에 따라 다르겠지만, 일반적으로 완성된 논문은 5권 내외 제본을 해서 학교에 3권정도 제출하고 나머지는 논자가 보관한다.

컴퓨터로 인쇄가 끝난 후 제본하여 대학에 제출하는데 대학에 따라 제출하는 논문의 수는 다를 수가 있으므로 학교 교학처 등에 문의해야 하면 된다.

(2) 완성된 논문 제출

학위논문은 논문제출 마감기일까지 교학처에 논문 및 파일을 CD로 제출하여야 한다. 제출과 관련된 상세한 사항은 각 대학에 따라 다를 수 있으므로 교학처에 문의해서 확인해야 될 필요가 있다.

3. 연구의 설계

1) 연구설계의 개념

사회 · 문화 현상 탐구의 구체적인 절차는 양적 연구 방법과 질적 연구 방법에 따라 차이가 있지만, 일반적으로 문제 제기에서 시작하여 자료를 수집하고 분석하여 결론 도출까지 진행되는 것이 일반적이다. 연구 설계는 연구의 목적에 적합해야 하는데, 주로 연구 대상, 연구 기간, 자료 수집 방법 등을 정하는 것을 말한다.

양적 연구 방법은 이 단계에서 가설을 증명하기 위해 자료 수집 방법 등 어떻게 연구를 진행할지에 대해 설계한다. 질적 연구 방법은 연구와 관련된 대상 집단을 선정하고, 그 집단의 행위를 이해하기 위한 연구를 설계한다.

일반적으로 연구 설계는 연구자가 제기한 연구 문제에 대한 결론을 이끌어 내기 위해 필요한 논리적 연결이라고 볼 수 있다. 연구 설계는 사회 · 문화 현상 연구가 결론에 도달하는 과정이 얼마나 객관적이고, 다른 사람이 보아도 타당하다고 인정할 정도인지를 보여주기 때문에 매우 중요한 활동이다.

연구 설계 과정에서는 연구 주제에 적합하다고 판단되는 연구 대상을 상대로 특정한 자료 수집 방법이 연구자에 의해 결정되기 때문에 가치가 개입된다고 볼 수 있다.

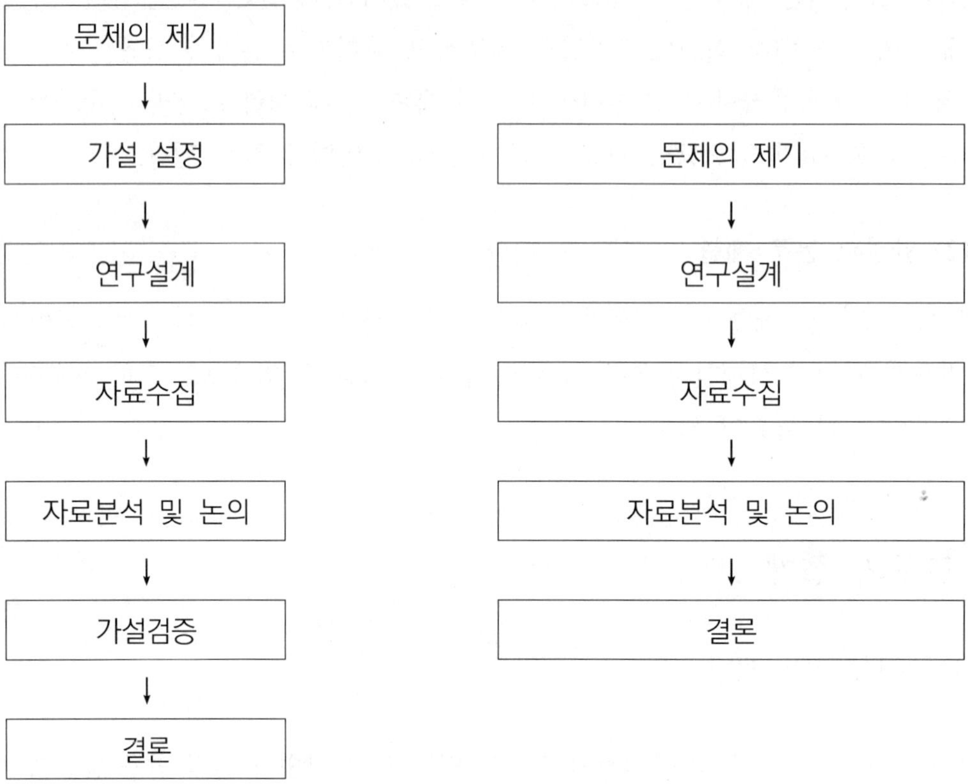

〔그림 2-2〕 양적연구 방법의 절차

2) 연구설계의 타당성

연구설계의 타당성은 연구방법론상의 건전성이나 적합성을 뜻한다. 이는 경험적 조사연구를 통하여 인과관계를 진실에 가깝게 추론하는가 하는 정도를 나타낸다는 개념으로, 내적 타당성과 외적 타당성으로 구분된다. 그렇지만 내적타당성과 외적타당성은 서로 상충관계에 있다. 그러므로 조사목적에 따라 그 접점을 찾아야 한다(김명호 외, 2016).

(1) 내적타당성(內的妥當性)

① 내적타당성의 개념

실험 또는 연구 조사를 통해 도출한 결과가, 실험 또는 연구 조사에서 연구 목적에 맞게 의도적으로 처리한 변인에 의해 기인된 것이라고 볼 수 있는 정도나 성질을 의미한다. 이는 변수 사이의 인과관계를 추론하여 그것이 실행에 의한 진정한 변화에 의한 것인지를 판단하는 인과조건의 충족정도, 즉 논리적 타당성을 의미한다. 따라서 논리적 타당성이 높으면, 내적타당성도 높다고 할 수 있다(김명호 외, 2016).

또한 내적타당성을 높이기 위해서는 외생변수를 잘 통제하는 것이 필요하다. 그리고 종속변수가 독립변수 이외의 외생변수에 의해 영향을 받았다고 한다면, 이 실험은 내적타당성이 있다고 할 수 없다(김명호 외, 2016).

② 내적타당성의 저해요인(김명호 외, 2016)

㉮ 표본선택의 편향: 표본선택의 잘못이 실험의 타당성을 저해하는 것을 의미한다.

㉯ 시험효과: 처음 측정한 값의 영향으로 두 번째 측정값이 다르게 나타나는 효과로, 학습효과라고도 한다.

㉰ 측정수단의 변화: 측정하는 도중에 측정자, 측정도구 그리고 측정방법 등이 변화하여 측정값이 변화하는 것을 의미한다.

㉱ 통계적 회귀(回歸): 종속변수의 변화가 독립변수의 처치가 아니라 회귀현상에 의하여 발생되는 경우를 의미한다.

㉲ 실험대상의 탈락: 조사 기간 중 피실험자의 일부가 실험에서 탈락함으로 인(因)하여 결과에 영향을 미치게 된다.

㉳ 실험집단과 통제집단의 상이성(相異性): 이질적인 집단이나 무작위 추출(抽出)에 의한 실험집단과 통제집단의 동일화(同一化)가 이루어지지 않을 경우 발생한다.

(2) 외적타당성(김명호 외, 2016)

① 외적타당성(外的妥當性)의 개념

어떤 특수한 연구에서 도출된 연구 결과를 다른 맥락이나 상황의 피실험자에게도 일반적으로 적용할 수 있는지를 구분하는 정도를 의미한다.

② 외적타당성의 저해요인

㉮ 표본의 대표성 결핍: 잘못된 피실험자의 선정으로 인한 외적타당성이 손상을 입을 수 있으며, 피실험자들의 선정이 그들의 자발적인 지원에 의존한다면, 집단의 대표성이 의문시 될 수 있으며, 모집단을 대표할 수 있는지의 문제도 있다.

㉯ 실험조사의 반응효과(反應效果): 피실험자 스스로 실험의 대상이 되고 있음을 인식할 때 나타나는 결과를 모집단에 실험조작의 반응효과로 일반화 하여도 되는가의 문제가 있다.

㉰ 사전검사와 실험처치간의 상호작용: 사전검사나 순차적 실험처치들은 피실험자 자체의 반응특성을 변화시킴으로써 실험의 외적타당성을 손상(損傷)시킬 수 없다.

㉱ 반복적인 실험조작의 노출 영향: 같은 집단에 여러 번의 실험조작을 통해 피실험자가 실험에 익숙해져서, 실험조작에 노출되지 않은 모집단과는 상이(相異)한 결과가 나올 수 있다. 그러므로 이를 모집단에 적용하여도 무방한가의 문제가 있다.

4. 실증적 연구의 설계과정

사회학의 연구방법에는 두 가지가 있다. 그 두 가지는 실증적 연구와 해석적 연구가 있다.

사회현상과 자연현상을 같다고 전제하에 두는 자연과학적 방법론에 기초해서 연구하는 실증적 연구방법과 사회현상은 주관적으로 의도된 의미의 세계이므로 자연과학관ㄴ 다른 방법으로 연구해야 한다는 해석적 연구방법으로 나눌 수 있다.

1) 실증적 연구

(1) 실증적 연구의 개념

실증적 연구는 객관적이고 가치 중립적인 입장에서 과학적 절차와 방법에 의해 경험적인 자료를 분석하여 사회, 문화현상에 관한 보편적인 규칙성과 법칙성을 설명하려는 연구를 의미하며, 사회과학 분야와 자연과학 분야의 연구들이 대부분 해당된다. 그리고 실증적 연구를 다른 말로 일원론적 방법이라고도 한다.

(2) 실증적 연구의 장점

① 계량화된 자료의 차이는 물론 차이의 정도를 나타낼 수 있으므로, 정밀한 연구라고 할 수 있다. 그러므로 정확하고 정밀한 연구가 가능하다.
② 체계적인 방법으로 자료를 수집하여 발달된 통계적 분석기법을 이용할 수 있다. 그러므로 법칙의 발견이 용이하다.
③ 수량으로 표현할 수 있는 자료를 많이 사용하며, 이로 인해 수량화와 계량화가 가능하다.
④ 경험적 연구를 통한 법칙발견을 가능하게 할 뿐만 아니라 사회현상을 정확하고, 정밀하게 측정할 수 있도록 해주며, 통계적인 연구를 가능하게 해준다.
⑤ 객관성 확보에 유리하다.
⑥ 인과관계가 명확하며, 관계의 설명과 예측이 가능하다.
⑦ 가설의 검증과 법칙의 발견에 유리하다.

(3) 실증적 연구의 단점

① 우리 주변의 사회문화 현상을 모두 수량화, 계량화 할 수 있는 것은 아니다. 즉, 계량화하기 어려운 연구에는 부적합하다.
② 사회현상을 기계적으로 이해하려는 시도는 공감을 받기 어렵다.
③ 인간의 자율성을 무시하고 간과(看過)한 채 수치(數値)로만 접근한다.

2) 실증적 연구의 설계 과정

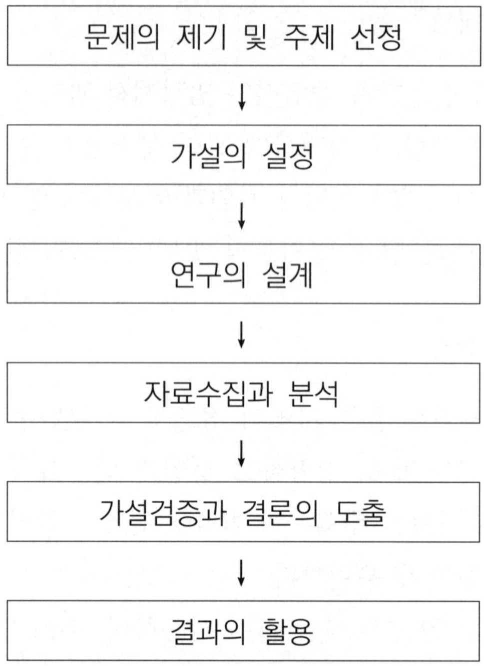

자료: 김명호 · 김수한(2016). 『논문작성의 이해와 실제』, 서울: 도서출판 두남, p.79.

〔그림 2-3〕 실증적 연구설계

실증적 연구방법을 통하여 사회 · 문화 현상의 연구에 객관성을 확보할 수 있으며, 또한 다양한 상황에 적용 가능한 법칙을 알게 되어, 일반적인 실증적 연구의 설계과정을 다음의 〔그림 2-3〕에 나타낼 수 있다.

(1) 문제의 제기 및 주제 선정

문제의 제기는 논문의 서론에서 맨 처음 나오는 순서로 연구자가 쓰고자 하는 연구의 관심으로부터 문제가 제기되고, 또한 논제가 선정된다. 일반적으로 사회과학 연구의 대부분이 기존의 연구[117]로부터 주제가 도출된다. 그 이유는 통계적으로 검정

117) 논제를 정하기 전(前)에 연구자는 자신의 관심으로부터 논제가 결정(決定)된다. 그러나 연구자가 실제로 자신의 관심사로부터 논제를 결정하여 논문을 쓰게 되면 뭔가 어색하게 된다. 이 경우 타인이 먼저 연구한 선행연구를 검토하고 자신이 결정된 논제와 비교 · 검토하여 논제를 정하면 효율적으로 논문을 작성할 수가 있을 것이다.

이 가능하기 때문인 것이다.

(2) 가설의 설정

가설의 설정은 귀무가설과 대립가설을 이용한다. 귀무가설은 H_0(Null Hypothesis)라고 하며, '두 집단 평균의 차이가 없다' 즉, '$\mu_1=\mu_2$'와 같이 모수의 값을 '='로 지정하는 가설이다. 여기서 귀무가설은 반드시 '같다(=)'로 설정되어야 한다. 그리고 대립가설은 H_1으로 표기하며, 이것은 H_0와 구별하기 위해서이다. 대립가설에서 '두 집단 평균의 차이가 있다' 즉, '$\mu_1 \neq \mu_2$'라고, 귀무가설과는 정반대의 내용을 제시한 가설이다(김명호 외, 2016).

일반적인 연구에서는 유의수준(α) 5%[118]를 사용한다.

(3) 연구의 설계

연구의 설계과정에서는 개념의 조작적 정의와 세부실행 계획을 세운다.

① 개념의 조작적 정의

가설에서 설정한 추상적 개념을 측정 가능한 개념으로 정의하는 것으로서, 추상적 개념(抽象的 概念)의 속성(屬性)을 보여주는 구체적인 지표(指標)를 설정한다.

② 세부실행 계획

연구의 대상과 자료의 수집방법, 분석방법, 연구기간, 비용 등 연구를 수행하는데 필요한 세부적인 계획을 세운다.

(4) 자료수집과 분석

조작적으로 정의된 개념에 따라 실제 현실에서 존재하는 경험적인 자료를 수집하는 과정이다. 이는 양적자료의 수집을 위해 질문지법이나 실험법을 활용한다. 또한 수집된 자료를 정리하여 분석하는 과정으로서 통계기법을 이용하여 독립변수와 종속변수간의 관계를 살펴본다.

---

118) 여기에서 5%의 값은 절대적인 근거는 없다. 논문에 따라 1%, 0.1% 등으로 설정할 수도 있다. 즉, 유의수준의 값은 분석하는 연구자가 자유롭게 결정할 수 있다.

(5) 가설검정과 결론의 도출

통계적 가설검정에서는 귀무가설을 직접적인 검토의 대상으로 한다. 여기서 '두 집단 평균의 차이가 있다($\mu_1 \neq \mu_2$)'는 경우의 수가 무한하므로 모두 증명할 수 없지만, '두 집단 평균의 차이가 없다$\mu_1 = \mu_2$'는 것은 쉽게 증명할 수 있다는 것이 통계학의 성질이다. 즉, 연구자는 대립가설(對立假設)[119]을 주장하고 싶지만, 그것을 증명할 방법이 없으므로 귀무가설을 검토하며, 그것을 검토한 결과, 귀무가설(歸無假說)[120]이 잘못되었다고 생각되면, 그것과 정반대의 내용인 대립가설을 옳은 것으로 본다(김명호 외, 2016).

이와 같이 분석결과에 따라 가설의 타당성을 평가하고, 가설의 수용여부를 결정하여 연구의 결론을 끄집어낸다. 또한 이론적 안목(眼目)과 통찰력(洞察力)으로 분석결과를 해석하고, 연구에 대한 의의를 찾아야 될 것이다.

그렇지만 설정된 가설을 결과에 맞게 수정해서는 안 된다. 그리고 가설이 기각(棄却)되었을 때, 그 이유를 찾는 과정에서 새로운 이론의 제안과 정립이 가능하다(김명호 외, 2016).

(6) 결과의 활용

논문에서의 도출된 결과를 다른 상황에도 적용 가능한 일반화로 정립하여야 한다.

119) 대립가설(對立假說: alternative hypothesis, 기호 H_1) 또는 연구가설 또는 유지가설은 귀무가설에 대립하는 명제이다. 일반적으로 모집단에서 독립변수와 결과변수 사이에 어떤 특정한 관련이 있다는 꼴이다. 어떤 가능성에 대해 확률적인 가설검정을 할 때 귀무가설과 함께 사용된다. 이 가설은 귀무가설처럼 검정을 직접 수행하기는 불가능하며 귀무가설을 기각함으로써 받아들여지는 반증의 과정을 거쳐 받아들여질 수 있다. 대립가설은 양측대립가설과 단측대립가설이 있으며, 나중에 뒤에서 자세히 서술하기로 한다.

120) 귀무가설(歸無假說: null hypothesis, 기호 H_0) 또는 영 가설(零假說)은 통계학에서 처음부터 버릴 것을 예상하는 가설이다. 차이가 없거나 의미 있는 차이가 없는 경우의 가설이며, 이것이 맞거나 또는 맞지 않다는 통계학적 증거를 통해 증명하려는 가설이다. 예를 들어 범죄 사건에서 용의자가 있을 때 형사는 이 용의자가 범죄를 저질렀다는 추정인 대립가설을 세우게 된다. 이때 귀무가설은 용의자는 무죄라는 가설이다. 나중에 뒤에서 자세히 서술하기로 한다.

5. 자료수집 방법의 결정

1차로 자료를 수집하는 방법에는 서베이법(survey method), 관찰법, 실험법이 있다.

1) 서베이법

(1) 개념

① 다수의 응답자들을 대상으로 직접 질문을 하거나 설문지 또는 컴퓨터를 통하여 자료를 수집하는 방법이다.
② 조사문제가 정확히 정의된 경우에 사용된다.
③ 질문의 내용은 사전에 준비되고, 정해진 순서에 따라 질문이 행해지므로 구조화되고 정형화된 설문지를 사용한다.
④ 서베이법은 설문지를 잘 만들어야 하며, 무엇보다도 응답자의 오해가 없어야 한다. 그리고 응답자의 생각을 유도하는 질문은 절대로 하지 말아야 한다.

(2) 서베이법의 진행방식

① 면접원관리 서베이: 면접원이 응답자에게 질문을 읽어주고 응답을 기록하는 방법이다.
② 자기관리 서베이: 응답자가 직접 질문을 읽고 응답을 기록하는 방법이다.

(3) 서베이의 장점

① 큰 규모의 표본으로 조사결과의 일반화의 가능성이 높다.
② 다양한 측면에서 차이분석이 가능하다.
③ 자료수집과 코딩, 그리고 분석이 용이하다.
④ 계량적 방법으로 분석하여 객관적 해석이 가능하다.
⑤ 직접 관찰할 수 없는 요인(要因)·동기(動機) 또는 개념의 측정이 가능하다.

(4) 한계점

① 설문지 개발에 어려움이 있다.
② 탐사방식에 의한 깊이 있는 질문이 불가능하다.
③ 조사에 오랜 시간이 소요되며, 응답률이 낮다.
④ 응답의 정확성에 문제가 있다.
⑤ 부적절한 통계기법 사용 시 문제가 될 수 있다.
⑥ 부정확하고, 성의 없는 응답을 할 가능성 있다.

(5) 서베이법의 유형

서베이법을 분류하면 대인인터뷰법, 전화인터뷰법, 우편서베이법, 컴퓨터 서베이법으로 나뉜다. 대인인터뷰법과 전화인터뷰법은 면대면 방식이라고 할 수 있으며, 우편서베이법과 컴퓨터 서베이법은 응답자가 질문지를 보고 답하는 방식이다.

① 대인인터뷰법

대인인터뷰법은 훈련된 면접원이 응답자를 만나 자료를 수집하는 방식이다. 이는 가정 또는 사무실을 방문하거나, 또는 백화점과 상가에 쇼핑하러 온 사람들을 대상으로 면접원이 직접 만나서 인터뷰를 하는 방법을 뜻한다.

대인인터뷰법에는 방문인터뷰와 몰인터뷰(Mall-intercept)가 있으며, 본 장에서는 대인인터뷰를 소개하기로 한다.

㉮ 대인인터뷰법의 장점
㉠ 응답률이 높으며, 길거나 복잡한 질문의 전달이 가능하다.
㉡ 또한 이해를 돕기 위한 여러 가지 준비한 시각적 자료를 보여줄 수 있다.
㉢ 응답자가 질문의 내용을 잘 이해하지 못하면, 이해를 도와주며 정확하고 상세하게 설명해 줄 수 있다.

㉯ 대인인터뷰법의 단점
㉠ 비용이 많이 소요된다.

㉡ 응답자를 만날 수 있는 사람이 한정적이다.

㉢ 면접원의 언변능력 및 성향에 의해 오류가 발생할 수 있다.

방문인터뷰의 장점과 한계점을 표로 간단하게 요약하면 다음과 같다.

〈표 2-2〉 방문인터뷰의 장점과 한계점

장점	한계점
상대적으로 높은 응답률	접촉범위의 한계
정확한 응답	면접원 통제가 어려움
탐사질문의 가능	높은 자료수집 비용
애매모호한 질문을 명확히 할 수 있음	면접원 편견이 높음

② 전화인터뷰법

전화인터뷰법은 면접원이 전화를 이용하여 직접 인터뷰하는 방법과 컴퓨터가 전화를 걸어 질문하고 이에 응답자가 답변하는 방법이 있다.

㉮ 전화인터뷰 장점

㉠ 비교적 비용이 저렴하다.

㉡ 조사가 신속하게 이루어진다.

㉢ 면접원의 통제가 용이하다.

㉣ 접촉할 수 있는 인원 수, 또는 범위가 폭이 넓다.

㉯ 전화인터뷰 단점

㉠ 시각자료의 이용에 어려움이 있다.

㉡ 복잡하거나 긴 내용의 질문을 하기 어렵다.

㉢ 면접원에 의한 실수로 오류(誤謬)가 발생할 수 있다.

③ 우편서베이법

우편서베이법은 우편을 통하여 설문지를 보내고 다시 받아보는 방법을 말하며, 요즈음은 이메일(E-mail)을 통하여 설문지를 보내어, 답변을 받는 방법이 많이 상용화(常用化)되고 있다.

㉮ 우편서베이의 장점

㉠ 익명성의 보장으로 편안하게 작성될 수 있다.

㉡ 비용이 비교적 저렴하다.

㉢ 면접원에 의한 실수가 없으므로, 오류가 없다.

㉣ 응답자의 폭의 범위가 광범위 하다.

㉤ 응답자가 자신이 원하는 속도로 응답이 가능하다.

㉯ 우편서베이의 단점

㉠ 전체적인 응답률이 낮다.

㉡ 시간의 소요가 많다.

㉢ 복잡하거나 긴 내용의 질문을 하기 어렵다.

㉣ 응답자가 질문의 순서를 무시할 가능성이 높다.

④ 컴퓨터 서베이법

컴퓨터 서베이법은 컴퓨터통신을 이용한 설문방법이다. 이는 데이터베이스와 연계되어 설문 결과가 자동으로 처리되는 웹서베이가 일반적이다(김명호 외, 2016).

㉮ 컴퓨터 서베이법의 장점

㉠ 면접원에 대해 오류가 없다

㉡ 접촉할 수 있는 응답자의 수(數)와 그 범위가 넓다

㉢ 자료의 수집 및 분석이 자동으로 이루어지므로 결과물을 쉽게 확인할 수 있다.

㉣ 응답자가 익명으로 되어 있어 익명성이 보장된다.

㉤ 신속한 조사로 이루어진다.

㉥ 응답자가 자신의 속도로 응답할 수 있어 속도조절이 가능하다.

㉯ 컴퓨터 서베이법의 장점

㉠ 복잡하거나 긴 내용을 질문하기 어렵다.

㉡ 전체적인 응답률이 낮다.

㉢ 응답자가 질문의 난해함을 이해하지 못하게 될 경우, 설명할 수 없다.

㉣ 인터넷 사용에 익숙한 집단만 응답이 가능하다.

(6) 서베이법 결정 시 고려요인

① 조사비용

② 시간

③ 응답자의 설문의 누락 여부

④ 일반화 가능성: 큰 표본이 필요

⑤ 질문항목의 수

⑥ 과업의 실험적 성격

⑦ 민감한 주제

⑧ 지역적 분산 정도

(7) 서베이법의 경우 발생가능 오류

① 표본추출오류: 정의된 표적모집단에서 추출한 표본이 그 모집단을 대표하지 못함으로써 발생하는 오류를 말한다.

② 비표본추출오류: 표본추출방법에서 발생하는 오류 이외의 모든 오류를 말하며, 다음과 같다.

㉮ 응답자 오류: 무응답오류와 응답오류

㉯ 측정 및 설문지 오류: 척도오류와 설문지오류

㉰ 관리적 오류: 면접원오류 및 모집단 정의 오류

㉱ 분석 및 해석 오류: 자료분석오류 및 해석오류

2. 관찰법

1) 개념

관찰법이란 질문과 답변을 통하여 정보를 수집하는 것이 아니라 응답자의 행동과 태도를 조사자가 관찰하고 기록함으로써 정보를 수집하는 방법이다. 즉 관찰법은 행동패턴을 기록하고 분석하여 조사대상에 대해 체계적인 지식을 얻는 방법으로, 관찰대상이 되는 사람이 관찰되고 있다는 사실을 모르게 하는 것이 중요하다.

또한 자신이 인식하지 못한 행동의 패턴을 조사하는 것으로 응답자와의 어떠한 커뮤니케이션도 없이 오직 관찰에 의해서만 정보를 수집하는 방법이라고 할 수 있다.

2) 관찰법의 종류(김명호 외, 2016)

(1) 공개적 관찰과 비공개적 관찰

① 공개적 관찰: 관찰대상자가 자신이 관찰되고 있다는 사실을 아는 관찰로, 널리 사용되지 않는다.

② 비공개적 관찰: 관찰대상자가 자신이 관찰되고 있다는 사실을 모르는 상황에서 관찰되는 방법으로, 일반적으로 사용되고 있다.

(2) 구조화된 관찰과 비구조화된 관찰

① 구조화된 관찰: 미리 관찰할 내용을 정확히 결정하여 표준화된 양식에 따라 관찰된 사실을 기록한다. 그러므로 효율적인 관찰이지만, 단점은 사전에 미리 예상하지 못한 행동관찰을 하지 못한다는 것이다.

② 비구조화된 관찰: 표준화된 양식을 사용하지 않는 관찰로, 탐색조사에 적합하다. 그러나 관찰자의 편견이 개입될 가능성이 크다.

(3) 자연상태 관찰과 인위적 환경관찰

① 자연상태관찰: 자연스런 측면의 환경에서 관찰하는 것으로, 특정행동을 관찰하

는데 많은 시간과 노력이 필요하며, 또한 외적 타당성이 높다.

② 인위적 환경관찰: 자연상태관찰과는 다르게 인위적으로 만든 실험실과 유사한 환경에서 대상자의 행동을 관찰하는 방법을 말한다.

3) 관찰법의 장 · 단점 및 한계점

(1) 관찰법의 장점

① 응답자가 조사에 응하고자 하는 응답의도에 신경 쓸 필요가 없다.

② 주로 행동으로 나타나므로, 면접자와 응답자 사이의 커뮤니케이션(communication) 과정에서 발생할 수 있는 잠재적인 조사오류와 오차를 줄일 수 있다.

③ 설문으로 묻기 어려운 행동도 측정이 가능하다.

④ 조사에 비협조적이거나 거부할 경우에 사용이 가능하다.

⑤ 의사소통보다 행동을 직접 관찰하므로 비교적 정확한 정보를 얻을 수 있다.

(2) 관찰법의 단점

① 응답자와의 직접적인 커뮤니케이션을 통해서만 알아낼 수 있는 인지나 신념 그리고 선호도와 같은 응답자의 심리적 특성들을 관찰할 수가 없다.

② 개인의 사적인 활동을 관찰하기 곤란하다.

③ 관찰하고자 하는 행동패턴이 자주 일어나지 않는 경우라면, 예상보다 많은 비용과 시간이 소요될 수 있다.

④ 관찰자에 따라 해석이 다를 수 있다.

⑤ 밖으로 드러나지 않는 문제들은 관찰이 불가능하다.

⑥ 관찰과 기록 중의 시차가 발생하여 정확성 떨어질 수 있다.

(3) 관찰법의 한계점

① 행동의 내면적 요인 측정이 불능하다.

② 소수 대상으로 하므로 일반화 하는 데에 한계가 있다.

③ 관찰시점 및 기록시점 차이에 따른 오차가 발생할 수 있다.

4) 새로운 관찰법

① 새도우 트래킹(Shadow Tracking): 소비자의 일상생활을 동영상 촬영을 통해 관찰하는 방법이다.
② 피어 새도윙(Peer Shadowing): 친구와 가족 등이 특정 소비자의 행동을 관찰하고 기록 및 촬영하는 방법이다.
③ 타운 워칭(Town Watching): 소비자를 만날 수 있는 장소에서 관찰 및 인터뷰하는 방법이다.
④ 홈 비지팅(Home Visiting): 조사대상 가정을 방문하여 관찰하고 인터뷰하여 가족 구성원들의 라이프스타일(life style) 및 제품 사용행태를 파악하는 방법이다.

3. 실험법

1) 개념

연구 대상을 둘 이상의 집단으로 나누어 실험 처치를 한 후에 그에 따른 변화를 관찰하여 자료를 수집하는 방법으로, 사회 · 문화 현상 연구에서는 문헌 연구법, 질문지법, 실험법, 면접법, 참여 관찰법 등 다양한 방법을 활용하여 자료를 수집한다.

실험법은 연구 대상을 둘 이상의 집단으로 나누어 실험 처치를 한 후에 그에 따른 변화를 관찰하여 자료를 수집하는 방법이다. 실험법은 주로 양적 연구 방법에서 사용된다.

예를 들어, 토의 수업이 학생들의 성적 향상에 미치는 영향을 알아보기 위해 성적이 비슷한 학생들을 A집단과 B집단으로 나눈다. A집단은 토의 수업을 하고, B집단은 기존의 방식으로 수업을 한다. 그런 다음 두 학급 학생을 대상으로 논술문을 적게 하는 수행 평가를 통해 점수를 낸 후에 두 집단의 평균을 비교할 수 있다.

위의 예시에서 A집단이 실험 집단이고 B집단은 통제 집단이다. 여기서 수업 방법은 독립 변수이고, 수행 평가를 통한 점수는 종속 변수이다.

실험법을 시행하기 위해서는 두 집단을 동일한 조건으로 정해야 한다. 이때 각 집단은 연구 대상인 모집단 전체를 대표할 수 있는 표본이어야 한다. 따라서 실험법에서 표본을 대상으로 인위적인 실험 상황을 만들고, 실험 집단에 가한 처치에 따른 변화를 통제 집단과 비교하여 자료를 얻는다.

실험법은 실증적이고 객관화된 자료를 수집하기에 적합하며, 실험에 사용한 처치와 실험 효과를 통해 인과관계를 설명하기가 좋다. 그렇지만 실험 과정에 다른 변수가 개입되는 것을 철저하게 통제하기 어렵고, 또한 여러 변수를 통제하여 실험하기에 결과를 일상에서 그대로 적용하기 어렵다는 한계가 있다.

즉, 실험법은 독립변인 외의 다른 변인을 통제한 후 독립변인을 인위적으로 처치하고 나타나는 종속변인의 변화를 파악하는 자료수집방법을 말한다. 실험법은 가장 엄격한 통제가 가해지며, 인간을 실험대상으로 활용해야 한다는 윤리적 문제가 발생할 수 있다. 이때 독립변인은 실험자가 실험조건으로 조작하는 변수를 말하며, 종속변인은 독립변인의 변화에 따라 값이 결정되는 다른 변인을 말한다.

2) 실험법의 장점 및 단점

(1) 실험법의 장점

① 인과 관계를 통해 법칙을 발견할 수 있다.
② 정확하고, 정밀하고, 객관성이 높은 결론을 도출할 수 있다.
③ 집단 간 비교 분석이 용이하다.

(2) 실험법의 단점

① 엄격하게 통제된 실험이 곤란합니다.
② 윤리적 문제가 발생할 수 있다.
③ 통제된 상황에서 실제 사회에 적용하기 힘들다.

제3부

실증분석

제 1 장

실증분석의 과정

제1절 모집단과 표본의 상관성

1. 모집단과 표본[121]

사회과학의 연구는 개인과 기업, 사회의 주변상황, 행동, 그리고 사고방식(思考方式) 등을 조사하고, 그 자료들을 수집하여 데이터(Data)화 한 것을 분석한다.

한편 사회는 개인에 의해 구성된다. 그러므로 사회의 전반적인 부분을 폭 넓게 알고 싶을 경우, 가능한 한 많은 대상자를 조사해야 한다.

조사대상의 인원수가 적으면, 조사대상자 모두를 조사하는 것은 그다지 어렵지 않다. 그러나 조사대상의 인원수가 많으면 많을수록 조사 인력과 비용, 그리고 많은 시간이 소요된다.

이와 같이 대규모의 조사작업을 실시하는 것은 많은 예산의 인력이 소요되므로, 집단 전체의 대상자를 모두 조사할 수 없으며, 대상자 가운데 일부를 추출하여 조사

121) 한국의 전체 인구 동향을 파악하기 위하여 통계청에서는 5년마다 한국에 거주하고 있는 모든 사람들을 대상으로 인구 주택 총 조사를 실시하고 있다. 이와 같이 통계 조사에서 조사 대상이 되는 자료 전체를 조사하는 것을 전수조사라 한다. 그런데 여론 조사와 같이 비용이나 시간 면에서 전수조사가 불가능한 경우도 있고, 파괴검사와 같이 검사를 받은 제품을 상품으로 판매할 수가 없기 때문에 전수조사가 불가능한 경우도 있다. 이러한 경우에는 조사하고자 하는 집단으로부터 일부 대상을 뽑아 조사하고, 그 결과로부터 전체 집단의 성질을 추측하는 방법을 사용한다. 이러한 방법을 표본조사라 한다.
통계 조사에서 조사하고자 하는 집단 전체를 모집단이라 한다. 그리고 모집단에서 뽑은 일부의 자료를 표본이라 하고, 표본에 포함된 자료의 개수를 표본의 크기라 한다. 그리고 모집단에서 표본을 뽑는 것을 추출이라 한다.

하는 것이 일반적이다. 여기서 조사의 대상이 되는 집단 전체를 '모집단(母集團, population)', 모집단 가운데서 선정된 조사 대상을 '표본(標本, sample)'이라고 한다. 이러한 표본에 의한 연구의 필요성을 열거하면 다음과 같다.

1) 비용과 시간의 절약: 모집단 전체를 관찰하는 것 보다 일부분인 표본을 관찰하는 것이 비용, 또는 시간측면에서 부담이 적다.

2) 불가능한 조사의 모집단: 모집단의 덩어리가 큰 무한집단일 경우나 또는 그렇지 않은 경우라 하더라도 그것이 불투명한 경우에는 모집단 전체를 조사하는 것이 불가능하므로 표본을 추출하여 조사해야 한다.

3) 표본의 정확성: 표본을 추출하여 조사하는 것이 모집단 전체를 관찰하는 것보다 더 정확할 수 있다. 이는 실제로 모집단 전체에 대한 분석은 표본검사보다 정확하지 않을 경우가 많다. 이는 100% 수작업에 의한 검사는 표본검사보다 부정확한 것으로 밝혀졌다. 그 이유는 검사자의 계속되는 지루함, 피로 등으로 인해 검사물을 형식적으로 합격, 불합격을 판정할 수 있기 때문인 것이다.

4) 파괴적인 검사: 가끔 조사하는 행위가 조사대상(물)의 형질을 변형시켜야 할 경우에 표본조사를 실시한다. 예를 들어, 어느 휴대폰 회사에서 매월 수백만 개의 부품을 하청업자로부터 공급받는데, 이들의 품질을 검사하려고 부품을 모두 분해하여 시험하면 부품을 못 쓰게 된다. 이때 검사자는 하는 수 없이 표본을 추출하여 검사하게 된다.

2. 표본추출 방법

표본추출은 조사 대상인 모집단으로부터 표본을 추출하는 것을 말하며, 표본을 구성하는 원소들의 수를 '표본의 크기'라 한다.

표본추출방법은 일반적으로 확률표본추출과 비확률표본추출법으로 나누어진다.

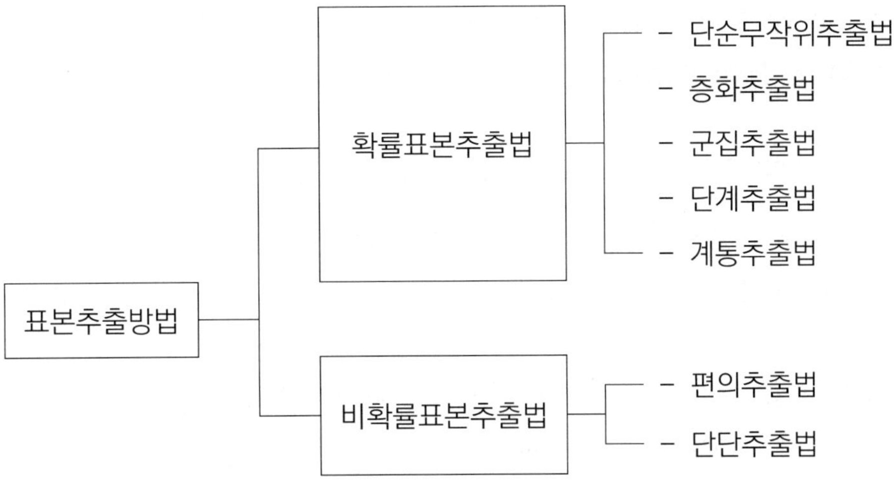

자료: 김명호 외(2016). 『논문작성의 이해와 실제』, 서울: 두남출판사, p.93을 참고로 저자 재작성.

〔그림 1-1〕 표본추출방법

1) 확률표본추출법(김명호 외, 2016)

확률표본추출법(probability sampling)은 모집단 안에 있는 모든 구성분자들이 똑 같이 표본으로 선택될 가능성이 있도록 하는 표본추출방법으로 선정된 표본이 모집단에서 확률적으로 공정하게 대표할 수 있도록 임의로 추출하는 방법으로, 무작위 표본추출법(random sampling)이라고도 일컫는다[122].

확률표본추출의 방법을 소개하면 다음과 같다.

(1) 단순무작위추출법(SRS : simple random sampling)

임의 표본추출법으로서 가장 기본적인 방법으로, 모집단 전체의 일련번호를 부여해서 표본조사 틀을 만든 후, 난수표 등을 이용하여 각 개체가 뽑힐 가능성이 동일하게 되게끔 표본을 추출하는 방법이다. 장점으로는 모집단에 대한 사전 지식이 불필요하며, 추출기회가 동등하고 독립적이기 때문에 추출된 표본의 대표성이 높으며, 자료의 분류에 있어 오자의 개입이 적다. 반면에 단점으로는 모집단에 대해 가지고 있

122) 일반적으로 통계학에서는 표본을 추출할 때 확률표본추출을 전제로 하고 있다. 그 이유는 이 방법은 모집단의 각 구성분자가 표본에 포함될 확률이 얼마인가를 알 수 있도록 해줌으로써 추출과정에서 생길 수 있는 오차의 정도를 예측할 수 있기 때문이다.

는 지식을 활용할 수 없으며, 비교적 표본의 규모가 커야 한다. 또한 표본프레임의 작성이 어렵다는 것이 단점이다.

(2) **층화추출법**(STS: stratified sampling)

표본을 뽑기 전에 모집단을 서로 겹치지 않는 여러 개의 층으로 분할한 후, 각 층에서 단순무작위추출법에 따라 배정된 표본을 추출하는 방법으로, 층별추출법이라고도 한다.

장점으로는 중요 집단은 빼놓지 않고 표본에 포함시킬 수 있으며, 동질적 대상은 표본의 수가 적어도 대표성이 높다. 또한 각 층의 특성에 대한 추정과 비교가 가능하다. 그리고 단점으로는 원형으로 복귀하기 어려우며, 층화 시 시간과 노력이 소요되며, 모집단에 대한 지식이 필요하다는 것이 단점이다.

(3) **군집추출법**(CLS: cluster sampling)

집락추출법이라고도 하며, 모집단을 서로 인접한 기본단위들을 묶어 집락을 구성하여 먼저 집락을 추출하고 추출된 집락 내의 일부 또는 전체를 조사하는 방법이다.

장점으로는 모집단의 목록이 없을 때 이용. 현지조사 비용을 절감하며, 각 군집의 속성으로 모집단의 속성을 추측한다. 또한 단점으로는 각 군집의 이질성을 확보하기 위한 분류의 기준 설정이 어려우며, 확률표본추출에 비해 표본오타가 더 커질 가능성이 있다.

(4) **단계추출법**(stage sampling)

전술한 군집추출법의 문제점을 보완하기 위해 만들어진 방법으로, 표본추출과정을 몇 단계를 거쳐서 최종표본이 선택되도록 하는 방법으로 예를 들어 요양보호사들의 임금을 조사하고자 할 때, 1단계로 전국에서 몇 개의 시(市)에서 추출하고, 2단계에서는 1단계에서 추출한 시 가운데 몇 개의 구(區)를 추출하는 것을 말한다. 그리고 3단계에서는 추출된 구에서 몇 개의 요양보호사들을 무작위로 추출하는 방법을 말한다.

(5) 계통추출법(SYS: systematic sampling)

계통추출법(SYS: systematic sampling)은 추출 틀에서 처음 S개 단위들 중에서 랜덤(random)하게 하나의 단위를 추출하고 그 이후 매 S번째 간격마다 하나씩의 단위를 표본으로 추출하는 표본추출방법이다. 즉, 모집단의 배열이 무작위로 되어 있을 때 이를 체계적으로 정리하여 표본을 일정한 간격으로 추출하는 것이다.

장점으로는 표본추출이 간편하고·단순무작위추출법의 대응으로 사용하며, 일반적으로 표본이 모집단에 고르게 퍼져 있어 전체를 잘 반영한다. 반면에 단점은 모집단 추출틀에 대한 추가적인 가정이 필요하며, 추출간격이 소수점으로 나타나면, 나머지 추출단위는 표본에서 제외되어야 한다.

2) 비확률표본추출법(non-probability sampling)

비확률표본추출법(non-probability sampling)은 연구자의 경험, 직관 또는 논리적 사고에 비추어 모집단을 대표할 만하다고 인정되는 추출단위를 뽑아서 조사하는 방법으로, 연구자가 임의로 모집단과 비슷하다고 생각되는 성격의 표본을 추출해 내는 것이다. 이는 모집단 내의 각 구성요소가 선택될 확률을 알 수 없으며, 모집단을 대표하는지에 대한 추정이 어렵다.

그러나 조사대상 모집단의 규모가 커서, 표본프레임을 입수하기가 쉽지 않은 상업적 조사에서 사용된다.

비확률표본추출법이라고 해서 무조건 배척할 필요가 없다. 비확률표본추출법에는 편의추출과 판단추출법이 있으며, 다음과 같다.

(1) 편의추출법(convenience sampling)

편의추출법(convenience sampling)은 연구자 자신이 모집단으로부터 가장 손쉽게 얻을 수 있는 구성분자를 선택하여 표본으로 간주하는 방법이다. 이는 가장 간단한 형태 외 임의로 선정한 지역과 시간대에 조사자가 원하는 사람들로 표본을 선택하는 방법으로 언론매체를 통해 '앙케이트조사'라는 형식으로 사용되지만, 공공적이거나 학술적 연구에는 널리 활용되지 않는다.

장점으로는 표본추출의 비용이 거의 들지 않으며, 실제 조사까지의 제반 절차가 매우 간단하다. 그러나 단점으로는 추출된 표본이 모집단을 대표하지 못하며, 응답을 거부하는 사람들의 특성이 반영되지 못한다.

(2) 판단추출법(judgement sampling, purposive sampling)

판단추출법(judgement sampling)은 모집단의 성격에 대하여 전문지식이 있는 사람이 자신의 판단에 따라 가장 효과적이라고 생각되는 표본을 의도적으로 선정하려는 것이므로, 이를 의도적 추출법(purposive sampling)이라고도 한다. 이는 조사문제를 잘 알고 있거나 모집단의 의견을 반영할 수 있을 것으로 판단되는 특정집단을 표본으로 선정하는 방법이며, 모집단의 성격이 매우 이질적이거나 표본을 아주 적게 뽑을 때 효과적으로 이용된다.

장점으로는 적은 비용으로 의미 있는 자료를 수집할 수 있으며, 표적집단면접(F. G. I: focus group interview)과 같이 본 조사실시 이전의 문제 발견을 위한 사전조사의 방법으로 널리 활용된다. 또한 모집단의 성격을 대표하지 못하는 것이 단점이라 할 수 있다.

3) 기타 추출법

(1) 비비례층화추출(proportional stratified sampling)

각층이 점하는 비례에 따라 각 층의 크기를 할당하여 추출하는 방법이다.

(2) 누적 표본추출(snowball sampling)

조사자가 적절하다고 판단되는 조사대상자들을 선정한 다음 그들로 하여금 또 다른 조사대상자들을 추천하도록 하는 방법이다. 처음에는 조사자의 판단에 따라 조사대상자들이 선정되므로 판단표본추출법의 일종이라 할 수 있다(예: 희귀유전병조사 등) 장점으로는 조사 대상이 희귀하거나 접근이 어려운 경우에 유용한 방법이라고 할 수 있다.

(3) 할당표본추출법(quota sampling)

미리 정해진 분류기준에 의해 전체 집단을 여러 소집단으로 구분하고 각 집단별로 필요한 대상을 추출하는 방법으로 일반적으로 가장 널리 사용된다. 또한 추출된 표본이 인구통계학적 특성에서 어느 한 부분으로 편중되지 않고 모집단의 특성이 적절히 반영되도록 모집단의 특성별 구성비에 비례하여 표본을 추출한다.

일반적인 설문면접대상자 선정은 연령, 성별, 소득 등에 의해 표본을 할당되어지며, 할당표집의 방법이 상업적인 마케팅조사에서 가장 널리 이용된다.

예를 들면 전화조사 및 여론조사에서 널리 채택하고 있는 조사이며, 인구통계적 특성(나이, 성별, 소득수준 등), 거주지를 중심으로 조사자가 표본의 크기를 할당(사전에 그룹화 정보 없이 모집단을 구분)하는 것이라고 할 수 있다. 장점으로는 모집단에 대한 대표성이 단수무작위표본에 비해 높다.

한계점으로는 할당표본추출을 하기 위해서 모집단의 특성에 대한 사전지식에 필요하며 이를 전혀 모르는 경우 할당표본추출을 불가능하다.

제2절 설문조사의 개념과 방법

1. 설문조사의 개념

1) 설문조사의 목적(김명호, 2016)

조사응답자의 생각, 의도, 태도 등을 파악하기 위한 방법으로 측정할 수 없는 자료를 질문이나 문제를 만들어서, 대상자의 생각, 의도 태도를 데이터화하는 방법이다. 주로 설문지(질문지)척도를 이용하여 측정하는 방법을 적용한다.

또한 설문조사의 목적은 연구의 대상이 되는 모집단에게 질문을 한다라는 것보다는 그 중 일부 표본을 대상으로 질문을 하여 얻은 결과를 토대로 연구자 자신이 세운

가설을 검정하는데 있다.

2) 설문지 사용의 이유

설문지를 이용하는 이유는 조사결과의 비교 가능성을 높일 수 있고, 빠른 시간 내에 핵심적인 정보만 선별하여 객관적이고 정확한 정보를 얻을 수 있기 때문이다.

3) 설문지 작성 원칙

(1) 설문내용의 배치는 깔끔하게 보이도록 구성해야 한다. 설문지의 인쇄나 겉모양의 형태에 따라 설문지의 회수율이 저조할 수 있다.

(2) 설문은 모든 사람이 이해할 수 있도록 쉽게 구성해야 한다.

(3) 설문은 연구목적에 적합한 질문을 해야 하며, 가능한 짧고 명확하게 해야 한다.

(4) 지루하고 어려운 질문은 가운데에 배열한다. 설문지를 이미 어느 정도 응답을 한 상태이어서 계속 응답이 가능하다.

(5) 응답자에게 민감한 질문은 설문지 뒤쪽에 배열한다. 지금까지 응답한 노력으로 인해 계속 응답할 가능성이 높다.

(6) 동일한 척도 항목들은 모아서 배열한다. 동일한 척도항목을 모으게 되면, 척도에 대한 설명을 한 번에 끝낼 수 있어, 효율적이다.

(7) 인사말에 설득력이 있는 인사말을 넣어야 한다. 이는 응답력을 높이기 위해 응답자에게 조사의 목적과 필요성 등에 대해 설득력 있는 인사말을 하는 것이 필요하다.

(8) 설문은 응답자의 눈높이에 맞는 용어를 선택하는 것이 좋다. 너절하게 한자 등 이상한 용어는 가능한 피해야 한다.

(9) 답변이 쉬운 질문은 맨 앞에 배열한다. 개인적인 인적사항을 질문의 앞에 배열하여 응답자에게 부담없이 진행할 수 있도록 한다.

4) 피해야 할 설문지 어구

설문지의 문항을 작성하는데 있어 가능한 다음과 같은 어구의 구성은 피하는 것이 좋다.

(1) 질문이 긴 문항은 가능한 피한다.

(2) 짜증나고 지루한 이중 질문은 피한다.

(3) 응답자에게 위협을 느끼는 질문은 피한다.

(4) 애매모호(曖昧模糊)한 문장이나 이와 유사한 용어의 사용은 피한다.

(5) 속어나 저속적인 용어, 약어 그리고 전문용어의 사용은 피한다.

(6) 편견이나 도덕적·윤리적 편견을 요구하는 질문은 피한다.

(7) 질문에 대해 상세한 내용이나, 유도성 질문은 피한다.

5) 설문지 작성과정

설문지는 아무리 뛰어난 전문가라 하더라도 초안으로 의도된 자료를 얻을 수는 없다. 설문지를 작성하기 위해서는 설문지를 작성하기 위한 단계를 정해놓고, 각 단계별로 수시로 문제점을 파악하여 수정·보완해 나가야 나중에 발생할 수 있는 문제점들을 미리 줄이거나 막을 수 있게 된다.

설문지를 작성하기 위한 일반적인 단계는 다음과 같다.

(1) 필요한 정보의 결정

(2) 자료수집방법의 결정

(3) 개별항목의 내용 결정

(4) 질문형태의 결정

(5) 개별문항의 완성

(6) 질문의 수와 순서결정

(7) 설문지의 외형 결정

(8) 설문지의 사전조사

(9) 설문지 완성

4) 설문지의 작성 절차[123)]

(1) 연구목적 및 주제, 시간과 비용, 조사인력 등을 신중히 검토하여 적합한 자료수집방법을 결정한다. 자료수집방법을 먼저 결정하는 것은 자료수집방법에 따라 질문지의 형태와 설명정도가 달라지기 때문이다.

(2) 얻고자 하는 내용에 따라 질문의 내용을 결정한다.

① 응답자의 사회경제적인 내용: 성별, 나이, 혼인여부, 자녀, 교육수준, 직업, 소득, 가입단체 등

②가치관, 만족도, 어떤 현상이나 사실에 대한 믿음, 태도, 느낌 등

(3) 자료수집방법과 질문의 내용에 따라 질문의 방법과 형식, 문항의 배열순서에 대하여 생각한다. 대개 응답자의 사생활에 대한 질문은 어느 정도 대화 분위기가 조성된 이후에 하는 것이 좋다. 즉, 제일 뒷부분에 배치하는 것이 적합하다.

(4) 구체적인 질문문항들을 배열하여 질문지 초안을 만든다. 좋은 질문지는 몇 번의 검토작업을 통해서 얻어지게 된다. 따라서 질문지를 만드는 데는 충분한 시간적 여유가 필요하다.

---

123) 설문조사의 절차는 연구자마다 약간씩 다르다. 그렇지만 일반적으로 다음과 같은 과정으로 이루어진다. 본문에서 상세하게 설명한다.
1) 연구 주제의 결정
2) 조사설계:
- 개념(조사목적, 가설의 설정)
- 조사일정
- 예산
3) 표본의 선정
4) 자료수집
5) 사전조사 및 설문지 확정
6) 본조사의 실시
7) 설문지 입력 및 관리
8) 자료분석
9) 보고서 작성
10) 평가
등의 과정으로 구성된다.

(5) 질문지가 일단 만들어지면 인사말과 응답요령을 준비한다.

(6) 질문내용을 검토 보완한 후 사전조사를 실시한 후 질문지를 재수정한다. 사전조사를 통하여 질문지의 내용의 타당성, 조사상의 문제점 등을 알아볼 수 있다.

(7) 가능하면 부호화를 위한 지침이나 사전에 부호화의 틀(frame)을 마련하는 것이 좋다.

(8) 질문지를 보기 좋은 모양으로 인쇄한다. 인쇄를 할 때는 약 20%의 여유를 가지고 하는 것이 좋다.

6) 설문지 작성 시 고려사항

(1) 가치중립성

질문을 만드는데 있어서 가장 중요한 것은 조사자의 가치판단을 배제하고 중립적인 질문이 되도록 질문을 만드는 것이다.

(2) 균형성

상반된 의견이 있을 수 있는 질문을 할 경우에는 어느 한쪽으로 치우치지 않도록 같은 비중으로 다루어 주어야 한다. 예를 들면 "노인을 학대하는 것은 곤란하다고생각하십니까?"라는 이러한 질문은 균형성을 잃은 질문이다.

이러한 질문은 "노인의 학대에 대해 어떻게 생각하십니까?" 등으로 바뀌어야 한다.

(3) 응답범주

폐쇄형의 질문의 경우, 응답범주간의 거리가 동일하도록 해야 하며, 상반되는 응답간에는 균형이 유지되도록 보기를 주어야 한다.

예를 들면 "아주 잘함, 잘함, 보통, 못함" 등으로 응답범주가 구성되어 있는 경우에는 균형을 잃고 있으므로 "아주 못함"이라는 응답범주를 추가해야 한다.

일부 정치단체의 경우 불순한 목적아래 다음과 같은 항목을 만들어 조사하는 경우가 있다. 이러한 경우는 조사결과의 신뢰성이 매우 낮다고 볼 수 있다.

예를 들면 부동산 정책에 대해서 귀하는 어떻게 생각하십니까?

가. 매우 찬성　　나. 일부 찬성　　다. 중립　　라. 반대

※ 찬성 응답범주가 2개인 반면, 반대범주는 1개이므로 찬성을 유도하기 위한 질문이 된다.

(4) 질문은 간경하고 명료해야 한다.(간결성, 명료성)

(5) 질문은 응답자의 교육수준을 고려하여 사용하되 되도록 쉬운 단어를 사용해야 한다.

(6) 한 문항은 한 가지 내용만을 묻도록 하고, 복합적인 질문은 피해야한다. 두 가지 이상의 질문을 한 문항으로 묶어서 하게 되면, 응답에 어려움을 느낄 뿐 아니라 분석에서도 혼란을 초래할 수 있다.

(7) 가정을 전제로 한 질문이나 규범적으로 분명한 정답이 있는 질문은하지 않는 것이 좋다. 그리고 조사결과를 처리하기 편리하도록 각 응답지에 사전에 번호를 부여해 놓는 것이 편리하다.

7) 설문문항 내용의 결정 기준

(1) 꼭 필요한 내용인가?

불필요한 내용은 시간과 비용의 낭비를 가져오고 응답상의 부담을 주어 중요한 내용에 대한 응답상의 신뢰도가 떨어질 수 있다. 따라서 가능한 필요한 내용만을 선별하여 설문할 양(量)을 줄여야 한다.

(2) 한 개의 문항으로 충분한가?

특정 개념을 측정하기 위해서 하나의 문항으로 불충분한 경우에는 복수(複數)의 문항으로 질문을 할 필요가 있다.

(3) 응답자가 요구하는 정보를 알고 있을까?

응답자가 잘 모르는 내용은 질문해서는 안 된다. 잘 모르는 경우 엉뚱한 응답을 할 가능성이 높기 때문이다.

(4) 응답을 하는데 노력이 많이 들지 않을까?

응답자가 정보를 기자고 있더라도 응답을 하기 위해서 시간적으로 많은 노력이 필요하면 응답을 회피하거나 무성의한 응답을 할 가능성이 높다.

(5) 응답자가 기꺼이 정보를 제공할까?

정보를 가지고 있고 제공하는데 노력이 적게 든다 할지라도 여러 가지 문제로 인하여 응답을 해주려 하지 않은 경우에도 응답을 회피하거나 엉터리 응답을 할 가능성이 높다.

(6) 응답을 정확히 할 수 있을까?

정보를 제공하는데 위의 문제들은 없으나 정확히 응답할 수가 없는 경우가 있다. 그러므로 응답자의 특성에 따라 정확도를 잘 조정하여야 한다.

2. 설문조사의 절차

전술한 바와 같이 설문조사의 과정 즉, 절차는 연구자마다 조금씩 상이하다. 그렇지만 일반적인 과정을 살펴보면 다음과 같다.

1) 연구주제의 결정

연구의 대상을 누구를 할 것인가? 또한 연구의 주제를 무엇으로 해서 조사할 것인지 결정한다.

2) 조사설계

(1) 개념

우리사회에서 일어나는 실제의 현상 및 상황을 파악하기 위하여 질문조사를 얼마나 정확하고 확실하게 할 수 있는지를 고민하는 단계이다. 그러나 응답자의 특성, 조사과정에서의 오류 및 실수 등으로 인해 조사과정에서의 오차(誤差)는 항상 발생할 수 있다. 그러므로 조사설계의 명확한 목적과 가설을 설정하는데 사전에 준비를 해야 한다.

① 조사목적: 조사가 필요한 배경 및 조사의 필요성에 대한 개괄적인 서술을 진행해 나간다.

② 가설[124]의 설정: 가설이란 자연 현상이나 사물을 관찰하며 의문이 생겼을 때, 그것에 대해 잠정적으로 결론을 내리는 것을 말한다. 이는 연구문제에 대한 잠정적인 대답으로, 그 검증결과에 따라 가설이 입증되기도 또는 기각될 수도 있다. 이러한 가설은 실험을 통해서 검증될 수 있어야 하고, 그 전까지는 사실로 인정되지 않는다. 가설은 과학적 지식과 경험 등을 통해 답을 얻어야 하므로 자료를 충분히 모으는 것이 좋다.

(2) 조사일정(김명호 외, 2016)

① 조사일정에 사전조사를 포함시킨다.

② 조사일정 중 실제 설문지를 만드는 기간 및 조사를 하는 기간은 여유 있고, 현실적으로 가능한 최적의 기간을 선정하여야 한다. 그 이유는 조사일정은 항상 예상보다 늘어나기 때문이다.

124) 가설의 수립은 주로 연역적 탐구 방법에서 사용된다. 이 방법은 문제 인식, 가설 설정, 탐구 설계, 탐구 수행, 결과 분석, 결론 도출 및 일반화의 단계를 거친다. 이 때, '가설 설정' 단계의 유무(有無)는 귀납적 탐구 방법과의 가장 큰 차이점이다. 연역적 탐구 방법은 가설을 검증하고 보편타당한 결론을 찾는 것이 목적이지만, 만약 결론과 가설이 일치하지 않는다면 가설을 수정하여 다시 실험하는 것도 가능하다

(3) 예산

예산은 주로 용역사업을 수행하는 경우에 필요하며, 여러 항목이 있지만 일반적인 사항을 보면 다음과 같다.

〈표 1-1〉 예산서

	항 목	내역	예산	비고
1	문헌조사비, 자료구입비			
2	설문 · 조사 자문비			
3	설문인쇄비			
4	조사대상자 선물비			
5	조사원 교육비			
6	조사원 활동비			
7	코딩 · 입력비			
8	통계처리비			
9	보고서 제작비(원고료)			
10	보고서 인쇄비			
11	평가 회의비			
12	세미나 비용			

자료: 김명호 · 김수한(2016). 『논문작성의 이해와 실제』, 서울: 도서출판 두남, p.102

3) 자료수집

(1) 조사계획서 및 설문지 작성

연구의 내용을 뒷받침할 수 있는 자료는 인터넷의 발달로 많은 자료들을 비교적 쉽게 획득할 수 있게 되었다. 따라서 연구의 주제나 가설에 의하여 이론의 배경이 되는 자료와 지금까지 연구된 연구 등을 수집하고 검토한다. 또한 수집한 자료를 반드시 체계적으로 정리하여야 한다.

① 조사계획서의 작성: 조사의 처음단계로, 조사의 목적 및 목표 또는 가설을 좀 더 구체화하여 서술한다. 그리고 조사내용, 조사방법, 조사일정, 예산, 조사자 투입, 이론적 배경(이론적 고찰), 조사분석의 방법과 조사설계 등에 관한 사항을 설정한다. 그리고 조사해야 할 모집단을 설정하고, 표본의 추출을 준비한다. 또한 조사에 필요한 예산과 인력 등에 대한 행정적인 조치를 취해 놓는다.

② 설문지 작성: 설문지는 가설을 구성하고 있는 변수(변인)들을 측정하기 위해서 피면접자를 위한 질문 등으로 구성된다. 따라서 설문지의 질문들은 연구의 가설을 검정하기 위한 질문에 초점을 맞추어서 작성하여야 한다. 더불어 설문지를 작성할 때는 다음과 같은 사항에 유의해야 한다.

㉮ 설문지의 문항은 인위적인 아닌 자연스럽게 배열한다.

㉯ 응답자의 특성을 고려하여 항목을 결정한다.

㉰ 되도록 편안한 질문부터 시작하며, 친절한 질문을 하도록 한다.

㉱ 유사하고 동일한 유형의 응답군이 되지 않도록 한다.

㉲ 문항은 논리적 질서에 따라 배치하며, 설문지의 양을 적절하게 조절한다.

㉳ 부정적 · 암시적인 질문은 되도록 피하며, 한 문항에 한 가지의 질문만 하도록 한다. 즉, 한 개의 문항에 여러 질문을 하면 응답자가 짜증나고, 피곤하여 끝까지 설문 작성이 어렵게 된다.

(2) 조사원 모집 및 교육

① 조사원의 자격과 조건을 반드시 홍보물에 명시하고, 조사원을 모집하여야 한다. 또한 선발된 조사원에게는 조사의 목적을 강조하고, 조사과정을 충분히 이해하도록 교육한다. 그리고 조사기간에 교육날짜를 포함하여 조사원에게 수당 등 금전적으로 지급해야 한다.

② 조사원이 자원봉사자로 구성될 경우에 조사원의 확보가 쉽지 않으며, 계속적으로 유지하기가 어렵다.

4) 사전조사와 설문지 확정(김명호 외, 2016)

(1) 사전조사: 본 조사의 축소판으로 본 조사에서 실시하는 것과 같은 절차와 방법으로 연구의 주제나 가설을 토대로 하여 설문지의 문제점을 찾아내는 것이 목적이다. 그리고 비용과 시간 등의 효율성 측면에서 소표본을 대상으로 조사하는 것이 일반적이다.

(2) 설문지 확정: 사전조사의 결과를 토대로 설문지를 수정한 후, 확정한다. 또한 설문지의 표지에는 조사기관, 조사목적, 조사대상, 응답이유, 비밀보장 등의 내용을 필히 기재하여야 한다. 그리고 확정된 설문지는 조사대상자의 수만큼 인쇄한다.

5) 본조사의 실시

확정된 설문지를 이용하여 조사대상자를 상대로 설문조사를 실시한다. 이런 상황에 조사일정에 착오(錯誤)가 생길 수 있다. 그러므로 충분한 기간을 갖고 조사하여야 하며, 연구자는 조사원과 설문지의 관리에 만전(萬全)을 기해야한다.

6) 설문지 입력과 관리

회수된 설문지에 기록된 답변 가운데 오자(誤字) 또는 알아볼 수 없는 글씨를 검토하여 제외시킨다. 그리고 정량적 분석에 적합하게 설문의 내용을 숫자, 또는 기호로 변형하는 기준인 코드북(code book)을 만든다. 그리고 이 기준에 따라 설문결과를 엑셀 등에 입력한다[125]. 이 경우 설문지마다 고유의 ID를 부여하여 수거된 설문지에 입력 오류 여부를 확인할 수 있다.

125) 설문지 작성 시 양적으로 많은 응답자의 수(數)가 많아, 엑셀을 이용하면 편리하다.

7) 자료분석

설문조사의 목적과 가설에 근거한 조사설계에 부합하도록 여러 통계 기법을 활용하여 자료를 분석한다.

(1) 분석준비

① 입력된 자료를 설문지와 재확인하여 대조한다.

② SPSS, SAS 등 연구자에게 적합한 통계분석 프로그램을 활용한다.

③ 입력된 자료의 '변수보기(variable view)'를 이용하여 변수와 변수의 값에 대한 설명을 한다.

④ 빈도분석을 하여 결과를 검토하고, 입력을 잘못한 문항이 있으면 설문지를 확인하여 입력된 오류를 수정한다.

(2) 기초자료 분석

① 우선, 설문지의 각 문항별 기초자료인 빈도, 백분율, 평균, 표준편차, 분산, 중위수, 평균의 표준오차 등을 구하여, 전체적인 결과의 흐름을 파악한다.

② 연령은 10살 단위로 구분하며, 학력은 각 영역의 비율을 고려하여 작성한다. 원자료가 필요할 경우가 있기 때문에 코딩(coding) 변경 시 변수를 다시 만들어야 한다.

(3) 분석 시 유의해야 할 점

① 통계기법의 선택: 변수의 척도, 인과관계 등을 고려하여 적절한 통계기법을 선택한다. 일반적으로 많이 사용되는 통계기법으로는 교차분석, 판별분석, 상관분석, 분산분석, 요인분석, 회귀분석 등이 있으며, 논제의 성격에 따라 어떤 방법이 좋은지와 연구자의 의도와 함께 선정되어 진다.

② 타당성 검정: 표본의 추출을 통한 모집단 추론의 타당성 검정을 실시한다. 이 경우, 기준이 되는 유의 수준은 연구자가 정할 수 있다. 그러나 일반적으로 0.05(5%), 0.01(1%), 0.001(0.1%) 등이 사용된다. 또한 이는 기무가설을 기각

하는 기각역(棄却域)[126]이 되는 것이다.

③ 통계자료의 정리: 통계기법을 처리하게 되면 많은 분석결과가 나오게 된다. 이 경우, 중요한 분석결과만을 선택하여 정리한다. 분석결과의 선택기준은 연구의 목적 및 가설에서 제시된 내용에 우선순위를 두고 작성한다.

8) 보고서 작성

통계처리 결과, 자료의 분석을 통해 얻은 정보 등을 기초로 하여 보고서를 작성한다. 특히, 이미 설정된 가설의 확인과 통계적 검정을 기초로 작성하여야 한다.

9) 평가

처음부터 끝까지 전체 과정을 전반적으로 평가를 실시한다. 또한 조사과정에서 나타난 문제점 및 해결방안과 대책을 정리한다. 그리고 조사과정에서의 관련된 내용을 문서로 정리한다. 이렇게 함으로써 다음의 조사에 준비를 기할 수 있다.

설문지 조사 및 통계분석을 포함하는 논문은 연구모형의 설정, 가설 설정과 검정, 통계분석 및 활용 등이 논문 비중의 약 60% 정도를 차지하여 사실상, 논문에서의 가장 핵심이 된다고 해도 과언이 아니다.

---

126) 기각역: 가설검정이 귀무가설과 대립가설 중에서 하나의 가설을 양자택일(兩者擇一)한다고 했었다. 그래서 귀무가성를 옳다고 채택하면, 자동으로 대립가설을 탈락(기각)하게 되고, 반대로 대립가설을 옳다고 채택하면, 자동으로 귀무가설은 탈락하게 된다. 그리고 가설검정은 나름의 기준을 통해서 이렇게 채택과 탈락 여부를 결정하는데, 한 가지 명심할 것은 100%의 정답이 아니라 항상 어느 정도의 오차는 존재한다는 점이다. 그래서 가설검정도 틀릴 확률은 항상 존재한다.

예를 들어 귀무가설과 대립가설 중에서, 귀무가설이 더 옳다면 귀무가설을 채택해야 한다. 그렇지만 오차에 의해서 '귀무가설이 더 옳은데도 불구하고, 귀무가설을 탈락시키는 확률'이 생기는데, 이 확률을 보통 α(알파)라고 부른다.(확률 α를 '유의수준'이라고 부르는데, 보통 1%, 5%, 10%를 많이 사용한다) 그렇다면 확률의 총합은 1이기 때문에, '귀무가설이 더 옳기에 귀무가설을 채택할 확률'은 $1-\alpha$가 된다. 그래서 $1-\alpha$는 귀무가설을 채택시키므로, $1-\alpha$의 영역을 '채택역'이라고 부르고, 반대로 α는 귀무가설을 기각(탈락)시키므로, α의 영역을 '기각역'이라고 부른다.

그럼, 이 채택역과 기각역으로 귀무가설의 채택과 기각여부를 판단하는데, 검정통계량을 활용한다. 그래서 검정통계량이 '채택역'안에 위치하면 귀무가설이 채택되고, 반대로 검정통계량이 '기각역'안에 위치하면 귀무가설이 기각(탈락)된다. 여기서 채택과 탈락의 여부는 귀무가설만 기준으로 해서 생각하는 것이 편할 것이다. 어차피 가설검정은 양자택일이므로, 대립가설은 정반대로 판단하면 된다.

3. 분석기법 적용법

1) 통계학의 개념

(1) 통계학의 정의 및 개념

통계학이란 사전의 의미로 수집된 자료를 정리하고 그 내용을 특징짓는 수치를 산정하여 일정한 체계에 따라 숫자로 나타낸다. 또한 이것으로 해결하고자 하는 문제를 대상으로 자료를 수집, 정리, 분석하며 그 분석을 기초로 하여 불확실한 상황 하에서 향후 미래에 나타날 현상에 대하여 과학적 의사결정을 할 수 있도록 하는 방법의 체계하고 정의할 수 있다.

그러므로 통계학의 개념은 일상생활에서 광범위하게 활용되고 있지만, 통계학으로 분석대상이 되기 위해서는 모든 현상을 계수화(計數化) 하여, 체계적이고 과학적인 실증적 분석과정을 거쳐야 한다(김명호, 2016).

(2) 기술통계학과 추측통계학

일반적으로 통계학은 자료처리의 목적에 따라 기술통계학과 추측통계학으로 나누어진다.

① 기술통계학(descpritive statistics)

기술통계학은 통계적 자료의 기술에 관한 학문이라 할 수 있다. 즉, 통계적 자료는 전수조사에 의해서 얻은 것을 전제로 하고 그 목적은 집단의 기술로 한다. 즉 도수분포, 집단의 특성 값(평균, 분산 등), 상관 및 회귀분석 등을 대상으로 한다.

그리고 기술통계학은 자료를 연구목적에 알맞게 수집하고, 정리하고, 분석하여 분포의 모양, 대표값, 산포도 등을 계산하는 자료처리의 영역이라고 할 수 있다. 즉, 자료를 수집 · 작성하여 이를 분류 · 정리하는 일종의 자료처리의 역할을 담당한다. 따라서 자료에서 얻은 분포나 분산, 그리고 표준편차 등과 같은 특성치의 측정, 상간분석, 회귀분석 등을 그 예로 들 수 있다.

표본조사에 의해서도 위의 분석을 시도할 수 있으며, 그것은 모수 추정을 위한 것이다. 이런 점에서 기술통계학은 피어슨(K. Pearson)까지의 통계학과 대륙 특히, 독일에서 발달된 통계학을 뜻한다. 피어슨(Pearson)의 경우도 표본 이론이 있었지만 고세트(Gosset) 같은 소 표본이론은 아니었다. 기술 통계학에 대립되는 추측통계학은 고세트(W.S. Gosset)와 피셔(R.A. Fisher)에 의해서 완성된 것이라 할 수 있다.

② 추측통계학(Inference statistics)

추측통계학은 모집단으로부터 표본을 선택하여 그 표본의 통계량을 계산하고, 그 통계량으로부터 모집단의 모수를 추정한다. 즉, 집단을 끄집어내어 표준 집단으로 모집단 특징에 관한 유용한 정보추출, 추론을 행하는 가능성과 방법을 탐구하는 학문이다.

그리고 추측통계학은 표본 통계량을 토대로 모집단의 모수를 추정하여 합리적인 의사결정을 하는 것으로, 통계적 추론(statistical inference)이라고도 한다. 그러므로 행동적인 추측과 계획의 학문이라 할 수 있으며, 확률 이론을 그 배경으로 하고 있다. 여기에는 모집단, 표본, 표본의 크기, 모수, 통계량 등이 있다.

여기서 모집단(population)이란 추측통계학의 가장 기본적인 개념이다. 추측통계학은 유한한 또는 무한한 전체 대상에서 샘플(sample)을 뽑아 그것을 관찰하여 본래의 전체 대상에 관한 여러 성질을 추측하는 문제를 취급한다. 이 때 이러한 전체 대상에 속하는 개개의 것을 개체(요소)라 하며 개체의 전집합을 모집단 모집단에 관한 어떤 지식을 얻기 위해 모집단에서 뽑은 개체를 표본이라 칭(稱)한다. 실제로 모집단은 특정한 성질을 갖는 극히 다수의 개체를 포함하여 통계학적 고찰의 대상이 되는 집단을 뜻하며, 이론적 연구에서는 모집단을 구성하는 개체의 수를 무한하다고 간주하는 경우가 많다. 모집단의 특성을 보이는 특성치를 모수(parameter)라 하고, 표본의 특성을 보이는 특성치를 통계량(statistics)이라 한다. 표본(Sample)이란 모집단 특성에 관한 정보도출을 목적으로 모집단으로부터 추출한, 혹은 측정한 값들의 집합을 말한다. 일반적으로 표본에서 얻어진 정보는 모집단의 특성에 대하여 필요한 완전한 정보를 갖고 있지 않다고 여겨진다. 그렇기 때문에 모집단의 특성치를 추정할 때는 불가피하게 정보의 결핍에 대한 오차가 발생하게 된다. 추측통계학은 이와 같은 오차를 확률적으로 설명하는 것까지를 고려하여 모집단 특성에 대한 일반성을 찾아내는 과학적인 방법론이라 할 수 있다. 추측 통계는 그 발생분야인 농사시험에서부터 관청 통계, 경제조사, 사회조사, 시장조사, 여론조사 등 자연과학에서부터 사회과학에 이르기까지 많은 분야에서 응용되고 있다.

오늘날의 통계적 방법론의 주류는 추측통계학의 분야이다. 왜냐하면 수집된 자료를 단순히 기술하는 것보다는 표본에서 얻어진 정보를 이용하여 모집단의 특성을 규명하는데 더 중점을 두고 있기 때문이다, 유한한 실험결과만을 경험하고 관찰하는 기술 통계학으로는 경험을 통해 완벽한 통계적 규칙성을 찾는 것은 불가능한 경우가 많다. 이런 이유로 기술통계학은 자료를 정리하는데 도구로써 사용되는 경우가 많다. 기술통계학은 무질서하고 규칙 없이 분포하는 값들을 단순히 정리하고 요약하는 수준의 일차적인 도움을 주는데 사용되고, 이러한 과정을 거쳐 자료에서 뽑아낸 정보를 바탕으로 통계적인 결론을 내는데 추측통계학이 사용된다.

그러므로 오늘날의 통계학은 표본자료로부터 그 표본이 추출된 모집단의 특성을 추론하는 추측통계학을 널리 사용하고 있다.

(3) 기술통계학과 추측통계학의 차이점

기술통계학은 통계 데이터를 확보하고, 그 데이터를 여러 가지 방법으로 요약함으로써 주어진 모집단의 특징을 기술하는 통계적 방법을 말한다. 반면에 추측통계학은 말 그대로 모집단의 일부에서 무작위로 추출된 표본의 데이터를 분석하여 모집단의 특성치를 추정하고 검정하는 통계적 방법이라고 할 수 있다.

(4) 모집단 및 표본[127]의 개념

통계적 추론은 우선 모집단 및 표본에서 시작된다. 표본으로부터 얻은 지식과 정보에 의하여 모집단의 특성을 확정할 수 있다. 따라서 통계적 추정은 표본을 모체(母體)로 시작하여 모집단을 파악하는데 있다.

표본조사에서는 표본으로부터 모집단의 성질을 알아내는 것이 목적이므로 모집단의 성질이 잘 반영되도록 표본을 뽑아야 한다. 즉 추출되는 표본이 모집단의 어느

127) 통계 조사에서 조사하고자 하는 집단 전체를 모집단(母集團, popukation)이라 한다. 그리고 모집단에서 뽑은 일부의 자료를 표본(標本, sample)이라 하고, 표본에 포함된 자료의 개수를 표본의 크기라 한다. 그리고 모집단에서 표본을 뽑는 것을 추출이라 한다.

한 부분에 편중되지 않아야 한다. 이를 위해 모집단의 각 대상이 표본에 포함될 확률이 동일하게 되도록 표본을 추출하는 방법을 임의추출이라 한다.

임의추출 방법으로 제비뽑기, 난수 주사위, 난수표 등을 이용할 수 있으나, 요즈음에는 주로 컴퓨터 소프트웨어를 이용한다.

한편 표본을 추출하는 데에는 한 번 추출된 자료를 다시 되돌려 놓은 후 다음 자료를 뽑는 복원추출과, 되돌려 놓지 않고 다음 자료를 뽑는 비복원추출이 있다.

모집단의 크기가 표본의 크기에 비해 매우 클 때에는 비복원추출도 복원추출로 볼 수 있다.

2) 변수의 개념과 종류

(1) 변수의 개념 및 의의

① 변수의 의의(채구묵, 2006)

변수(variable)란 사람, 물건, 사건 등의 특성, 속성을 의미한다. 그러나 이와 같은 것들의 특성, 속성이 두 가지 이상의 가치(value)를 가질 때 이를 변수라 한다. 따라서 그 속성이 하나의 가치만을 가졌을 때에는 변수라 할 수 없다. 예를 들면 휴대폰은 변수가 될 없다. 그러나 휴대폰의 무게, 색상은 변수가 될 수 있다.

② 변수의 개념(김명호 외, 2016)

변수의 개념을 설명하기 위해서는 먼저 '개념'에 대해 기술해보기로 한다. '개념'이란 추상적인 의미의 성격이 강하다. 그렇기 때문에 이를 이용하여 실증적인 연구를 할 수 없으므로 연구자들은 '개념'을 변수(변인, variable)로 변환하여 사용한다. 즉, '개념'이란 과학적 연구에서 변수측정을 통해 얻어진 '수량화된 개념'을 말한다. 예를 들어 요양보호사의 서비스 만족도를 조사한다고 가정하면, 만족도의 개념에서 '매우 만족한다'를 5점, '만족한다'를 3점, '전혀 만족하지 않는다'를 1점으로 수량화하며, 이를 우리는 '변수'라고 한다.

이와 같이 이론에서 제시한 추정적 개념을 수량화한, 변수간의 상호관계를 분석하는 것이 바로 과학적 연구이다.

(2) 변수의 종류

연구의 대상이 되는 일련이 개체(분석 단위)가 속성 면에서 서로 구별될 수 있을 때, 이 속성을 변수라고 한다. 그리고 변수의 분석 단위는 개인이 될 수도 있고, 사회현상이 될 수도 있다. 예를 들면, 성별, 나이, 학력, 종교 등과 같은 조건들은 개인을 구별해 주는 속성이 된다. 그리고 노인층의 취업률, 사회복지관들의 성장률, 기후변화에 따른 농작물의 수확량 등은 사회현상이라고 할 수 있다. 여기서 속성 하나 자체가 변수이며, 설문지에서 하나하나의 개별질문이라고 볼 수 있다.

변수는 이들 간의 관계에 따라 독립변수와 종속변수로 구분된다.

① 독립변수

독립변수(independent variable)는 어떤(다른) 변수에 영향을 주는 변수이며, 변수 자체로서 독립적인 성격을 갖는다. 그리고 독립변수는 연구자가 원인으로 생각하는 변수를 말하므로, 종속변수와 인과관계를 설정한다. 인과관계는 선후성, 상관성(공변성), 불편적 관계(제3변수의 통제)의 3가지 조건을 충족하여야 한다.

② 종속변수

종속변수(dependent variable)는 다른 변수(독립변수)의 영향을 받는 변수로, 이 변수의 해석은 독립변수나 매개변수와의 인과적 관계에서 나타내어야 한다. 그리고 독립변수와 종속변수의 구분은 연구목적에 따라 달라지며, 독립변수와 종속변수에 영향을 미치는 변수로는 선행변수, 매개변수, 조절변수, 가외변수, 제3의 변수 등이 있다.

㉮ 선행변수

선행변수(preceding variable)는 독립변수보다 먼저 발생한 변수로 반드시 필요한 조건으로는 첫째, 독립변수와 종속변수와 연관이 있으며, 둘째, 선행변수가 통제되어도 독립변수와 종속변수와의 관계는 유지되고, 셋째, 독립변수가 통제되면, 종속변수와는 아무런 관계가 없어야 한다는 3가지 조건을 만족해야 한다.

㉯ 매개변수(mediator variable)

매개변수는 독립변수와 종속변수간의 관계를 연결해 주는 변수이다. 그리고 시간적으로 보아 독립변수와 종속변수 사이에 존재한다. 따라서 독립변수에 의하여 영향을 받으면서 종속변수에 영향을 준다. 그리고 매개변수는 독립변수와 종속변수와의 관계를 보다 자세하게 설명해 주는 기능도 가지고 있다. 예를 들면, 변수 A는 변수 C를 통하여 변수 B에 영향을 미친다고 할 때, A는 독립변수, B는 종속변수, C는 매개변수에 해당된다. 매개변수의 효과는 Amos 구조방식을 이용하여 분석할 수 있다. 예를 들어 학급에서 성적 상위의 학생과 하위의 학생에 관계없이 투표에 참여하는 것은 학급의 관심 때문이라고 한다면, 학급의 관심은 매개변수가 된다.

㉰ 조절변수(moderate variable)

조절변수는 상호작용효과를 갖게 하는 독립변수이며, 상황변수라고도 한다. 즉 독립변수이며, 상황변수라고도 한다. 즉, 독립변수 A가 종속변수 B에 영향을 줄 때, 이 영향이 C에 따라 달라진다면, C를 조절변수라고 한다. 예를 들어, 요양보호사의 재가서비스와 이용노인의 삶의 질을 측정할 때, 사회적 지지가 조절변수가 된다.

㉱ 가외변수(extraneous variable)

가외변수는 종속변수에 영향을 미칠 것으로 예측된다. 그렇지만 연구에서 제외시켜야 할 변수이다. 가외변수를 통제하기 위한 방법으로 공분산분석이 있다.

㉲ 제3의 변수

제3의 변수는 허구효과를 갖게 하는 변수로, 두 변수간의 직접적인 관계는 없으나 제3의 변수에 의해 동시에 영향을 받아서 두 변수간에 관계가 있는 것처럼 보이게 하는 변수이다. 허구효과를 없애기 위해서는 부분상관분석을 한다.

그리고 다른 변수에 의해 설명되는가 또는 그렇지 않은가의 여부에 따라 2개의 변수로 구분한다. 한 모델에서 어느 변수가 내생변수인가 또는 외생변수인가는 미리 결정하는 것이 아니고, 그 구별은 모델의 성질에 의존하며, 이는 주로 구조방정식을 분석할 때 사용된다. 이를 구분하여 설명하면 다음과 같다.

㉮ 내생변수(endogenous variable)

내생변수는 모델 내의 다른 변수에 의해서 설명이 되는 변수를 지칭한다.

㉯ 외생변수(exogenous variable)[128]

외생변수는 자연적, 기술적, 제도적, 사회적 등 종속변수에 영향을 미칠 수 있는 독립변수 이외의 변수를 지칭하며, 여러 가지 외부적인 힘에 의해 정해진다. 외생변수가 종속변수에 영향을 미치게 되면, 타당성이 저해되며, 이것을 '혼란'이라고 부른다(김명호 외, 2016).

한편, 독립변수에 변화를 가하는 것을 '조작'이라고 하며, 외생변수를 동일하게 만드는 것을 '통제'라고 말한다.

3) 변수의 측정수준

연구자가 논제에 따라 자료를 수집한다. 그 다음 자료를 수집하여 분석을 실시할 때, 어떤 척도로 측정되었는가를 확실히 알고, 이에 따른 적절한 통계적 방법을 사용하는 것이 필요하다. 즉, 명목척도, 서열척도, 등간척도인지 등을 정확하게 구분하여 측정해야 적절한 분석을 할 수 있다. 이와 같은 측정이 제대로 이루어지지 않는다고 하면, 통계분석이 잘 이루어지지 않게 되므로 개념정리가 확실해야 된다.

이에 대한 변수는 명목척도, 서열척도, 등간척도, 비율척도의 4가지 측정수준으로 구성된다. 명목척도와 서열척도는 질적인 변수이며, 등간척도와 비율척도는 양적인 변수로 나누어진다.

128) 조사를 하는데 있어서 종속변수에 영향을 주는 모든 변수를 독립변수나 통제변수로 조사하는 것은 아니다. 아마도 그것은 불가능할 것이다. 조사에서는 개발하거나 검증하고자 하는 이론에 초점을 맞추고 독립변수와 종속변수 및 통제변수를 질문문항으로 만들어 조사하게 된다. 그러므로 종속변수에 영향을 미치는 모든 요인을 조사하는 것은 아니다 조사에 포함되지는 않았지만 종속변수에 영향을 미치는 변수를 외생변수라고 하며, 예를 들어 '폭력에 대한 스트레스 이론'에서는 폭력(종속변수)에 대한 요인으로 스트레스(독립변수)와 이들의 관계에 영향을 미칠 수 있는 '성(性)', '연령(年齡)', '학력(學歷)', '주거(住居)' 등(통제변수)을 조사한다. 그렇지만 '폭력에 대한 권력 이론'에서는 폭력에 대한 요인으로 권력을 조사하게 된다.

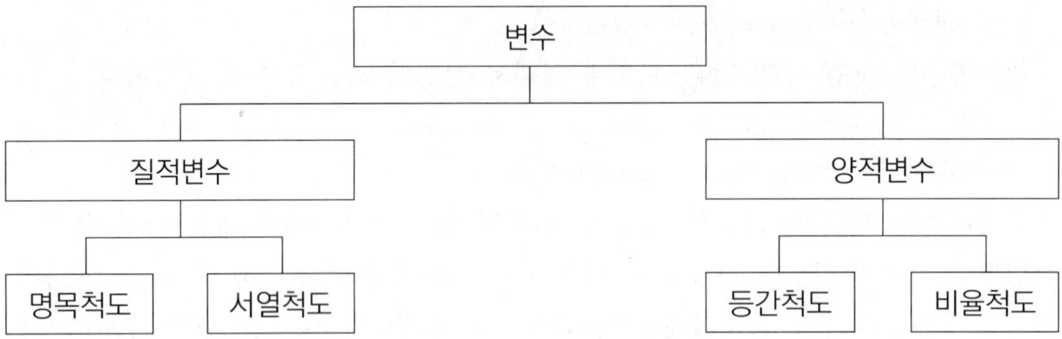

자료: 김명호 · 김수한(2016). 『논문작성의 이해와 실제』, 서울: 도서출판 두남, p.112.

〔그림 1-2〕 변수의 측정수준

(1) 명목척도(nominal scale)

명목척도는 연구자가 어떤 현상에 대해 임의로 값을 부여하는 것을 말한다. 즉, 어떤 사물, 사람 또는 속성을 분류하기 위한 목적으로 숫자나 기호를 부여하는 방법으로, 숫자나 기호는 계량적 의미가 없으며, 질적인 성격을 가진다. 성별, 종교, 취미 등은 명목척도로 측정될 수 있는 변수로 '명목변수'이며, '명명척도'라고도 한다.

(2) 서열척도(ordinal scale)

서열척도는 어떤 사물의 속성에 대하여 크기나 양의 많고 적음, 크고 작음의 순서를 비교해 주는 척도로, 계속되는 두 값 사이의 거리가 반드시 같지는 않다. 예를 들면, 성별을 구분하기 위하여 '남자'에게는 '1', '여자'는 '2'로 표기하는 방법 한국에서 생산되는 자동차를 크기 순서대로 값을 부여할 경우, 경차, 소형차, 중형차, 대형차인 순위를 1, 2, 3, 4로 하였을 경우이며, 순서척도 또는 순위척도라고도 한다.

(3) 등간척도(interval scale)

등간척도는 서열척도에 거리의 개념을 추가 한 것이다. 즉, 연구자가 어떤 현상에 인접 점수간의 간격을 동일하게 만들어 수량화하는 것을 말한다. 그러므로 상대적 기준이므로 수치 간의 덧셈과 뺄셈이 가능하지만, 절대 영점이 없다는 한계가 있다. 사회과학에서는 서열과 등간의 구분을 놓고 논란이 많다. 그러나 서열척도를 등간척도로 취급하는 경우, 그 결과의 해석에만 유의하면 그리 문제가 되지 않는다고 한다.

그렇기 때문에 수치들 간의 더하고 빼기가 가능하며, 시험 점수가 그 예로 들 수 있다.

(4) 비율척도(ratio scale)

비율척도는 전체적으로 등간척도의 속성과 절대 영점(absolute zero)이 존재한다. 즉, 등간척도의 성격을 모두 가지면서 동시에 절대 영점이 있어 비율 계산이 가능한 척도를 말한다. 예를 들면, 키, 나이, 몸무게 등으로 수치간의 가감승제가 가능하다.

4) 측정수준에 따른 분석기법

전술한 바와 같이 변수의 측정수준에 따라 사용가능한 분석기법을 살펴보면 다음과 같다.

〈표 1-2〉 척도에 따른 분석기법

독립변수 / 종속변수	명목척도	서열척도	등간/비율척도
명목척도	교차분석, 독립성검정	교차분석, 독립성검정	판별분석
서열척도	비모수통계분석, 교차분석, 분산분석	서열상관관계, 비모수통계분석, 교차분석, 분산분석	정준상관분석, 서열상관관계
등간/비율척도	t검정, 분산분석, 다변인회귀분석	t검정, 분산분석	피어슨상관관계, 회귀분석, 분산분석
종속변수 없음			요인분석, 군집분석

자료: 김명호 · 김수한(2016). 『논문작성의 이해와 실제』, 서울: 도서출판 두남, p.114.

5) 통계적 분석기법의 이해

연구자가 작업하려고 하는 문제의 제기에서 시작하여 연구의 목적과 방법, 변수의 특성 및 상호관계, 그리고 설정된 가설 등을 고려하여, 다음의 통계적 분석기법들을 적절히 사용하여 결과물을 산출하여야 한다.

(1) **빈도분석**(frequency analysis)

빈도분석은 변수 값들이 이루는 분포의 특성을 파악하는 데 이용된다. 그리고 통계적으로 유의한 차이를 나타내지 않으며, 단지 현상의 설명이다. 그러므로 빈도분석은 척도의 종류에 관계없이 사용되며, 빈도 수, 평균, 비율, 표준편차, 분사, 중앙값, 최대값, 최소값, 범위, 왜도, 첨도 등으로 나타낼 수 있다. 또한 그래프를 이용하여 나타낼 수도 있는 가장 기초적인 분석방법이다.

빈도분석은

(2) **기술통계분석**(descriptive analysis)

기술통계분석은 등간척도나 비율척도로 구성된 변수의 기본적 특성을 보여주는 것으로, 평균, 표준편차, 최대값, 최소값, 분산, 범위, 평균의 오차, 첨도, 왜도 등 기술통계량을 구할 때 사용하는 방법이다.

즉, 기술통계는 표본조사를 통해 수집된 자료를 바탕으로 특성을 있는 그대로 기술하는 것으로, 표본조사의 특성을 요약하는 것으로 보면 된다.

(3) **교차분석**(cross tabs analysis)

두 개의 변수, 즉 독립변수와 종속변수를 교차시켜 각각의 빈도와 비율을 비교해 통계학적 차이를 검증하는 방법이다. 교차분석은 독립변수와 종속변수 모두 명목변수와 서열변수일 경우에만 사용한다(예를 들면 성별 선호하는 운동의 차이 분석). 독립변수가 명목변수이고 종속변수가 등간변수나 비율변수이면(예를 들면 성별 학력시험점수의 차이 분석) 분산분석 등 집단별 평균비교분석방법을 사용해야 한다. 교차분석은 χ^2(chi-square, 카이자승)으로 판단한다. χ^2은 각 빈도의 표준편차를 비교해 그 통계학적 의미를 판단하는 통계기법이다(원석조, 2019).

(4) χ^2검정

χ^2검정(χ^2 test)은 독립변수와 종속변수가 모두 명목척도이거나 서열척도인 경우에 주로 사용하지만, 조건이 맞으면 척도에 관계없이 사용할 수 있다. 그러므로 독립변수 내 각 범주별로 종속변수에서의 분포가 같은지 다른지를 검정할 때 사용한다(김명호 외, 2016). 즉, χ^2값은 교차표의 기대도수와 관측도수 간의 전체적이 차이의 정도를 나타내는 수치이며, 이 값이 클수록 2개 변수는 관계가 깊다는 것을 의미한다(김명호 외, 2016).

(5) t검정

t검정은 두 집단의 평균치를 비교하는 가장 기초적인 방법으로 한 개의 독립변인과 한 개의 종속변인 간의 관계를 분석하는 통계방법이다. 이는 실험 데이터 분석(실험군과 대조군이라는 2개 그룹의 비교)고 밀접하게 관련되어 있다.

t검정의 도수분포는 t값과 표본크기로부터 계산된다. 표본크기가 증가하면 t검정분포는 정규분포에 가까워진다. t검정은 자료의 수가 30개보다 작아야 한다($n<30$). 즉, 표본크기가 30이 넘으면 보통 정규분포로 간주한다. t검정분포는 임의의 서로 독립된 두 표본, 즉 같은 모집단에서 추출된 표본의 분산이 같으면 그 평균도 같다는 가설을 검정할 때 자주 응용된다. 또한 실제 모평균이 있을 구간, 즉 평균의 신뢰구간을 설정하기 위해 사용되며 확률도를 명확히 나타낼 수 있다.

(6) 분산분석(ANOVA: Analysis of variance)

두 개 이상 집단들의 평균을 비교하는 통계분석 기법이다. 분산분석은 두 개 이상 집단들의 평균 간 차이에 대한 통계적 유의성을 검증하는 방법이다. 각 집단의 평균이 동일하다는 가설 아래 각 집단의 평균을 비교·분석하는 것이다. 말하자면 전체 평균과 각 집단의 평균의 차이에 의해 생기는 집단 간 분산의 비교를 통해 만들어진 F(fisher)[129]분포를 이용하여 가설을 검증하는 방법이다. 기본적으로 분산분석은 회귀분석의 특별한 형태이다.

---

129) F분산분석은 통계학자이자 유전학자인 피셔(A. Fisher)가 1920~1930년대에 만들었기 때문에 피셔의 첫 글자를 따온 것이다.

F분포는 분산의 비교를 통해 얻어진 분포비율이다. 다시 말해, 두 표본에서 산출된 모집단 분산의 추정치의 비율로서 이론적 확률분포라 할 수 있다. 이러한 이론적 분포비율을 이용해 각 집단의 모집단 분산에 차이가 있는지, 모집단평균에 차이가 있는지를 검증한다. 즉, F=(집단 간 변동)÷(집단 내 변동)이다. 그리고 분산분석에서 두 집단의 평균을 비교하고자 할 때는 t검증을, 세 집단 이상을 비교할 경우에는 F 분산분석을 사용한다.

예를 들면, 노인들의 소득수준(명목 또는 서열수준으로 측정 값은 상 · 중 · 하)에 따라 생활만족도에 차이가 있는지를 검증하는 경우이다. 여기서 소득수준에 따라 노인은 3개 집단으로 구별되고, 생활만족도의 경우 등간수준 이상이 측정되어야 하며, 측정결과 평균값을 계산할 수 있는 경우이다.

(7) 상관분석(Correlation Analysis)

상관 분석은 2개의 변수가 어떤 선형적 관계를 갖고 있는가를 분석하는 방법이다. 두 변수는 서로 독립적인 관계로부터 서로 상관된 관계일 수 있으며, 이 때 두 변수 간의 관계의 강도를 상관계수(correlation coefficient)라 한다. 이와 같이 상관 관계는 서열 척도, 등간 척도, 비율 척도로 측정된 변수들간의 관련성 정도를 알아보기 위한 것이다.

(8) 회귀분석(regrssion analysis)

회귀분석은 한 변수의 값이 변함에 따라 다른 변수의 값이 얼마나 변하는지를 측정하는 통계방법이다. 회귀분석은 선형회귀분석과 비선형회귀분석이 있다. 전형적인 것은 선형회귀분석이다. 선형회귀분석은 특정 변수 값의 변화와 다른 변수 값의 변화를 수학적 선형(linear) 함수식으로 파악하는 것이다. 두 개의 변수를 측정하여 가장 좋은 직선(방정식)을 찾는 기술적 방법이다. 추정된 함수식을 회귀방정식 이라고 한다. 회귀방정식을 통해 특정변수(독립변수)와 다른 특정 변수(종속변수)의 변화관계를 알 수 있다(원석조, 2019).

회귀분석은 두 변수 간의 관계를 파악한다는 측면에서 상관분석과 같다. 그러나 상관분석은 단순히 두 변수 간의 관계의 정도, 즉 상관성을 판단하는 방법인 반면에

회귀분석은 독립변수가 종속변수에 어느 정도 영향을 미치는가, 즉 그 인과관계를 파악한다는 측면에서 다르다.

회귀분석은 인과관계를 함수식으로 분석할 수 있게 해주기 때문에 실증분석을 통해 가설의 타당성 여부를 검토하는데 유용한 도구가 되고, 회귀식이 타당할 경우 독립변수의 값을 기초로 하여 종속변수의 값을 추정 또는 예측할 수 있게 해주는 장점이 있다.

(9) 정준상관관계(canonical correlation)

정준상관관계는 몇 개의 변수가 집단으로 관측된 두 집단 사이의 연관성을 구하는 통계분석방법이다. 즉, 2개의 변수군 사이의 상관관계를 알아보는 기법이다.

(10) 판별분석(discriminant analysis)

판별분석은 1개 이상의 변수를 사용하여 그 변수의 값이 속할 집단을 구분하는 기법이다. 이 경우 특히 2개 이상의 독립변수가 사용되는 경우를 다변인판별분석(multiple discriminant analysis)이라고 한다. 여기서 판별분석에서는 명목척도가 종속변수로 사용된다.

다시 말하면 계량적 방법으로 판단기준 즉, 판별함수를 만들어 평가대상이 어떤 상태인가를 식별하는 분석방법을 가리킨다. 예컨대, 국가별위험평가에 있어서 채권국을 두 가지 종류 즉, 채무지급을 연기한 국가와 그렇지 않은 국가로 구분하여 간찰한 후, 이를 기초로 하여 판별함수를 작성한다.

(11) 요인분석(factor analysis)

요인분석은 여러 개의 변수들을 통계적 상관관계에 기초하여 그 특징이 유사한 것들끼리 몇 가지 범주로 보다 간결하게 묶는 기법을 말한다. 예를 들면, 노인의 삶의 만족도는 처음에 다양한 다수의 질문들로 나뉘어져 있으나, 변수들간의 상관관계에 기초하여 경제직업적 만족, 가족관계적 만족, 여가적 만족, 건강적 만족 등으로 범주화될 수 있을 것이다. 이와 같이 변수들을 통계적으로 비슷한 몇 가지의 유형으로 분석하여 분류하는 방법이다.

요인분석은 복잡한 자료의 요약, 변수들의 상호관계적 구조의 파악, 신뢰성 낮은 변수의 배제, 측정도구의 타당성 검증, 추가적 분석에 시간적 · 비용적 절약기회 제공 등의 목적을 위해서 사용한다.

그리고 요인분석은 연구도구의 전체 문항이 갖는 구성타당성을 검증하여, 기존의 분류에 포함되어 있는 문제점을 시정하고, 슬림화된 연구도구를 구축하는데 유용한 기법으로 이용된다.

t검정 · 분산분석 · 회귀분석 등이 분석의 대상이 독립변수와 종속변수로 구별되어 있지만, 요인분석에서는 모든 변수가 독립변수와 종속변수로 구별될 필요가 없다. 그리고 요인분석은 변수들간의 통계적 상관관계에 기초한 것이므로 그 범주화가 가상적이므로 간혹 상식적인 분류와 차이가 있는 경우가 있을 수 있다(김훈, 2006).

요인분석의 결과는 2개 이상의 요인들이 추출되는 경우가 많으며, 상관관계행렬표(correlation matrix), 회전시키지 않은 요인행렬표(rotated factor matrix) 등을 참고하여야 한다.

제 2 장 가설검정

제 1 절 통계적 검정의 개요

1. 검정의 의의

통계적 검정은 모집단에 관한 가설의 진위(眞僞)를 확률적으로 판정하는 방법이다. 또한 이는 통계적 검정도 추정과 마찬가지로 표본 자료에서 나타난 경향이 모집단에서도 적용가능한가 등을 검토하기 위하여 필요하다.

2. 귀무가설과 대립가설[130)]

일반적으로 연구는 검증해야 할 가설을 필요로 하는데, 통계적 검정을 실행할 때는 항상 귀무가설과 대립가설의 2종류 가설을 이용한다.

1) 귀무 가설(歸無假說: null hypothesis, 기호 H_0)

귀무가설은 통계학에서 처음부터 버릴 것을 예상하는 가설로 차이가 없거나 의미 있는 차이가 없는 경우의 가설이며, 이것이 맞거나 맞지 않다는 통계학적 증거를 통

130) 연구에서 검증하는 가설을 귀무가설이라 하고, 귀무가설과 반대되는 가설을 대립가설이라고 한다. 대립가설은 연구자가 연구를 통해 입증되기를 기대하는 예상이나 주장하는 내용이다.

해 증명하려는 가설이다. 모집단의 성질에 관한 가설이며, 영가설(零假說)이라고도 한다.

2) 대립 가설(代立價說: alternative hypothesis, 기호 H_1)

가설 검정 이론에서, 대립 가설은 귀무가설에 대립하는 명제이다. 보통, 모집단에서 독립변수와 결과변수 사이에 어떤 특정한 관련이 있다는 꼴이다. 어떤 가능성에 대해 확률적인 가설검정을 할 때 귀무가설과 함께 사용된다. 이 가설은 귀무가설처럼 검정을 직접 수행하기는 불가능하며 귀무가설을 기각함으로써 받아들여지는 반증의 과정을 거쳐 받아들여질 수 있다.

대립가설은 양측 대립 가설과 단측 대립 가설이 있다.

(1) 단측 대립 가설

독립 변수와 결과 변수와의 관련성을 검정할 때 그 방향이 미리 어느 한쪽으로 결정되어 있는 경우이다. 예를 들어 새로 개발된 심장병 치료 약물이 기존의 약물요법에 비교하여 더 효과가 좋은가라는 것을 밝혀낼 때에 더 효과가 좋다는 가설이 단측 대립가설이다.

(2) 양측 대립 가설

독립변수와 종속변수간에 관련성 혹은 차이가 존재하는가라는 면에서만 관심을 가지는 것이며 그 방향은 따지지 않는 가설이다. 예를 들어 새로 개발된 심장병 치료 약물이 기존의 약물요법에 비교하여 효과에 차이가 있다라고 가정하는 것이다.

3. 연구가설과 귀무가설, 대립가설과의 관계

연구가설은 사회현상에 관한 이론으로부터 도출된 가설로, 연구문제에 대한 잠정적인 해답으로 연구자가 제시한 가설이라고 한다. 일반적인 논문에서 연구문제라고 하면 바로 이 연구가설이라고 보면 될 것 같다.

이와 같이 연구가설을 증명하기 위해서 귀무가설을 세운다. 이 귀무가설이 기각이 되어 가설이 채택이 된다. 이때 채택된 것이 바로 대립가설이 되는 것이다.

일부 연구자들은 귀무가설과 대립가설을 서로 반대로 생각하고, 연구를 진행하는 경우가 간혹 있다. 그러나 이 생각이 잘못된 이유는 '두 모집단 평균의 차이가 있다($\mu_1 \neq \mu_2$)'는 경우의 수가 무한이므로 모두 증명하기 어렵지만, '두 모집단 평균의 차이가 없다' ($\mu_1 = \mu_2$)는 것은 쉽게 증명할 수 있기 때문이다(김명호 외, 2016).

이를 토대로 연구가설 · 귀무가설 · 대립가설에 대한 예를 들어보면 다음과 같다.

원복지관에서 K중학교 40명의 학생을 대상으로 사회사업 프로그램인 '행복한 교실'이 집단응집력에 어떤 영향을 미치는지 알아보려고 한다. 각각 20명씩 실험집단(프로그램 실시)과 통제집단(프로그램 실시하지 않음)에 배치하고 연구자는 행복한 교실이 집단응집력을 향상시킬 것이라고 예측한다.

- 연구가설: 행복한 교실에 참여하게 되면 참여하지 않은 집단보다 집단응집력이 강해질 것이다.
- 귀무가설: 행복한 교실에 참여한 집단과 참여하지 않은 집단 간에 집단응집력 차이가 없을 것이다.
- 대립가설: 행복한 교실에 참여한 집단과 참여하지 않은 집단 간에 집단응집력 차이가 있을 것이다.

4. 제1종 오류 및 제2종 오류

통계적 검정에서는 확률에 따라 귀무가설이 기각되는지의 여부를 판단하게 된다. 그러나 통계적 검정에 100퍼센트 올바른 판단은 불가능하다. 유의수준(α)를 5%로 설정한다는 것은 '잘못된 판단을 할 확률을 5%미만으로 한다'라고 하는 것이다. 그러나 아무리 유의수준을 정확히 한다고 할지라도 오류 가능성을 완벽하게 없애지는 못한다. 그러므로 귀무가설을 기각하든지, 또는 기각하지 않든지, 그 판단에는 필히 오류 가능성이 도사리고 있다.

이와 같이 통계적 검정에는 2가지 종류의 오류가 있으며, 하나는 '제1종 오류(type I error)'라고 하고, '귀무가설이 옳지만, 그것을 부정한다.' 라는 잘못된 판단이다. 그리고 제1종 오류의 확률은 α로 표기되고, 유의수준에 해당한다. 반면에 이와 반대되는 것이 '제2종 오류(type II error)'이다. 이는 '귀무가설이 잘못된 것을 옳다고 판단해 버린다.'는 실수이며, β라고 표기한다. 이와 같이 제1종 오류와 제2종의 오류의 관계를 나타내 보면 다음과 같다(김명호 외, 2016).

〈표 2-1〉 제1종 오류와 제2종 오류의 관계

표본자료 / 모집단 상태	귀무가설 채택	귀무가설 기각
귀무가설 사실	1-α(신뢰수준)	α (제1종 오류, 보통 5%)
귀무가설 거짓	β (제2종 오류, 보통 10%)	1-β(검정력)

자료: 김명호 · 김수한(2016). 『논문작성의 이해와 실제』, 서울: 도서출판 두남, p.123.

제2종 오류는 잘못된 귀무가설을 기각하지 않은 잘못을 말한다. 그리고 제1종 오류와 표리관계(表裏關係)에 있고, 보통 10%로 한다. 이는 제1종 오류의 확률(유의 수준)을 낮추면, 그 반대 제2종 오류의 확률은 높아지는 경향이 있다.

정리해서 설명하면, 제1종 오류는 귀무가설이 맞았음에도 불구하고 이것을 틀렸다고 하는 것을 말한다. 또한 제2종 오류는 제1종 오류와는 반대로 귀무가설이 틀렸음에도 불구하고 이것이 맞았다고 하는 오류를 말한다.

제2절 통계적 검정 과정(김명호 외, 2016)

1단계: 가설의 설정

검정의 대상이 되는 귀무가설과 대립가설을 설정한다.

2단계: 유의수준의 설정

설정된 가설의 기각 기준이 되는 유의수준α를 설정한다.

3단계: 검정통계량의 계산

통계적 검정은 표본의 성질을 이용하여 모집단의 성질을 결정하는 기법으로, 즉 귀무가설이 옳다면, 표본의 분석결과가 모집단에서 어느 정도 발생할 수 있는 것인지에 대해 그 확률을 계산한다. 그리고 그 계산된 확률은 '검정통계량'이라고 불리는 값이며, 이를 기초로 하여 확률적인 판단을 실행한다. 검정통계량은 Z값, t값, x^2값 등이 대표적이다.

4단계: 결론의 도출

귀무가설에 대해 기각여부를 판단하기 위한 기준이 되는 값을 '기각역(棄却域)'이라고 한다. 기각역은 적용한 검정통계량의 분포와 설정한 유의수준에 따라 결정된다. 또한 실제의 표본 데이터로부터 얻은 검정통계량과 기각역을 서로 비교하여 귀무가설이 옳은지 그렇지 아닌지를 판단한다.

제3절 요인분석

1. 요인분석의 개념

1) 요인분석의 개념

요인분석(factor analysis)은 변인(變因)들간의 상호의존관계를 소수의 공통요인을 통해 쉽게 해석하는 데 그 주된 목적을 두고 있으며, 사용범위나 용도가 매우 다양하다.

이와 같이 다양한 변수들의 공통적인 성분을 모아 구체화시킨 것을 요인(factor)이라고 한다. 요인들이란 변인들간 공통성에 근거해 추출된 일종의 개념구성체이다.

따라서 요인분석은 항목들 간의 상호관계를 바탕으로 저변에 있는 항목들을 몇 개의 요인으로 추출하고, 동시에 측정된 항목들 안에 내재된 요인들 간의 다른 구조를 파악할 수 있는 분석기법이다. 요인분석을 탐색적 분석이라고도 하며, 인문 · 사회과학에서는 어떤 가설을 설정하고, 이 가설을 증명할 목적으로 요인분석을 많이 사용한다.

2) 요인분석의 목적

요인분석은 여러 개의 변수들을 통계적 상관관계에 기초하여 그 특징이 유사한 것들끼리 몇 가지 범주로 보다 더 간결하게 묶는 기법을 말한다. 예컨대, 노인의 생활만족도는 처음에 다양한 다수의 질문들(변수들)로 나누어져 있으나, 변수들간의 상관관계에 기초하여 경제적 만족, 가족관계적 만족, 여가적 만족, 건강적 만족 등으로 범주화될 수 있을 것이다. 이와 같이 변수들을 통계적으로 유사한 몇 가지의 유형으로 분석하여 분류하는 방법이다.

요인분석은 복잡한 자료의 요약과 변수들의 상호관계적 구조의 파악, 신뢰성 낮은 변수의 배제, 측정도구의 타당성 검증, 추가적 분석에 시간적 · 비용적 절약기회 제공 등의 목적을 위해서 사용한다.

t검증 · 분산분석 · 회귀분석 등이 분석의 대상이 독립변수와 종속변수로 구별되어 있지만, 요인분석에서는 모든 변수가 독립변수와 종속변수로 구별될 필요가 없다. 또한 요인분석은 변수들간의 통계적 상관관계에 기초한 것이므로 그 범주화가 가상적이므로 가끔 상식적인 분류와 차이가 있는 경우가 있을 수 있다.

2. 요인분석 과정 및 절차의 내용

요인분석은 상관계수행렬(또는 공분산행렬)을 분석하는 기법이다. 그리고 분석에 포함된 모든 변수들을 동등한 위치에 놓고 상호간의 관계를 파악하는 것이다. 예컨대 요인분석은 변수들 간의 상관관계를 분석하여 서로 상관이 높은 변수들을 하나의 요인으로 묶는 분석기법이다. 그러므로 상호간의 상관관계가 낮은 변수는 요인분석에 포함시킬 필요는 없다. 요인분석의 단계를 보면 다음과 같다(김명호 외, 2016).

1단계: 요인분석을 위한 데이터 준비

요인분석을 위한 데이터는 비율척도에 의해 측정되어야 하며, 표본의 크기는 100개 이상이 바람직하며, 적어도 50개정도는 되어야 한다.

2단계: 응답자간의 상관관계 계산

분석을 하려면, 변수 또는 응답자간의 상관관계를 계산해야 한다. 각 변수들간의 상관관계를 R-유형, 응답자들 간의 상관관계를 Q-유형이라고 하며, 사회과학 분야에서는 R-유형이 널리 사용된다.

3단계: 요인 추출방법

요인을 추출하는 방법에는 여러 종류가 있다. 그러나 그 중에서 주성분방법이 많이 사용된다. 주성분방법은 먼저 모든 변수의 분산 가운데 가장 많은 부분을 설명하는 요인(주성분)을 추출하고, 그 다음 2번째 요인은 1번째 요인과 서로 직교(直交)하여야 한다. 이 경우 직교한다는 것은 서로 상관관계가 없음을 나타나는 것이다.

4단계: 요인개수(要因個數) 결정방법

요인을 분석하려면 우선 요인개수를 결정해야 하는데 변수개수만큼 요인을 추출할 수 있으므로 요인의 개수를 몇 개로 하는 것이 바람직한지 결정해야 한다.

요인분석은 P개의 확률변수가 가지고 있는 정보로부터 P보다 훨씬 작은 M개의 공통인자를 추출하여 다변량데이터의 변수를 축소하는 데 있다.

요인수를 결정하는 방법에는 고유 값(eigen value)을 이용하는 방법과 스크리도표(scree chart)를 이용하는 방법 2가지가 있다. 고유 값은 측정된 변수 중 어느 정도를 각 요인이 설명하는가를 나타내는 값으로, 보통 1이상인 고유 값의 개수로 요인의 수를 결정한다. 스크리도표도 도표에서 고유 값을 이은 직선의 기울기가 급격히 낮아지기 직전의 수를 요인의 수로 결정하는 방법으로, 고유 값을 이용하는 방법과 차이는 없다. 그렇지만 시각적인 효과가 있다는 장점이 있다(김명호 외, 2016).

5단계: 요인회전종류 방법의 결정

요인분석 결과, 추출된 요인들이 서로 서로 명확히 구분되지 않는 경우가 있다. 그렇기 때문에 가능하면 한 요인에만 높게 적재되도록 구분하는 방법이 회전이며, 직각회전방식과 사각회전방식의 두 가지가 있다.

먼저 직각회전(orthogonal rotation)은 요인간의 각도를 90도 직각으로 유지하면서 회전하는 방법을 말한다. 이 방법에는 베리맥스법(varimax), 쿼티맥스법(quartimax), 이퀴맥스법(equimax) 등이 있으며, 이 중에서 베리맥스법이 널이 이용된다. 직각회전을 하면 요인이 모든 변수들의 총분산을 설명하는 정도나 요인들의 고유 값에 아무런 변화가 없으며, 요인들 간의 상관계수는 0이므로 회전되기 이전과 아무런 변화가 없다(김명호 외, 2016).

사각회전(oblique rotation)은 요인들 간에 상관관계가 있는 경우에 사용한다. 한 요인이 적재량이 높은 것은 더욱 높아지게, 또한 낮은 것은 더욱 낮아지게 요인을 회전한다. 따라서 각각의 요인들이 서로 연관이 없다면 직각회전을, 서로 연관이 있다면 사각회전을 이용한다(김명호 외, 2016).

6단계: 결과의 결정

어느 변수들을 묶어 동일한 요인에 포함시킬 것인가는 요인적재량의 값을 보고 결정한다. 요인적재량은 변수와 요인의 상관관계를 나타내는 것으로, 적재량이 높은 변수를 요인에 포함시킨다. 일반적으로 요인적재량의 값이 0.6이면 상관관계가 높다고 말한다.

간략하게 말하면, 요인분석은 서로 상관관계에 있는 여러 확률변수들을 적절히 선형결합시켜 서로 비상관인 새로운 확률변수들을 만들어, 주어진 데이터를 분석하는 다변량분석기법이다. 이와 같은 새로운 변수를 요인분석에서는 공통인자(common factor)라 한다(김명호 외, 2016).

3. 타당성 분석과 신뢰성 분석

1) 타당성 분석

흔히 고유값(eigen value)이 1이상인 요인들을 평가기준으로 삼고 요인추출은 주성분분석을 이용하여, 요인회전에 있어서는 요인들 간의 상호독립성을 검증하는 베리맥스법을 가당 많이 사용한다.

연구모형의 구성개념 타당도를 높이기 위해서는 각 측정변수에 포함된 항목들 중의 요인적재량의 값(factor loading value)이 0.5 이하인 항목들은 설명력이 부족한 것으로 판단하여 이를 제거해서 정당성 및 타당성을 확보해야 한다.

2) 신뢰성 분석

요인분석을 통해서 타당성에 문제가 있는 변수를 제거한 후에 신뢰성 검증을 위해 질문 항목간에 내적 일관성이 존재하는지를 확인하는 크론바하알파(Cronbach's alpha)계수를 사용하여 신뢰성을 분석한다.

크론바하알파(Cronbach's alpha)의 값에 따라 신뢰성이 결정되는 데 보통 0.6 이상이면 신뢰성이 있다고 본다. 그러므로 크론바하알파(Cronbach's alpha)의 측정값이 낮은 항목이 있다면, 그 항목을 제거한 다음에 다시 알파값을 보았을 때 알파값이 높아진다면, 해당 측정항목의 제거를 고려해 보아야 한다(김명호 외, 2016).

제4절 회귀분석과 분산분석

1. 회귀직선식의 개념

1) 회귀분석의 개념

회귀분석(regression analysis)의 사전적 의미는 뒤로 돌아온다는 의미로, 회귀분석의 목적은 변수간에 관계를 파악하여 미래의 사상에 대한 예측을 하는 것이지만, 회귀분석의 자료가 과거의 자료이므로 이 과거의 자료를 이용하여 변수 상호간의 확률적인 함수관계를 파악한다는 점에서 회귀라는 개념이 사용되었다.

회귀분석은 관찰된 연속형 변수들에 대해 독립변수와 종속변수 사이의 상관관계를 나타내는 선형 관계식을 구하는 기법이라고 할 수 있다. 따라서 회귀분석은 시간에 따라 변화하는 데이터나 어떤 영향, 가설적 실험, 인과관계의 모델링 등 통계적 예측에 널이 이용된다.

2) 산포도

두 변수 사이에 관계가 있는지를 결정하기 위한 첫 단계는, 관측된 데이터의 그래프를 관찰하는 것이며, 이 그래프를 산포도(散布度: scatter diagram)라 한다.

산포도는 두 가지 정보를 제공한다. 즉, ①산포도를 볼 때 관련된 변수가 나타내는 형태를 볼 수 있으며, ②이러한 관계에서 묘사되는 예측방정식이나 직선의 유형을 볼 수 있다.

2. 단순회귀식의 적합

1) 최소자승법

단순회귀모형에서 미지의 모수 α와 β를 추정할 때, 오차의 제곱합(sum of squares)을 최소가 되도록 추정하는 방법을 최소자승법(method of least squares)라고 한다. 즉, 회귀직선의 식에서 오차 e_1의 제곱합을 최소로 하는 α 와 β를 구하는 방법이다.

2) 상관분석

(1) 회귀의 표준편차

단순회귀모형 $\hat{Y}i = \alpha^{-} + \beta^{-} xi + ei$ (i = 1……, n)에서 Y_1와 $E(Y_1)=\alpha+\beta X_1$,의 추정량 $\hat{Y}i = \alpha^{-} + \beta^{-} xi$ 의 차를 '잔차(residual)'라고 하며, $ei = Y - \hat{Y}i$ 로 나타낸다. 이 때 오차항의 분산 δ^2이 작을수록 잔차는 0에 가까우며, δ^2이 클수록 잔차는 큰 값으로 나타나므로, 이 제곱합은 δ^2에 대한 정보를 준다.

(2) 상관분석

상관 분석(相關 分析, Correlation analysis) 또는 '상관관계' 또는 '상관'은 확률론과 통계학에서 둘 또는 그 이상의 변수 사이의 상관관계 정도를 측정하는 수단이다. 즉, 회귀직선이 변수들 사이의 관계를 얼마나 잘 설명하는가를 말해준다. 회귀분석과는 달리 상관분석에서는 어느 한 변수가 다른 변수(들)에 의존되어 있지 않고, 모든 변수가 동등한 것으로 보고 있다. 이와 같은 변수들의 밀접성을 측정하는 측정값으로 상관계수와 결정계수가 있다.

상관계수(coefficient of correlation) r은 −1부터 +1까지의 값의 가진다. 즉, X

는 증가하는데 Y가 감소하면 부(-)의 값을 가지며, X가 증가함에 따라 Y도 증가하면 정(+)의 값을 가진다. 두 변수간에 어떤 선형적 또는 비선형적 관계를 갖고 있는 지를 분석하는 방법이다.

3. 분산분석

1) 분산분석의 개념

분산분석은 분산이 발생한 이유, 즉 개별점수들이 평균값으로부터 벗어나게 된 요인을 집단요인과 오차요인으로 구분하여 비교분석함으로써 둘 이상의 표본이 같은 모집단에서 추출되었는지를 추론하는 기법이다. 이 분산분석은 t검증과 마찬가지로 표본의 평균값의 차이를 근거로 전집의 평균값의 차이를 검증하는 방법이지만, 기본적인 차이는 t검증과 한 개의 독립변수의 두 개의 응답범주에 대해서 평균값을 비교하는 데 비하여, 분산분석은 한 개의 변수의 두 개 이상의 응답범주들에 대해서도 그 평균값의 차이를 동시에 검증할 수 있다는 점이다.

예를 들어보면, 유의수준을 5%로 설정한다는 것은 오류 확률을 5%미만으로 억제하여, 최소 95%의 확률로 올바른 판단을 하는 것을 뜻한다. 그런데 통계적 검정을 여러 차례 실시하면, 올바른 판단을 할 확률은 95%보다 낮아져 버린다. 위 예의 경우, 개개의 결과가 올바른 확률을 95%(유의수준 5%)로 설정해도, 3개의 분석결과 모두 올바른 확률은 0.875(=0.95×0.95×0.95)이다. 즉, 올바른 판단 확률을 95%로 분석하였지만, 이와 같은 분석을 3번 한다면, 확률이 87.5%로 떨어져 버린다. 그러므로 3개 이상의 그룹을 동시에 취급하는 분석법이 필요하다고 하겠다.

이와 같은 문제점을 보완하기 위해 개발된 분산분석(variance analysis)은 이름 그대로 분산에 주목할 분석기법으로, 3개이상 그룹들의 평균값에 차이가 있는지 여부를 통계적으로 검정하는 기법이라고 할 수 있다(김명호 외, 2016).

2) 분산분석의 단계 및 내용

3개의 평균값에 대한 분산분석을 실시하는 과정과 내용을 살펴보면 다음과 같다.

<u>1단계: 가설의 설정 단계</u>

H_0: $\mu_1 = \mu_2 = \mu^3$

H_1: 적어도 한 개의 평균값은 같지 않다.

2단계: 유의수준의 설정

일반적으로 α=0.05

3단계: 검정통계량의 계산

① 표본평균의 계산

② 열간분산의 계산

③ 열내분산의 계산

④ F값의 계산

4단계: 결론의 도출

F분포표에 나타난 F값(기각역)과 계산된 F값의 비교

3) 분산분석의 종류

(1) 인자수에 의한 분류

① 1원배치법(one way ANOVA)

특성값에 대한 한 종류의 인자의 영향을 조사하고자 할 때 사용하는 분산분석방법

② 2원배치법(two way ANOVA)

특성값에 대한 두 종류의 인자의 영향을 조사하고자 할 때 사용하는 분산분석법

③ 다원배치법(MANOVA)

특성값에 대한 세 종류 이상의 인자의 영향을 조사하고자 할 때 사용하는 분산분석법

(2) 구조모형에 의한 분류

① 모수모형: 인자의 수준을 기술적으로 지정할 수 있는 경우, 실험을 하기 위해 채택된 인자의 수준을 재현성을 갖고 있는 인자들로 구성된 실험구조를 모수모형이라 하며, 모수값의 추정을 목적으로 한다.
② 변량모형: 인자의 수준을 기술적으로 지정할 수 없는 경우, 실험을 하기 위해 채택된 변량인자의 수준은 재현성이 없으며 랜덤하게 지정된다. 이와 같은 인자들의 실험구조를 변량모형이라고 하며, 산포의 해석이 목적이자.
③ 혼합모형: 모수인자의 변량인자가 혼합된 구조모형을 혼합모형이라고 한다.

제5절 측정도의 타당성과 신뢰성

1. 타당성과 신뢰성의 개념

연구에 있어서 변수값을 제대로 측정하지 못하면 그 연구는 아무런 가치가 없다. 그러므로 변수의 측정이 제대로 되었는지를 알기 위하여 측정도구의 타당성(validity)과 신뢰성(reliability)을 분석한다.

그러므로 타당성 분석(validity analysis)은 측정도구가 측정하고자 하는 것을 어느 정도 정확하게 측정하는가를 분석한다. 더불어 신뢰성 분석(reliability analysis)은 동일한 개념을, 동일한 측정방법을 사용하여, 반복적으로 측정하였을 때, 그 결과가 일관성 있게 나오는가를 분석한다. 그렇기 때문에 신뢰성 분석은 등간척도나 비율척도로 측정한 여러 변수값들이 일관성 있는 결과가 나오는지를 분석하는 방법으

로, 리커트 척도를 구성된 설문지에서만 가능하며, 명목척도로 된 설문지는 신뢰성을 분석할 수 없다(김명호 외, 2016).

2. 측정도구의 타당성 분석

1) 측정도구 타당성의 의의

사회과학에서의 측정이 극소수를 제외하고는 간접적이기 때문에 타당성(validity)의 문제가 제기되고 있다. 이와 같은 상황에서는 어떠한 조사자라도 측정하려는 속성을 정밀하게 측정하고 있다고 확신할 수 없다. 타당성이란 측정하고 있다고 생각하는 것을 측정하고 있느냐의 문제이다. 예컨대, 투표율이 정치발전을 측정하는가? 라든가, 소외감이라는 변수의 지표인 「이 세상은 재력이 있는 극소수의 사람에 의해 좌지우지되고 재력이 없는 사람이 할 수 있는 일이란 거의 없다」라는 말에 동의하는가? 등이 확실히 측정장치가 측정하고 있다고 생각하는 것을 측정하고 있다고 확신시킬 만한 증거를 수집할 필요가 있다.

측정상황에 따라 타당성을 내용타당성(논리적 타당성), 경험적 타당성(기준타당성), 구성개념타당성으로 구분할 수 있다. 이와 같은 유형에 따라 각각 몇 가지 증거를 포함하며 측정조건에 따라서 특별한 가치를 지닌다.

(1) 내용타당성

내용타당성(content validity)은 측정도구 자체가 측정하고자 하는 속성이나 개념을 측정할 수 있도록 되어 있는가를 평가하는 것이다. 측정도구가 측정대상이 가지고 있는 무수한 속성중의 일부를 대표성 있게 포함하고 있으면 그 측정도구는 내용타당성이 높다고 할 수 있다. 내용타당성에는 두 가지 유형의 타당성, 즉 표면타당성과 표본추출타당성이 있다.

표면타당성은 측정도구는 측정하려고 의도한 것처럼 보여야 한다는 의미를 가지고 있는 것으로서 내용타당성의 특수한 경우라고 할 수 있다. 표면타당성(face validity)은 측정도구의 타당성에 대한 조사자의 평가에 의하여 정해진다. 실제로 표면타당성은 측정도구가 조사자가 측정하려는 것을 측정하는가에 대한 문제와는 관계가 없고 조사자의 주관적 평가에 따라서 측정하는 것 같이 보이는 것을 측정하는 정도와 관련이 있다.

예컨대, 10개 문항으로 이루어진 설문지를 이용하여 자유주의라는 변수를 측정하려 한다. 설문지를 작성한 다음에 조사자는 어떤 문항이 자유주의와 어느 정도 관계있는가를 평가하기 위해서 각 문항을 검토해 본다. 이러한 평가를 확실하게 하기 위해 조사자는 다수의 전문가의 조언을 구하게 될 것이다. 전문가들의 동의를 얻으면 조사자는 설문지가 표면타당성이 결여되어 있지 않으며 따라서 설문지가 자유주의를 측정하고 있다고 주장하게 될 것이다. 전문가들의 동의를 얻지 못하면 측정도구의 표면타당성이 손상된다.

표면타당성의 문제점은 측정도구를 평가할 재생가능(再生可能)한 규칙이 없기 때문에 전적으로 주관적 판단에 의존할 수밖에 없다는 것이다. 즉, 조사자에 따라 대표값에 대한 평가가 달라지기 쉽기 때문에 표면타당성은 대단히 주관적일 수밖에 없다. 이러한 문제점이 있음에도 불구하고 표면타당성은 측정도구를 구성, 정형화시키는 과정에서 중요한 기능을 담당한다. 측정도구를 구성하는 조사자는 우선적으로 자신의 기술이나 판단에 의존해야 되지만 다른 타당성 검사를 수행함으로써 측정도구의 타당성을 높일 수 있다.

표본추출타당성(sampling validity)의 주요관심사는 모집단이 측정도구에 의하여 적절하게 표본추출 되었느냐의 여부이다. 즉, 측정도구의 내용이 측정되고 있는 속성의 모집단을 적합하게 대표하고 있는가이다. 표본추출타당성의 기본적인 전제는 모든 변수는 무수한 항목, 즉 서술문, 의문문, 명령문으로 이루어진 내용모집단을 가지며, 타당성이 높은 측정도구는 이러한 항목의 대표성 있는 표본을 구성한다는 것이다. 실제로 문제는 내용모집단의 의미를 규정하는 경우에 발생하게 된다. 내용모집단은 이론적인 것이지 경험적인 것이 아니기 때문이다. 이러한 문제들 때문에 측정도구의 타당성의 시금석으로서의 표본추출타당성의 효과가 손상된다.

표본추출타당성의 중요한 장점은 이것을 통해서 모집단에 속하는 것으로 알려진 모든 항목을 알게 된다는 것이다. 표본추출타당성은 최초로 이루어지는 연구에서 흔히 나타나는데, 이는 최초의 연구에서는 새로 구성한 측정도구를 이용하기 때문이다.

측정도구가 이용된 후에는 그것의 타당성은 다른 검사를 통해서 평가될 수 있다. 일반적으로는 항목의 모집단이 실제로 존재하는 것이 아니라 이론적으로만 존재하는 것이므로 모집단으로부터 항목을 무작위로 추출한다는 것은 불가능하다. 따라서 가능한 한 관련된 항목을 많이 수집하여 이 수집된 항목에서 표본추출하게 되는 것이다.

그렇지만, 이렇게 수집된 항목은 그것이 아무리 많고 훌륭하더라도 항상 내용타당성에 문제가 있다. 그러므로 표본항목이 항목의 모집단을 어느 정도 잘 대표하고 있느냐 하는 것은 조사자의 주관적 판단에 의존할 수밖에 없는 것이다. 내용타당성은 조사자의 주관적 해석과 판단에 지나치게 의존함으로써 착오가 개입될 여지가 많으며 통계적 검증이 이루어지지 않는 결점(缺點)이 있다. 또 측정하려고 하는 속성과 이 속성을 반영하는 항목간의 상응관계의 정도를 파악할 방법이 없다. 그러므로 내용타당성은 측정의 타당성을 수립하는 방법 중 가장 낮은 수준의 방법이라 할 수 있다.

(2) 경험적 타당성(기준에 의한 타당성)

측정도구와 측정결과간의 관계에 관심을 두는 것이 경험적 타당성이다. 경험적 타당성은 통계적 유의성을 평가하는 것으로, 그것의 전제는 어떤 측정도구가 타당성을 가지고 있으면 측정도구를 이용하여 측정한 결과와 속성(변수)간에 높은 상관관계가 존재해야 된다는 것이다. 즉, 연구대상의 속성을 측정해 줄 것으로 알려진 기준과 측정결과간의 관계를 비교함으로써 타당성의 정도를 파악하는 방법이다.

관계의 유무를 뒷받침해주는 증거는 측정수준(척도)에 걸맞는 상관관계량에 의하여 획득된다. 특정한 기준에 대한 측정도구의 예측의 정확성을 평가하게 되므로 경험적 타당성을 예측타당성(predictive validity)이라고도 한다. 경험적 타당성을 평가하기 위해 설계된 여러 가지 검사 중 예측타당성이 가장 보편적으로 이용된다.

예측타당성(predictive validity)의 특징은 하나의 기준이라는 외부적 측정치를 예측하고 측정도구와 결과를 비교하는 것이다. 즉, 예측타당성은 측정결과와 외부적 기준간의 상관관계이다. 어떤 측정도구에 의해서 대상의 속성을 측정한 후에 이를 기준으로 이용하여 비교하는 것이다.

예컨대, 측정도구에 의해 얻어진 측정치 기준과의 상관관계가 예측타당성의 정도를 결정한다. 예컨대, 어느 대학생의 입학시험 성적과 대학교 1학년 동안의 평균학점을 비교해 봄으로써 입학시험의 타당성을 평가해 볼 수 있다. 두 개의 측정치간의 상관계수를 계산해 낼 수 있다. 이러한 상관관계를 흔히 타당성계수(validity coefficient)라 한다. 측정도구의 예측타당성을 평가하는 과정이 [그림 2-1]에 잘 나타나 있다.

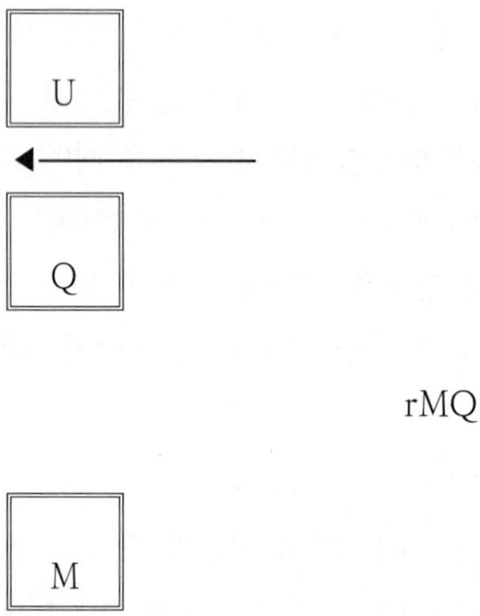

[그림 2-1] 예측타당성의 평가과정

속성(U)는 특정한 측정도구(M)에 의하여 측정되고, 조사자는 측정도구의 예측타당성을 평가해 보고자 한다. 측정도구의 예측타당성을 산정하기 위해서 타당성이 검증되지 않은 기준(Q)을 이용한다. M에 따라 이루어진 측정치는 Q에 따라 이루어진 측정치와 상관관계가 있다. 타당성계수의 크기(r MQ)는 측정도구의 예측타당성을 나타낸다.

예측타당성검사를 이용하는 경우 주의해야 할 두 가지 점이 있다. 하나는 기준의 타당성에 관련된 것이고 또 다른 하나는 조사자로 하여금 기준 자체가 아니라 측정도구를 이용하도록 현혹시킨다는 점이다. 예컨대 앞의 예에서 왜 직접 평균학점을 이용하지 않는가이다. 두 번째 문제점과 관련하여 기준을 이용하기가 기술적으로 어렵거나 비용이 많이 드는 경우도 있고 조사자가 기준을 이용할 수 있기 전에 속성을 평가해야만 되는 경우도 있다. 예컨대 학생의 수학능력은 대학 입학 전에 미리 평가되어야 한다. 기준의 타당성에 관하여 두 가지 방법이 일반적으로 이용된다. 하나는 어떤 특정한 기준이 측정도구를 평가하는 데 타당성이 있다는 조사자들의 동의에 의존하는 방법이다. 동의는 표면타당성과 표본추출타당성이 조건이 된다. 또 다른 하나는 측정도구와 기준간의 관계를 분석대상의 비율로 나타내는 방법이다. 분석대상은 그것이 속하는 집단에 따라서 측정도구에 의하여 정확하게 분류될 것이다.

예를 들어, 정치적 보수성을 측정하기 위하여 설계된 측정도구의 타당성을 평가하고자 한다고 하자. 하류층의 사람이 중류층의 사람보다 덜 보수적이라고 주장할만한 이론적으로 합당한 근거를 가지고 있다면 예측타당성을 알아보기 위한 방편으로 두 집단을 비교할 수 있다. 이 경우에 사회계층이 측정도구의 예측타당성에 대한 간접적 기준이 된다. 하류층의 사람이 중류층의 사람만큼 보수적이다는 사실이 경험적으로 관찰된다면 그 측정도구는 예측타당성이 결여되어 있다. 그러나 사회계층과 보수성간의 상관관계가 비교적 높으면 측정도구에 타당성이 있다는 것을 입증해준다. 그러나 높은 상관관계는 측정도구의 예측타당성의 필요조건이지 충분조건은 아니다. 간접적 기준(사회계층)은 정치적 보수성 이외의 다른 속성과도 관계가 있을 수 있기 때문이다. 그러므로 측정도구가 정치적 보수성이외의 다른 속성을 측정하게 될 수도 있다. 간접적 기준은 측정도구의 타당성을 입증하기 보다는 반증하기에 알맞다.

이러한 예측타당성에 있어서 주의해야 할 점은 측정도구에 의한 예측치와 기준을 혼동해서는 안 된다는 것이다. 앞의 대학입학시험의 예에서 입학시험의 점수는 측정도구에 의한 예측치 이지만, 기준은 대학에서의 학습능력을 말한다. 만일 입학시험(측정도구에 의한 예측치)의 점수가 낮았던 학생이 대학에서의 학습능력(기준)은 우수한 것으로 나타나는 경우 측정도구의 예측타당성은 낮아진다. 이와 같이 측정도구에 의한 예측치와 그것에 의해 예측하려는 기준을 혼동할 우려가 있다.

(3) 구성개념타당성

사회과학에서 사용하는 개념은 추상화의 정도가 높다. 추상화 정도가 높은 개념을 효과적으로 측정함에 있어서 내용타당성과 경험적 타당성으로는 설명이 불충분하다. 추상화의 정도가 높은 개념을 구성개념(construct)이라 하는데, 구성개념은 조사자가 연구목적에 따라 내리는 개념정의에 의하여 그 의미가 정해진다.

구성개념타당성이란 측정도구가 실제로 무엇을 측정하였는가, 또는 조사자가 측정하고자 하는 추상적인 개념이 실제로 측정도구에 의해서 적절하게 측정되었는가에 관한 문제이다. 즉, 구성개념타당성은 연구에 사용된 이론적 구성개념과 이를 측정하는 측정도구간의 일치의 정도를 나타내는 개념이다.

구성개념타당성은 측정도구가 이용하는 개념이나 이론적 전제와 일치하는가를 정하기 위하여 측정도구를 전반적인 이론의 틀(frame)과 연관시켜 보는 것이다. 초기의 구성개념타당성의 주장자인 그론바하(Cronbach)는 "시험점수가 심리학적으로 무엇을 의미하며, 어떤 사람이 특정한 시험점수를 얻게 한 원인은 무엇인가?의 질문을 받을 때마다 평가자는 시험성적을 해석하는 데 어떤 개념을 사용하는 것이 적절할 것인가에 대한 의문을 갖게 된다"고 하였다.

조사자가 측정되고 있는 속성을 이론적으로 이해하고 있으면, 속성과 다른 구체적인 변수간의 다양한 관계를 자명한 것으로 가정하게 된다. 측정도구의 구성개념타당성이 있음을 보여주기 위해서는 이러한 관계가 사실적으로 유지되고 있음을 보여주어야 한다. 독단주의에 관한 로키치(Rokeach)의 연구를 통하여 구성개념타당성의 유용성을 예시하고자 한다.

로키치(Rokeach)는 자신의 이론과 측정도구의 구성개념타당성을 검증하기 위한 광범위한 연구를 실시하였다. 독단주의를 측정하기 위한 설문지를 작성하였다. 이 방법에서는 이미 알려진 속성을 가진 집단이 측정도구에 의해서 관리되고, 그 차이의 방향이 예측된다. 즉, 대학교수와 대학원생으로 하여금 닫힌 마음의 친구와 열린 마음의 친구라고 생각되는 친구를 선택하도록 했다. 독단주의의 측정도구에 의하여 분명히 두 집단 간에 차이가 있는 것으로 나타났다. 발견결과가 독단주의를 측정하기 위해 이용한 설문지에 구성개념타당성이 있다는 증거를 제시해 주었다.

크론바하(Cronbach)와 미흘(Meehl)은 구성개념타당성의 논리과정을 다음과 같이 나타냈다.

첫째, 측정도구가 특정한 속성 A를 측정한다는 명제를 설정한다.

둘째, 명제를 속성 A에 관한 현재의 이론에 삽입시킨다.

셋째, 이론을 통한 작업, 즉 측정도구와 관계가 있어야 되는 속성과 측정도구와 아무런 관계가 없는 것으로 나타내야 되는 속성을 예측한다.

넷째, 예측된 관계와 경험적으로 일치하거나 일치하지 않는 자료를 수집한다.

예측된 관계가 발견되면 측정도구에 타당성이 있다고 본다. 반면에 예측된 관계가 유지되지 않는 경우 다음과 같은 세 가지 가능성 때문이다. ①측정도구가 속성 A를 측정하지 못한다. ②예측의 토대가 되는 이론적 틀에 결함이 있다. ③ 연구설계가 예측을 적절히 측정하지 못한다. 조사자는 이러한 세 가지 조건들이 발생하고 있는지에 관하여 결정을 내려야 한다. 그러한 결정은 타당화과정을 이루는 네 가지 단계를 조심스럽게 재구성하는 데서 시작된다.

캠벨(Campbell)과 피스크(Fiske)는 상관관계표를 포함하는 또 다른 구성개념타당성 방법을 제시하였다. 집중-판별타당성방법(convergent-discriminant) 또는 다속성-다측정방법(multitrait-multimethod matrix)이다. 이 방법은 상이한 속성들을 측정하면 측정도구에 관계없이 상이한 결과가 나오지만 동일한 속성을 상이한 측정방법들로 측정하면 비슷한 결과가 나타난다는 점에 근거하고 있다.

이것은 상이한 측정도구들로 측정된 속성치들간의 상관계수가 비슷한 측정도구로 측정된 상이한 속성들간의 상관관계보다 커야한다는 것을 의미한다. 그러므로 측정도구의 구성개념타당성의 증거를 제시하려면 수렴원리(收斂原理)와 판별원리를 이용해야 한다.

수렴원리란 동일한 속성을 상이한 측정도구로 측정하더라도 그 측정결과(측정치)들은 하나의 값으로 수렴해야 한다는 것이다. 즉, 측정치들의 상관관계가 높아야 된다는 것이다. 여러 측정치들의 상관관계가 높으면 측정지표는 타당성이 크고 상관관계가 낮으면 타당성이 적다. 판별원리란 상이한 속성을 비슷한 측정도구로 측정하면 측정결과(측정치)들의 상관관계가 낮아야 된다는 것이다. 상이한 속성을 비슷한 측정도구를 이용하여 측정하였을 때 측정치들의 상관계수가 낮게 나타나면 그 측정도구의 판별타당성이 크다고 할 수 있다.

이러한 두 가지 종류의 타당성을 이용하여 구성개념타당성을 평가할 수 있는데, 이 방법을 적용하기 위해서는 상이한 다수의 측정도구로 측정되는 상이한 다수의 속성을 나타내는 측정도구간의 상관관계를 밝혀낼 필요가 있다.

문과 및 이과의 고등학생들의 적성을 측정할 경우의 구성개념타당성 평가과정을 살펴보자. 문과적(文科的) 적성이라는 개념과 이과적(理科的) 적성이라는 개념을 선정하였다. 두 가지 개념을 측정하기 위하여 두 가지 측정방법, 즉 단어의 연상능력을 이용하는 방법과 그림을 이용하는 방법을 사용하였다. 각각의 방법을 1과 2로 표시하고, 문과적 적성을 A로, 이과적 적성을 B로 표시하였다. 각 척도에 의해 각 개념을 2회에 걸쳐 측정하고 그 결과들간의 상관관계를 표로 나타낸 것이 다음의 **〈표 2-2〉** 이다.

표에서 대각선을 이루고 있는 수치(0,89, 0.71, 0.82, 0.67)는 동일 측정도구를 사용하여 2회 측정한 경우인 재검사법에 의한 신뢰성의 결과이다.

〈표 2-2〉 다속성 다측정방법의 예

속 성			측 정 방 법			
			언 어		그 림	
			문과(A_1)	이과(B_1)	문과(A_2)	이과(B_2)
측정 방법	언어	A_1	(0.89)			
		B_1	0.63	(0.71)		
	그림	A_2	0.61	0.45	(0.82)	
		B_2	0.49	0.51	0.64	(0.67)

이 경우에 이 수치들이 작으면 타당성에 대한 검사여부는 무의미하다. 왜냐하면 신뢰성이 낮은 경우에 타당성은 그 의미가 없기 때문이다. 이 예에서는 문과적 적성을 언어로서 측정하였을 때의 신뢰성이 0.89로서 제일 크고 이과적 적성을 그림으로 측정하였을 때의 신뢰성이 0.67로서 제일 작다.

신뢰성은 큰 편이므로 타당성을 검토해 보자. 먼저 집중타당성을 살펴보자. 즉 동일한 개념인 문과적 적성을 상이한 측정방법으로 측정한 결과와, 이과적 적성을 상이한 측정방법으로 측정한 결과의 상관계수를 보면 0.61, 0.51로서 두 개념의 측정에 대한 집중타당성은 있다고 볼 수 있다.

다음으로 판별타당성을 살펴보자. 판별타당성은 동일한 방법으로 상이한 개념을 측정한 경우와 상이한 방법으로 상이한 개념을 측정한 경우에 존재하며 상관계수로 평가된다. 상관계수가 낮아야 좋은 것이며(0일 때가 이상적이나 이러한 값을 얻기는 현실적으로는 불가능하다), 상관계수가 높게 나타나면 판별타당성이 낮다고 할 수 있다. 이들의 상관계수는 0.63, 0.64, 0.49, 0.45 등으로 비교적 낮은 편이므로 이 측정방법들의 판별타당성은 있다고 볼 수 있다.

결국, 구성개념타당성을 평가하기 위해서는 집중타당성과 판별타당성을 같이 평가해야 한다. 구성개념타당성이 있는 측정치들간의 상관계수의 절대값은 동일한 측정도구로 동일한 개념을 측정한 경우(신뢰도, 상관계수)가 가장 높고, 그 다음으로 동일한 개념을 상이한 측정도구로 측정한 경우이며, 가장 낮은 것은 상이한 개념을 동일한 측정도구로 측정하거나 상이한 측정도구로 측정한 경우가 되어야 한다.

이 방법은 서로 상이(相異)한 개념들에 대해 상이한 측정도구를 개발해야 하므로, 이런 조건을 충족시키는 개념과 측정도구를 찾기가 힘들고, 여러 번 측정함으로써 측정대상자들에게 큰 부담이 되기 때문에 널리 사용되지는 않으나 새로운 측정방법을 개발할 경우에 그 타당성을 검사하기 위한 최선의 방법 중의 하나이다.

세 가지 타당성은 차이점이 있기는 하나 실제로는 상호보완적인 관계에 있다. 즉, 각각의 타당성들은 다른 타당성을 지원해 주기도하고 다른 타당성의 지원을 받기도 한다. 세 가지 타당성의 차이점을 살펴보면, 측정도구의 타당성을 평가하는 데 어떤 타당성검증방법을 이용할 것인가에 관심을 갖게 된다. 이상에서 살펴본 타당성의 개념을 요약하면 〈표 2-3〉과 같다.

〈표 2-3〉 측정의 타당성의 유형

유형	정의	타당화방법
내용타당성	측정지표(문항)가 지표의 모집단을 대표하고 있는 정도	전문가 검토
경험적 타당성	어떤 개념의 측정지표와 이미 타당성이 검증된 다른 기준의 상관성 정도	상관분석 회귀분석 인과모형
예측타당성	기준의 측정시점이 미래인 경우	
동시타당성	기준의 측정시점이 현재인 경우	
구성개념타당성	추상적 개념과 측정지표간의 일치정도	다속성-다방법 행렬 요인분석

유형	정의	타당화방법
수렴타당성	동일개념에 대한 상이한 측정방법에 의한 측정값의 상관성의 정도	
판별타당성	다른 개념에 대한 동일 또는 다른 측정방법에 의한 측정값의 차별화 정도	

상황에 따라 어떤 타당성검증방법을 이용할 것인가의 문제에 대한 간단한 해답은 없다. 이러한 문제에 함축된 의미에 비추어 볼 때, 측정도구를 철저히 검토하기 위해서는 세 가지 유형의 타당성에 대한 정보를 가지고 있어야 된다는 점이다. 즉, ① 측정도구를 구성하는 첫단계에서 측정도구의 이론적 근거를 평가해야 되고 ② 대표성 있는 표본이 추출되도록 질문항목의 내용모집단에 대한 개념을 규정해야 되며 ③ 측정도구의 타당성을 외부기준과의 관계의 측면에서 평가해야 된다.

2) 측정도구의 신뢰성 분석

(1) 신뢰성의 의의

신뢰성(reliability)은 동일 개념을 반복 측정했을 경우 일관성 있는 결과를 보이는 정도를 말하며, 또한 측정에서 신뢰성을 얻기 위해서 비체계적 오차의 통제와 관리가 필요하다. 그러므로 신뢰성 분석의 목적은 설문지의 신뢰성을 평가하는 것으로, 설문항목에 대하여 신뢰성을 저해하는 항목을 찾아내어 제거하기 위하여 사용한다.

(2) 신뢰성 측정방법

사회과학자들이 사용하는 측정도구가 완전히 타당한 것이라면, 즉 측정하고자 하는 속성을 실제에 가깝게 측정할 수 있으면 측정도구의 신뢰성(reliability)의 문제는 방법론에 관한 문헌에서 그렇게 중요한 쟁점이 되지 않을 것이다. 그러나 사회과학에서는 많은 경우에 타당성을 입증할만한 것이 거의 없다. 따라서 다른 특징과 관련하여 측정도구를 평가하고 측정도구의 타당성을 따지게 된다. 측정도구를 평가하는데 흔하게 사용하는 방법이 신뢰성의 정도이다.

측정도구의 신뢰성이란 동일한 분석대상에 대하여 동일하거나 비교가능한 측정도구를 사용하여 반복측정한 경우에 동일하거나 비슷한 결과를 얻을 수 있는 정도를 말한다. 즉, 신뢰성은 측정치에 변수오차(variable error)가 포함되는 정도를 나타낸다.

변수오차란 동일한 대상인데도 관찰자에 따라 관찰치가 달라지거나 동일한 측정도구로 측정하는데도 관찰시점에 따라 달라지는 경우의 오차이다. 예컨대 물체의 길이를 동일한 측정도구로 여러 번 측정했을 때 약간씩 상이한 결과를 얻었을 경우 그 측정도구에 변수오차가 포함되어 있다. 사회과학에서의 측정은 간접적이기 때문에 사회변수를 측정하는 경우에 나타나는 오차가 물리적 변수를 측정하는 경우에 나타나는 오차보다 훨씬 크다. 순간적인 방심이나 주의산만, 애매한 설문문항, 기술적 장애(응답자가 설문서 문항에 답하는 도중에 연필심이 끊어지는 것)와 같은 요인이 변수오차를 가져온다.

이러한 오차를 변수오차라 부르는 이유는 오차의 크기가 관찰자에 따라 달라지고 또한 동일한 관찰자라 하더라도 관찰시점에 따라 달라지기 때문이다. 신뢰성을 측정오차와 관련하여 정의하면 신뢰성은 측정도구가 갖는 측정오차의 크기에 반비례한다. 즉 동일대상을 반복하여 측정할 경우에 측정도구의 측정오차가 클수록 측정도구의 신뢰성은 떨어진다.

측정값(관찰치)은 참값(true component)과 오차(error component)로 이루어져 있다. 신뢰성은 측정값의 총분산에 대한 참값의 분산의 비율이다. 분산은 측정값의 흩어져 있는 정도를 나타낸다. 즉 분산은 측정값들의 상이한 정도를 나타낸다. 이러한 관계를 대수적으로 나타내보면, 연구대상인 각 개체에 대한 측정값은 다음과 같이 나타낼 수 있다.

$$x_i = t_i + e_i$$

여기서 x_i = 대상 i의 측정값
t_i = 대상 i의 참값
e_i = 측정 시 대상 i에 일어난 오차값

이 관계를 분산으로 나타내면

$$\sigma^2 x = \sigma^2 t + \sigma^2 e$$

여기서 $\sigma^2 x$ = 측정값의 분산
$\sigma^2 t$ = 참값의 분산
$\sigma^2 e$ = 오차의 분산

신뢰성(reliability)은 2명 이상의 관찰자가 서로 관찰하여 동일한 결과를 얻을 수 있는 정도로써, 타당성과 함께 측정에서 매우 중요한 요소이다. 즉, 신뢰성은 검사점수의 일관성을 뜻하며, 일관성을 측정하는 방법에는 다음과 같다.

① 재검사법

재 검사법(test-retest method)은 신뢰도의 개념을 직접 적용하는 방법, 즉 동일한 측정도구를 동일한 상황에서 동일한 대상에게 서로 다른 시간에 측정한 결과를 비교하는 방법이다. 재측정기간으로는 보통 2주 정도의 간격을 갖는 것이 좋다고 한다. 동일한 대상에 대하여 관찰이나 측정을 두 번 이상 실시하고, 그 결과로 얻은 측정값이 얼마나 상관도가 높은가를 따져서 신뢰도를 계산하는 방법인데, 측정도구가 시간을 두고 이느 정도의 안징성을 갖는가를 나타내는 지표로 해석된다. 이 경우에 자료수집방법이 면접, 설문지, 실험 등이면 두 번이면 족하고 직접관찰이면 두 번 이상 반복하는 것이 좋다. 이 때 검사-재검사 결과의 상관계수가 신뢰도의 추정치가 된다. 수학적으로는,

여기에서, x = 처음 측정값
x' = 두번째 측정값
$r_{xx'}$ = x 와 x′의 상관관계
S^2_t = 참성분 점수의 추정된 변량값
S^2_x = 측정한 점수의 계산된 변량값

여기에서 x 와 x'의 상관관계를 나타내는 $r_{xx'}$가 신뢰도의 추정값으로 사용된다.

이러한 재검사법을 통하여 신뢰도를 추정하는 경우에는 검사와 재검사의 기간동안에 측정의 타당성을 저해하는 요인, 즉 검사요인의 효과(처음의 측정이 재검사 점수에 영향을 미치는 효과), 또는 성숙요인의 효과(측정간격이 길 때에 연구대상집단의 특성변화에 따른 효과), 역사요인의 효과(측정기간중 발생한 사건의 영향) 등이 작용할 수 있다. 이러한 문제점을 가지고 있기 때문에 이 방법을 신뢰도 추정의 유일한 수단으로 사용하는 것은 곤란하며, 다음에 살펴볼 내적 일관성분석법(internal consistency analysis)을 보완하여 사용해야 한다.

간단히 요약하여 설명하면, 재검사법은 일정한 시간간격을 두고, 동일한 조건과 동일한 대상을 2번 측정하여 두 측정값의 상관관계의 값으로 평가하는 방법으로, 반복측정법이라고도 한다. 그러나 이 방법은 시간과 비용이 많이 들고, 시간의 변화에 따라 실제값이 변화할 수 있다는 단점이 있다.

② 평행검사법

앞에서 살펴본 재검사법은 동일한 대상에 동일한 측정도구를 시간적 간격을 가지고 두 번 이상 반복 적용하는 것인데, 시간적 간격 때문에 성숙요인 또는 역사요인의 효과가 발생할 수도 있다는 문제점이 있다. 시간적 간격을 극복하는 방법으로 두 가지 이상의 비슷한 측정도구를 사용하여 동일한 표본에 적용한 결과를 비교하여 신뢰도를 측정하는 방법이 평행양식법(parallel-forms technique)이다. 이 방법을 복수양식법(multiple forms technique) 또는 대안양식법(alternative-forms technique)이라고 부르기도 한다.

평행검사법의 기본논리는 어떤 측정도구에 포함된 항목이나 문항들이 그 측정대상의 모집단의 한 표본에 불과하다는 것이다. 여기에서는 두 가지 또는 그 이상의 측정을 통하여 얻은 측정값을 서로 비교하여 그 상관관계를 가지고 신뢰도를 추정한다. 그러나 둘 이상의 측정도구의 등가성(equivalence)을 확보하는 것, 즉 동등한 측정도구를 개발하는 것이 힘들다. 그러므로 추정된 신뢰도가 낮은 경우에 실제 신뢰도가 낮은 것인지, 아니면 등가성이 확보되지 않았기 때문인지가 애매해진다. 그리고 두 가지 측정도구가 비슷해지면 시험효과가 나타날 가능성도 있다.

③ 반분법

신뢰도를 추정하기 위하여 재검사법이나 평행검사법을 이용하는 경우에는 시간적 간격과 등가성의 확보가 문제된다. 반분법(spilt-half method)에서는 측정도구를 임의로 반으로 나누어서 각각을 독립된 척도로 보고 이들의 측정결과를 비교한다. 반분법을 이용하기 위한 전제조건은 첫째, 측정도구가 같은 개념을 측정한다는 점이 명백하여야 한다. 즉 측정도구의 동질성(homogeneity)이 확보되어야 한다. 둘째, 양분된 측정도구의 문항 또는 항목의 수는 그 자체가 각각 완전한 척도를 이룰 수 있을 만큼 충분하여야 한다.

이러한 전제조건이 충족된 측정도구를 측정대상에 적용하여 측정값을 구한다음, 문항들을 짝수 문항과 홀수 문항으로 구분하여 그 측정결과를 비교하여 상관관계를 계산함으로써 신뢰도를 추정한다. 여기에서 두 부분으로 나누어진 항목들간의 상관계수는 전체 항목에 대한 신뢰도 계수라기보다는 반쪽 부분의 신뢰도 계수이므로 이에 대한 적절한 통계적 수정이 필요한 데, 보통 스피어만과 브라운(Spearman-Brown)공식을 이용한다.

반분법의 문제점은 항목들을 나누는 방식에 따라서 신뢰도계수의 추정치가 달라진다는 것이다. 즉 짝수 문항과 홀수 문항으로 구분하는 것이 일반적인 관례이지만 반드시 짝수와 홀수로 구분해야 하는 근거는 없다. 다른 방식으로 구분하는 경우에는 신뢰도계수의 추정치가 달라질 수 있다.

④ 내적일관성분석법

반분법은 단일의 신뢰도 계수를 계산할 수 없는 단점이 있다는 데 착안하여 가능한 모든 반분신뢰도를 구한 다음 그 평균값을 신뢰도로 추정하는 내적일관성 분석법(internal consistency analysis)이 Kuder와 Richardson에 의하여 개발되었다. 그 후에 Cronbach가 이에 대한 수학적인 설명을 시도하여 오늘날에는 그 계수를 Cronbach의 α값이라고 표시한다. 이 방법은 동일한 개념을 측정하는 항목인 경우에 그 측정결과에 일관성이 있어야 한다는 논리에 따라 일관성이 없는 항목, 즉 신뢰성을 저해하는 항목을 찾아서 배제시킨다. 이 방법은 반분법에서는 얻을 수 없었던 유일한 신뢰도 계수를 얻을 수 있으므로, 측정도구의 신뢰도를 평가하기 위해서 현실적으로 가장 많이 사용하는 방법이다.

이 방법의 기본적인 형태는 측정문항을 둘로 나누어 이들 측정문항들간의 상관관계를 계산하되, 모든 가능한 2분할법을 사용하여 상관관계를 계산하고 그 평균값을 측정도구의 신뢰도 값으로 사용하는 방식이다. Cronbach가 제시한 α값의 계산방식은 다음과 같다.

α?

여기에서, α = Cronbach의 값

k = 측정항목수

$\sigma^2{}_y$ = 측정항목 모두를 더한 총화척도의 분산

$\sigma^2{}_i$ = 각 항목의 분산

Cronbach의 α값은 0.6이 넘어야 신뢰도가 만족할만한 수준인 것으로 생각된다. SPSS와 같은 통계패키지 프로그램으로 내적일관성에 의한 신뢰도의 추정값을 구할 수 있다.

부록: 용어해설

가설(hypothesis): 이론에서 나온 사물의 본성에 관한 기대이며, 증명되지 않은 이론이다. 가설은 이론이 정확하다면, 실제 현실에서 필히 관찰되어야 할 어떤 사안에 대한 진술이다. 가설이 이론이 지위를 얻었다 하더라도 만고불변의 진리, 신성불가침한 진리는 아니다. 이론이 곧 진리는 아니기 때문이다. 이론은 끊임없이 새로운 이론에 의해 도전받고 부정된다. 이론은 상대적인 진리이다.

가설검증(hypothesis testing): 가설에서 표현되는 기대가 정말 현실세계에서 발견되는지를 확인하는 것이다.

개념(concept): 특정한 현상을 기술하는 용어이다. 추상적인 개념, 구체적인 rosa, 전문가만 아는 어려운 개념, 모든 사람이 아는 쉬운 개념이 있다. 개념은 명확하게 정의되어 있어 모든 사람이 같은 의미로 사용할 수 있다. 개념은 세계를 이해하고 서로 소통하게 만든다.

개념적 정의(conceptual definition): 다른 개념을 사용하여 개념을 정의하는 것이다. 개념은 사물과 생각에 대한 정신적 이미지를 나타내는 추상적인 단어와 상징이다. 이것은 개념적 정의가 이미지를 나타내는 추상적인 단어와 상징이다. 이것은 개념적 정의가 개념을 정의하기 위하여 단어와 상징을 사용한다는 것을 의미한다. 조상의 실제에서 개념적 정의는 조사자가 개념에 의해서 의미하고자 하는 것에 관한 명백한 진술이다.

개념화(conceptualization): 모호하고 불명확한 개념을 보다 명백하고 정확한 개념으로 만드는 정신적 과정이다. 집단응집력을 연구하고 싶은가? 그렇다면 집단응집력이 무엇을 의미한다고 생각하는가? 혹시 다른 종류의 응집력이 존재하는가? 그것은 무엇인가 등을 질문하면서 어떤 개념을 명백하게 만든다.

개별적 자기기입법(individual self-writing): 조사대상자에게 질문지를 배포한 다음 스스로 질문에 대답하도록 하고 나중에 질문지를 회수하는 방법이다.

거트만 척도(guttman scale): 답(答)의 비중을 서열화한 척도이다. 가장 대표적인 것은 Emory S.Bogardus(1925년)가 만든 사회적 척도이다. 사회적 거리 척도는 심리학적 척도의 하나로써 다양한 집단에 대한 친밀감의 정도를 측정하기 위한 것이다. 사회적 거리, 즉 사람간의 친밀감 정도를 측정하는 각 답(答)들은 사회적 거리를 나타내는 정도에 따라 순서가 정해진다.

검정변수(test variable): 두 변수 x와 y의 관계가 제삼의 변수 x에 영향을 받고 있다면, z가 검정변수이다. 검정변수는 외적변수, 매개변수, 선행변수가 있다.

검증가능성(test feasibility): 이론은 검증될 수 있는 방법으로 제시되어야 한다. 검증될 수 없는 이론은 과학적 이론이 아니다. 그래서 프로이드의 정신분석학 이론을 과학적 이론에 포함시키지 않는다. 정신분석학이 실질적으로 유용하다 하더라도 검증할 수 없기 때문이다.

결정론(determinism): 인과관계에 예외가 없는 것이다. 자연과학의 이론들이 대부분 결정론적이다.

경향연구(trend study): 종단적 연구의 하나로써 이 연구에서는 어떤 모집단에 대한 특성이 시간의 경과에 따라서 관찰된다.

경험주의(empiricism): 이성보다 경험을 중시한다. 연구에서 가장 중요한 것은 경험적 증거이고, 경험적 증거는 연구자가 수집한 사실자료에 기초한다. 증거를 중시하는 것은 실증주의와 같지만, 경험주의는 실증주의와 달리 이론보다는 사실을 중시한다. 사실은 그 자체로서 중요하다.

과정평가(process evaluation): 응용조사연구의 한 형태로써, 공공 프로그램이 정말 의도된 대로 수행되었는가라는 질문에 대답하려는 노력이다. 영향평가(impact assessment)와 대비된다.

과학적 연구(scientific research): 이론적 수준에서 자연 또는 사회현상에 관한 추상적 개념과 개념 간의 관계를 발전시키고, 경험적 수준에서 이론적 개념과 관계를 관찰을 통해 검증한다.

관념론(idealism): 관념을 물질적인 것보다 더 중요하다고 보는 입장이다. 유물론의 정반대이다. 관념론은 세계는 정신에 의해서 만들어지고, 사물이 아니라 의식이 만든 관념이 곧 지식이라고 본다. 관념의 세계를 통해 사회를 창도하는 것을 강조한다.

관찰(observation): 사물이나 현상을 주의 깊게 조직적으로 파악하는 행위로써 그것이 어떻게 존재하며 어떻게 하여 생겨나는가 하는 것을 확인하는 작업이다. 과학적 관찰은 원하는 목적을 위해 일정한 방침이나 계획에 따라 선택적으로 이루어지는 관찰이다.

관찰단위(observation unit): 자료수집의 단위, 즉 직접적인 조사대상이다. 가구가 표집단위라면 관찰단위는 가구를 대표하는 가구주가 된다.

관찰법(observational method): 관찰법은 연구자 자신이 연구하고자 하는 것을 현장에서 일정 기간 동안 직접 관찰하여 정보를 얻고 그 결과를 자료로 활용하는 연구방법이다. 관찰법의 관찰대상은 언어가 아니라 비언어적 행동이다.

귀납법(inductive method): 관찰을 통해 이론에 도달하는 것, 즉 각각의 특수한 경험적 사실로부터 공통의 일반성을 찾아내어 보편적·일반적 원리에 도달하는 추리방법이다. 경험주의의 주요한 방법으로, 연역법(deduction)과 대비된다.

그라운드이론(ground theory): 내용분석을 한층 발전시킨 것이다. 가공되지 않은 어떤 정보를 담은 텍스트로부터 새로운 이론을 구축하는 것을 목적으로 한다. 내용분석이 질적 자료인 텍스트를 양적으로 분석하는 방법이라면, 그라운드이론은 거기서 한 단계 더 나아가 텍스트에서 이론을 추출해 내는 방법이다.

기술적 연구(descriptive research): 현상을 신중하고도 체계적으로 관찰하고, 현상에 관한 상세한 문서를 만들고자 할 때 사용한다. 관찰은 반드시 과학적 방법으로 해야 한다. 정부의 각종 통계조사가 기술적 연구의 대표적 산물이다.

기술통계학(descriptive statistics): 표본의 특성 또는 변수들간의 관계를 묘사하는 통계학의 계산방법. 기술통계학은 표본의 관찰된 것들을 요약하는 방법, 추리통계학(inferential statistics)은 표본이 도출된 모집단에 관한 추리를 하기 위하여 기술통계학의 기술 이상의 것을 추구한다.

기준타당도(criterion-related validity): 어떤 측정도구가 외적 기준과 관련되는 정도 예를 들렴, 컴퓨터 사용에 대한 자기보고식 서베이의 타당도는 컴퓨터 사용에 대한 실험실 내의 검사에 대해서 응답자들이 보여 주는 반응들을 비교하는 것으로 판단할 수 있다.

기초과학(basic science): 순수과학을 말한다. 사물, 힘, 그것들의 관계와 법칙을 다루는 기본적 과학으로서 물리학, 수학, 생물학 등이 여기에 속한다.

내용분석(content analysis): 인간에 관한 모든 형태의 자료를 분석하여 연구자가 설정한 가설을 검증하는 방법이다. 분석대상은 편지, 일기, 민속자료, 신문, 모임에서의 대화나 발언내용, 작품, 인물평, 감상문, 녹음된 대화 등 정보를 담고 있는 각종 자료들이다.

내용타당도(content validity): 측정이 내용에 포함된 의미의 범위를 커버하는 정도 내적타당도(internal validity): 두 개 이상의 변수들간에 관찰된 관계가 사실 인과관계인지, 또는 어떤 다른 변수의 효과 때문인지에 관한 것이며, 인과 관계진술에 관한 내적 타당도는 실험적 조건을 통제할 수 없을 때 위협받는다.

논리모델(logical model): 시스템 이론을 적용한 프로그램 평가모델이다. 투입-과정-산출-피드백 간의 관계를 논리적으로 설명하는 도식을 이용하여 프로그램의 성과를 체계적으로 평가한다.

눈덩이표본(snowball sampling): 비확률표집의 예로 눈덩이표본은 종종 현장연구에서 많이 사용된다. 면접된 개인은 다른 면접대상자의 소개를 요청받는다.

논리실증주의(logical positivism): 지식은 잠정적 추측일 뿐이다. 경험적 증거는 잠정적 추측 또는 이론들을 변증하는 데 필요하다. 명제는 반드시 검증할 수 있어야 하며, 검증이 불가능한 명제는 명제가 아니다. 실증주의가 검증가능성을 중시한다면, 논리실증주의는 반증가능성을 중시한다.

다단계표집(multi stage sampling): 집락표집의 복잡한 형태이다. 표집단위가 둘 이상이다. 첫 단계에서는 표본으로 사용할 집락을 구성한다. 두 번째 단계에서는 집락에서 표집단위를 무작위로 선정한다. 필요하면 집락을 더 쪼갤 수도 있다. 마지막 단계에서 집락 안의 개인을 표본으로 선정한다. 최종 조사대상이 된다. 다단계표집은 표집 비용을 실질적으로 절감시킨다. 모집단 목록을 작성하지 않아도 되기 때문이다.

다변량(multivariate analysis): 동시에 여러 변수들간의 관계를 분석하는 일, 연령과 성별 및 거주지 등의 효과를 동시에 검증하는 것이 한 예이다.

단순무작위표집(simple random sampling): 전형적인 확률표집으로 연구자의 임의가 개입될 가능성이 가장 적다. 단순무작위표집의 핵심은 표본선정 기회의 동일성, 즉 모집단을 구성하는 개별 요소들이 표본으로 뽑힐 확률이 모두 같다는 것이다.

단일변량분석(single-variate analysis): 한 번에 한 개의 변수에 대해 분석하는 것이다. 변수의 분석은 사례의 분포를 고찰하는 것이다. 빈도분석이 대표적 단일변량 분석이다. 기업 부실화의 가능성을 통계적으로 분석하여 예측하는 방법이며, 여러 개의 재무 변수를 하나씩 비교 · 분석하여 그 결과에 따라 부실화의 가능성을 예측한다.

단일사례조사(single case study): 단일사례에 대한 조사이다. 단일사례는 개인, 가족, 집단, 조직 등이 될 수 있다. 조사단위가 복수가 아니라 단수여야 한다. 단일사례조사는 사회복지분야, 예컨대 사회복지서비스의 효과를 객관적 · 계량적으로 보여주고자 할 때 사용된다.

대표성(representativeness): 표본이 모집단의 특성분포와 동일한 특성분포를 지녔는가라는 표본의 질을 말한다. 대표성은 확률표집에 의해서 증진되고, 일반화 가능성을 높여 주며, 추리통계에서 중요하다.

델파이기법(delphi technique): 지역사회 리더와 전문가로 패널을 구성한 다음 이들을 대상으로 지역사회 현안에 대해 설문조사를 실시하되 패널이 의견일치를 이룰 때까지 계속함으로써 좋은 의견을 수렴하는 기법을 말한다. 1950년대 미국 군부가 전문가의 의견일치를 이끌어내기 위한 방법으로 개발하였다. 델파이기법에서 패널들은 대면할 필요가 없으며, 현안에 대한 의견, 해결방안, 아이디어 등을 설문조사를 통해 피력한다. 의견수렴과정은 코디네이터가 관리한다.

독립변수(independent variable): 다른 변수에 영향을 미치는 변수이다.

등간변수(interval variable): 서열이 있고, 서열 간의 거리가 일정한 변수로(IQ, 온도 등) 번호는 항목 간의 양적 차이를 나타낸다. 등간변수는 차이의 정도를 나타낼 수 있다. 등간변수는 서열 간의 거리가 일정하지만 절대값 자체는 의미가 없다. 절대적인 0점도 없다. 최빈치, 중앙치, 평균치, 표준편차가 가능하다. 그러나 상관관계를 계산할 수는 없다. 차이의 비율은 낼 수 있지만 변수간의 상관계수는 낼 수 없다는 것이다. 상관계수는 비율변수에서만 가능하다.

동년배연구(cohort study): 여러 시간에 걸쳐 특정집단이 연구되는 연구로써, 자료는 각 관찰집단의 다른 성원들로부터 수집될 수도 있다.

등가확률표집(equal probability sample): 모집단의 각 성원들이 표본으로 선택될 동등한 기회를 갖는 표본설계이다.

등간측정(interval measure): 어떤 변수의 속성들이 '순위가 있고, 인접한 속성들 사이에 일정한 거리를 가지고 있는' 그런 변수를 설명하는 측정의 수준이다. 화씨 온도계의 눈금은 등간측정수준의 한 예인데, 17도와 18도 사이의 거리가 89도와 90도 사이의 거리와 동일하기 때문이다.

리얼리즘(realism): 현실세계의 실제를 이해하기 위해 사회적 관계의 구조와 인간행동의 내적 메커니즘을 규명하는데 주력하는 과학사상이다. 마르크스가 계급으로 사회구조를 설명하고, 프로이드가 의식구조로 우리의 정신세계를 설명한 것이 리얼리즘의 가장 좋은 예이다.

리커트척도(likert scale): 가장 많이 사용되는 척도로, 서열변수 측정방법의 하나로써 질문지조사에 널리 사용되고 있는데, 이 명칭은 이 척도 사용에 관한 보고서를 낸 Rensis Likert(1932년)의 이름에서 따온 것이다.

매개변수(intervening variable): 독립변수와 종속변수 사이에 있는 변수이다. 원인과 결과사이에 결과를 이끌어내는 이유를 설명하는 개념으로써 종속변수에 영향을 줄 것이라고 가정하는 변수이다.

면접조사(interview survey): 질문지조사보다 더 개인적인 자료수집방법이다. 면접조사는 질문지를 통해 질문하는 것이 아니라 연구자가 면접요원을 응답자에게 보내어 구두로 질문을 하고 응답자의 답변을 기록하는 방법이다. 조사대상자에게 직접 언어적 자극을 준 다음 이에 대한 조사대상자의 언어적 반응에서 원하는 정보를 얻는 것이다. 소수의 표본을 대상으로 하는 대표적인 대면 조사방법이다.

명목변수(norminal variable): 수학적 속성이 없고 명목적 분류만 의미가 있는 변수이다. 성, 인종, 종교, 국적, 출신지역, 언어, 장르, 스타일, 생물학적 종이 여기에 해당한다. 변수에 숫자를 부여할 수 있지만, 라벨일 뿐이다. 번호를 더하기, 빼기, 곱하기, 나누기 등 수학적으로 계산해서는 안 된다. 명목변수의 측정은 통계학적으로 가장 낮은 수준이다.

명목측정(nominal measure): 어떤 변수의 여러 속성들이 '그들간에 단지 서로 다르다는 차이만 있는' 그런 변수들을 설명하는 측정의 수준, 성별이 한 예이다.

명시적 내용(manifest content): 내용분석과 관련하여 의사소통상의 구체적인 표현으로 잠재적 내용(latent content)과 대비된다.

명제(proposition): 판단을 언어로 표현한 것이다. 'A는 B다'와 같은 진술문으로 표현된다.

모델(model): 연구대상이 되는 시스템의 모든 부분 또는 일부분을 나타낸 것이다. 이론이 현상을 설명하는 것이라며, 모델은 현상을 표현기술하는 것이다.

모수(parameter): 모집단의 특성을 숫자로 표현한 것으로 기술하고자 하는 모집단의 특징적인 사항의 평균치나 분포도를 말한다. 변수의 평균치, 변량, 상관성이 모수이다. 표본 자료로부터 계산해 낸 통계로 전체 인구의 통계로 추론하는 데 사용된다.

모집단(population): 조사대상 집단의 총체를 말한다. 표본으로 뽑혀 조사대상이 될 가능성이 있는 모든 개인, 연구대상, 항목의 집단이다.

무선화(randonization): 실험대상자를 무선적으로 실험집단과 통제집단에 배치하는 기법이다.

반복(replication): 일반적으로 실험적 연구에서 그 연구결과를 확정하거나 또는 오류의 노출이나 감소를 위해서 실시하는 반복을 말한다. 이는 외적 타당도와 피실험자간 동의와 관련이 있다.

반증가능성(falsifiability): 지식은 반증할 수 있어야 하고, 경험적 증거는 잠정적 추측 또는 기존의 이론을 반증하는 데 필요하다. 논리실증주의의 가장 중요한 개념이다.

범위(range): 분산의 측정방법으로써 관찰대상들에서 한 변수의 최고치와 최저치간의 범위를 말한다. 예를 들면, 어르신이 운동하는 복지관에서 노인들의 연령이 70~75세에 분포되어 있다면 이 복지관의 연령범위는 70~75세이다.

변수(variable): 측정을 위해 조사대상에 숫자나 기호를 부여한 것이다. 자연현상의 측정에 사용되는 질량, 온도, 속도 등과 사회현상에 사용되는 인구 수, 직업, 연령, 소득 등이 변수이다.

부작위적 오류(non-action error): 조사에서 나타나는 오류이다. 일관된 형태를 띠는 것이 아니라 여러 가지 형태로 나타난다. 질문이 복잡하고 너무 많은 시간을 요하며 대충 응답하기도 하고, 심하면 조사를 도중에 포기하기도 한다. 질문이 너무 어려워 이를 제대로 이해하지 못해 대충 응답하거나 잘못된 대답을 할 수도 있다.

분산분석(analysis of variance): 두 개 이상 집단들의 평균을 비교하는 통계분석 기법이다. 분산분석은 두 개 이상 집단들의 평균 간 차이에 대한 통계적 유의성을 검증하는 방법이다. 기본적으로 분산분석은 회귀분석의 특별한 형태이다. 따라서 여기에서는 분산분석과 회귀분석 간의 비교를 통해 분산분석의 작동원리를 설명할 것이다. 회귀분석처럼 분산분석 역시 일원배치, 다원배치 분산분석, 그리고 공분산분석으로 구분할 수 있다.

분석단위(unit of analysis): 연구 주제와 관련된 기술적 · 설명적 진술이 이루어지는 기본 단위. 예를 들어 연구 주제가 가족의 평균 소득일 때 개별 가족이 기본 단위에 해당하며, 개인(비행청소년), 사람의 집단(비행집단), 공식조직(보호관찰소), 또는 사회적 가공물(보호관찰기록) 등이 있다.

비율변수(ratio variable): 절대값 자체가 의미 있는 변수이다. 번호는 항목 간의 양적 차이를 나타내고 절대값 '0'이 있다. 절대값 '0'이 있기 때문에 동간변수와 달리 비율을 계산할 수 있다. 모든 통계학적 측정이 허용된다.

비율측정(ratio measure): 명목측정과 서열측정 및 등간측정의 모든 질을 가지고 있을 뿐만 아니라, 나아가 '절대영점'을 가지고 있는 변수를 나타내는 측정수준을 말하며, 자원봉사참여의 기간(3일, 2주일, 1년 등)은 그 예(例)이다.

비표집오차(non-sampling error): 표집오차 이외의 요인들에 의해서 나타나는 자료의 질의 불완전성을 말한다. 응답자가 질문을 잘못 이해하고 응답하는 경우, 면접자가 응답내용을 잘못 기록하는 경우, 부호화과정에서 부호화를 잘못하거나 숫자를 잘못 기록하는 경우 등이 해당한다.

비확률표본(non-probability sample): 확률이론에 근거한 표집이 아닌 다른 방식으로 표집 된 표본이다. 의도적 표본, 할당표본, 눈덩이표본 등이 해당한다.

비확률표집(non-probability matrix): 연구에 사용될 표본을 표집 확률을 전혀 고려하지 않고 추출하는 방법으로, 본격적인 연구에 앞서 연구 설계를 점검하기 위한 예비 연구에 사용된다.

빈도분포(frequency distribution): 변수의 다양한 특성이 표본에서 관찰되는 횟수를 말한다. 도수분포라고도 하며, 점수 혹은 점수의 범주를 크기 순서대로 나열한 다음, 점수 혹은 점수의 범주에 대응되는 빈도(f)로 표기한다. 빈도분포는 전반적인 점수분포를 쉽게 파악할 수 있도록 하고, 특정 점수의 상대적 위치를 나타내준다.

산술평균값(mean): 관찰된 모든 값들을 합하여 이를 전체 관찰된 수로 나눈 값을 말한다.

생태학적 오류(ecological fallacy): 집단에 대한 관찰결과를 근거로 개인에 대해 결론을 내리는 오류이다.

사례관리(case management): 여러 사람의 원조자로부터 동시에 도움이 필요한 다양한 문제가 있기 때문에, 삶이 만족스럽지 못하거나 생산적이지 못한 사람들을 돕는 하나의 과정이다. 즉, 사례관리는 지지망을 개발하거나 증진시키는 것에 노력을 집중한다. 지지망이란 유휴의 인간 조직으로서, 이 조직은 어떤 특별한 클라이언트를 돕기 위하여 사례관리자에 의해서 클라이언트의 활동들이 조정되길 바라는 공통된 욕구를 통합한다. 또한 사례관리란 클라이언트의 지식, 기술, 태도를 증진시킬 뿐 아니라 지지망을 활용할 수 있는 클라이언트의 능력을 강화하는 것에 초점을 두고 있다.

사례연구(case study): 하나의 현상을 집중적·심층적으로 연구하는 것이다. 현상을 역동적으로 이해할 수 있다. 해석학적 방법으로 이론을 구축하거나 이론을 검증한다. 연구자는 중립적 간찰자일 수도 있고, 참여 관찰자일 수도 있다. 사례연구에서 사용되는 자료는 인터뷰 자료, 관찰결과 오디오 또는 비디오 자료 등 다양하다.

사회과학(social science): 인간과 인간 사이의 관계에서 일어나는 사회 현상과 인간의 사회적 행동을 탐구하는 과학의 한 분야이다. 사회과학은 자연과학의 발전에 영향을 받아 발전한 과학적 방법을 사용하여 사회 현상을 연구한다. 따라서 자연과학과 같이 사회과학 역시 경험적 지식체계를 구축하는 경험과학이라 할 수 있다. 그러나 자연과학과 달리 사회과학은 인간 사이의 관계를 연구하기 때문에 가치관의 문제가 대두될 수 밖에 없다. 따라서 자연과학과 동일한 방법으로 사회현상을 연구하여 규명하기에는 한계가 있다. 하지만 사회 현상에서도 독자적인 규칙성을 발견할 수 있기 때문에 사회과학은 이를 설명할 수 있다

상관분석(correlation analysis): 두 변수간에 어떤 선형적 또는 비선형적 관계를 갖고 있는 지를 분석하는 방법이다. 두 변수는 서로 독립적인 관계이거나 상관된 관계일 수 있으며 이때 두 변수간의 관계의 강도를 상관관계(correlation coefficient)라 한다. 상관분석에서는 상관관계의 정도를 나타내는 단위로 모상관계수로 ρ를 사용하며 표본 상관 계수로 r을 사용한다.

상대주의(relativism): 상대주의는 경험과 문화 등 여러 가지 조건의 차이에 따라 가치 판단 또는 진실의 기준이 달라진다는 것을 주요 내용으로 하는 사상이다. 모든 가치의 절대적 타당성을 부인하고 모든 것이 상대적이라고 보는 입장이다. 그러나 상대주의 사상은 하나로 정해져 있는 것이 아니며, 극단적 상대주의, 보편적·합리적 상대주의 등 여러 갈래로 나뉜다. 그리고 윤리 절대주의와 윤리 상대주의처럼 서로 반대편에 놓인 듯 하면서도 사실은 보완관계에 놓인 경우도 있다.

서스톤 척도(thurstone scale): 조사자들이 어떠한 대상에 대해 가능한 많은 설명을 문장으로 만들어 놓고 일정수의 응답자들이 가장 많이 동의하는 문장을 찾아 이를 바탕으로 하여 척도에 포함될 적절한 문항들을 선정하여 척도를 구성하는 방법이다.

서열변수(ordinal variable): 순서만 의미가 있는 변수이다. 여론조사에서 많이 사용된다. 대부분의 심리학적 정신측정조사도구들도 서열변수를 사용한다. 서열변수에는 절대값 '0'이 없다. 개별점수는 척도상의 어느 한 지점만 의미한다. 평균편차와 표준편차는 타당하지 않다.

서열측정(ordinal measure): 어떤 변수가 어느 면에서 순위를 나타내는 속성을 가지는 그런 측정의 수준을 말한다.

선행변수(preceding variable): 독립변수 앞에서 독립변수에 영향을 미치는 변수이다. 매개변수는 그것이 없으며 독립변수와 종속변수 간의 관계가 사라지지만, 선행변수는 매개변수와 달리 선행변수가 없어도 독립변수와 종속변수 간의 관계는 유효하다.

설명적 연구(explanatory research): 기술적연구 방법을 토대로 하여 어떠한 사실과 그 관계를 파악해내거나 인과관계들을 파악, 미래를 예측해내는데 사용하는 방법이다. 또 다른 말로써는 진단적 조사와 예측적 조사, 인과적 조사, 가설 검증적조사라고도 하며, 쉽게 말해서 설명적 연구의 경우는 왜?에 대한 답을 찾아내는 조사이다.

솔로몬4집단비교조사(solomon 4th group comparative survey): 통제집단전후비교조사와 통제집단사후 비교조사를 병행·실시하는 것이다. 통제집단전후비교조사의 2개 집단과 통제집단사후비교조사의 2개 집단 등 모두 4개 집단을 조사해서 그 결과를 비교한다. 두 조사방법을 조사함으로써 양자의 단점을 보완할 수 있다. 그러나 실험을 위해 4개의 집단을 무작위로 배정해 실험조사를 하는 것은 현실적으로 대단히 어렵다.

속성(attributes): 사람이나 사물의 특성, 모든 변수는 2가지 이상의 속성을 갖는다.

신뢰구간(confidence interval): 모수가 어느 범위 안에 있는지를 확률적으로 보여주는 방법이다. 신뢰 구간은 보통 표본에서 산출된 통계와 함께 제공된다. 예를 들어, "신뢰수준 95%에서 투표자의 35%~45%가 A후보를 지지하고 있다."라고 할 때 95%는 신뢰수준이고, 35%~45%는 신뢰구간이며 θ는 A후보의 지지율이다.

신뢰도(reliability): 동일한 데이터가 동일한 현상에 대한 반복된 관찰 속에서 여러 번 수집되었는가라는 면에서 측정의 질을 판단하는 기준이다. "귀하는 오늘 상담가를 만났습니까?"라는 질문이 "귀하는 지난 6개월 동안 상담가를 몇 번 만났습니까?"라는 질문보다 훨씬 신뢰도가 높다고 말할 수 있다고 말할 수 있다. 이것을 타당도와 혼동해서는 안 된다.

실험집단(experimental group): 실험연구에서 실험적 자극에 노출되는 피험자집단이다. 보통 실험집단의 피험자들은 실험자극의 효과를 검증하기 위하여 통제집단의 피험자들과 비교한다.

안면타당도(face validity): 특정변수에 대한 측정이 합리적인가를 보여 주는 지표의 질을 의미한다.

양적연구(quantitative research): 양적 연구는 숫자나 체계적인 탐구과정을 통해 수집한 자료를 토대로 측정 가능한 변수간의 관계에 대해 답을 구하는 연구이다. 즉, 계량화된 자료를 통하여 증거를 제시하고 분석하여 연관성을 밝히는 문화연구 방법이다. 양적 연구는 인간의 내면적인 특성까지 계량화함으로써 사실을 지나치게 단순화시키고, 심지어 인간의 자율적이고 역동적인 상호관계를 수량적 관계로 바꾸어 놓음으로써 사회 현상에 내재되어 있는 인간의 의도나 가치로부터 분리하여 이해하려고 한다는 지적을 받고 있다.

연구설계(research design): 과학적 방법에 따라 연구를 진행하기 위한 일단의 작업지침. 연구 문제, 분석 모형, 분석의 시간적 · 공간적 범주, 개념화와 조작 정의, 모집단과 표본, 관측 방법, 가설 검증 방법 따위의 일곱 가지 구성 요소로 이루어져 있다.

연속독립표본설계(continuous independent sample design): 한 모집단에서 두 번 이상 무작위로 표본을 추출해 조사하는 것이다. 횡단설계는 모집단의 특성을 단 한 번만 기술하기 때문에 모집단 특성의 원인에 대한 어떤 통찰력을 얻기 어렵다. 연속독립표본설계는 두 번 이상 표본을 추출해 조사한 다음 그 결과를 비교하기 때문에 모집단의 변화를 연구할 수 있다.

연역법(deductive method): 논리적으로 필연적인 원리에 따라 혹은 진리 보존적 추리 규칙에 따라 주어진 전제로부터 결론을 이끌어 내는 일이다. 즉, 기존 이론에서 새로운 가설을 세우는 것으로 확실한 보편원리에서 특수한 명제를 끌어내어 진실에 도달하는 추리방법이다.

영가설(null hypothesis): 가설은 가설검증과 통계적 유의도조사와 관련하여 볼 때, "연구되는 변수들간에는 전혀 관계가 없다"는 것을 가정하는 데, 이 가설을 영가설이라고 부른다. 연구자는 두 개 변수간에 관계가 없다는 영가설을 통계적으로 거부한 이후에 그 두 변수간에 관련이 있다고 결론내릴 수 있다.

외적변수(external variable): 독립변수와 종속변수에 앞서서 양쪽 모두에 영향을 미치는 변수이다.

외적 타당도(external validity): 특정모집단 · 특정시점 · 특정장소에서 관찰된 어떤 관계가 다른 모집단, 다른 시점, 다른 장소에서 관찰될 수 있는지의 여부를 말한다. 외적 타당도는 어떤 셋팅에서 관찰된 관계를 다른 셋팅에서의 동일한 관계로 일반화할 수 있는가 하는 일반화가능성을 말한다. 반복은 외적 타당도를 증진시킨다.

욕구조사(need survey): 욕구를 계량적으로 파악하기 위한 조사이다. 조사대상자가 가지고 있는 정보를 파악하는 것을 목적으로 하는 일반적인 조사와 달리 사회복지 프로그램의 의사결정에 필요한 정보를 얻는 데 목적이 있다. 일종의 응용조사이다.

우편조사(postal survey): 질문지를 조사대상자에게 우편으로 보내어 조사에 응하게 한 후 조사표를 회신받는 방법이다. 조사대상자를 직접 대변하기 어렵거나 조사대상자의 주소지 목록을 얻을 수 있는 경우 사용한다.

유의도 수준(level of significant): 통계적 유의도의 맥락에서 관찰된 경험적 관계가 표집오차에 기인한 개연성의 정두를 말한다. 만약 어떤 관계가 오직 표집오차의 작용 때문일 개연성이 100 중에서 5 미만이라면, 그 관계는 .05수준에서 유의미하다.

유의표집(significance sampling): 연구자의 주관적 판단에서 자신의 연구목적에 적합하고 모집단을 비교적 잘 대표한다고 생각되는 특정한 집단이나 지역을 표집하는 것이다. 모집단이 잘 알려져 있지 않거나 접근하기 힘든 경우 또는 모집단을 특정화하기 불가능한 경우 유의표집을 한다. 표본의 대표성은 없지만 특수한 집단을 대상으로 연구해야 할 때 필요한 방법이다.

응용과학(applied science): 인류의 사회생활에 직접 응용하는 것을 주된 목적으로 하는 학문이다. 공학, 건축학, 경영학, 법학, 행정학, 사회복지학, 관광경영학, 신문방송학, 의학, 치의학, 약학, 수의학, 농학, 수산학, 임학, 군사학이 이에 속한다. 순수과학은 진리탐구 자체를 목적으로 하고, 실용상의 목적을 미리 설정하지 않음을 원칙으로 한다. 그러나 응용과학에서는 순수과학의 내용을 실생활에 적용하여 인간 생활을 보다 윤택하게 만드는 것에 목적이 있는 학문이다.

의도적 표본(purposive sample): 비확률표본의 한 형태로써 조사목적에 가장 적합한 대상이 누구인가를 조사자 자신의 판단에 기초하여 관찰될 분석단위를 선택하는 경우의 표본을 말한다. 예를 들면, 종합복지관 집단과 장애복지관 집단을 연구할 경우, 아마 연구자는 종합복지관 집단과 장애복지과 집단을 의도적으로 표본으로 삼기를 원할 것이다.

이원량분석(bibariate analysis): 두 변수들간의 경험적 관계를 결정할 목적으로 동시에 두 변수를 분석한다. 단일변량분석은 한 사례의 분포를 살피는 데 목적이 있고, 이변량분석은 두 변수간의 관계를 설명하는 데 목적이 있다.

이원분산분석(two-way analysis of variance): 종속 변수가 한 개이고 독립 변수가 두 개인 실험 집단에서 집단 간 차이를 분석하는 기법. 분산 분석 기법의 하나이다.

이론(theory): 사물에 관한 지식을 논리적으로 체계화시킨 것이다. 이론의 목적은 사물을 통일적으로 설명하는 데 있다. 이론은 과학의 본질이며, 모든 학문은 반드시 이론이 있다. 이론 없는 과학은 맹목적이다.

2차적 자료분석(secondary analysis): 한 연구자에 의해서 수집되고 진행된 자료가 다른 연구자에 의해서 다른 목적으로 재분석되는 경우의 조사연구형태이다. 이 형태는 서베이 데이터의 경우에 적절하다.

이항명목변수(bindomial variable): 오직 두 개의 속성만을 가진 변수로 성별은 그 예(例)이다. 즉, 여기에는 남성과 여성이라는 두 속성만이 있다.

이해관계인(stake holders): 특정 프로그램에서 어떤 이해관계에 있는 개인들을 말하며, 어느 프로그램이라도 여러 이해와 목적을 가진 다양한 이해관계인들이 존재한다.

일반화(generalization): 현실에서 경험할 수 있는 개별적 사실에서부터 일반적 법칙을 귀납하는 것이다. 일반화를 거쳐 얻어진 법칙이 경험적 일반법칙이다. 경험적 연구에서 일반화하는 표본을 대상으로 조사된 결과를 표본이 포함된 전체로 확대하는 것을 말한다.

일원분산분석(one-way analysis of variance): 종속변수가 한 개, 독립변수가 두 개 이상인 경우 사용한다. 남녀 성별 임금의 차이를 분석한다고 하면, 성별은 독립변수로서 남자와 여자 두 개의 집단으로 구성되고, 종속변수는 개인별 임금이 된다. 남녀 두 집단 임금의 평균비교를 통해 차이를 검증할 수 있다.

임의 표집(random sampling): 연구자가 자기 마음대로 조사대상을 선정하는 것이다. 장점은 표집하기 쉽다는 것이다. 표본의 대표성은 없지만, 본 조사에 앞서 실시하는 사전조사에 활용할 수 있다.

자연과학(natural science): 인간의 이성으로 합리적이고 논리적인 방법으로 일반 원리를 추구해 나가는 과정과 그 과정에 의해 얻어진 지식체계를 말한다. 따라서 과학은 결론도 중요하지만, 결론을 이끌어내는 과정이 더욱 중요하다. 과학에 의해 얻어진 지식체계는 경험적인 방법에 의해 추론된 것으로 절대적인 진리가 아니다. 물리학, 화학, 천문학, 지질학, 생물학 등을 포함한다.

잠재적 내용(latent content): 내용분석에서 사용되는 용어인데, 이 용어는 의사소통의 중요한 의미를 명시적 내용과 다르게 기술한다.

전 대상(whole obeject): 표본에서 사용하는 용어이다. 관념상의 모든 연구대상이다. 한국인을 대상으로 조사할 경우 전 대상은 한국인 전체이다.

전자조사(electronic survey): e-mail이나 웹사이트를 통해 질문과 응답을 하는 조사이다. Internet상에서 이루어지기 때문에 On-line조사라고 한다. On-line조사는 시작된 지 얼마 안 되지만, 확산 속도는 빠르다. On-line조사를 대체할 가능성도 있다. 조사의 새로운 국면이라 할 수 있다. 시장조사에서는 이미 대중화되어 있다.

전화면접조사(telephone interview survey): 전화를 매개로 면접을 하는 것이다. 간편하고 시간과 비용을 절약할 수 있다. 응답자는 전화번호부에서 선택한다. 선택된 사람에게 사전에 준비된 표준화된 질문을 하고 응답을 기록한다. 전화조사는 짧은 시간에 저렴한 비용으로 면접조사 효과를 거둘 수 있다.

조작적 정의(manipulative definition): 변수의 변형을 말한다. 추상적인 어떤 변수를 경험적으로 관찰 가능하도록 조작적으로 변형시키는 것이다.

조작화(operationalization): 개념화의 다음 단계로 조작화는 실제의 측정도구가 어떻게 작성될 것인가를 기술함으로써 조작적 정의를 개발하는 과정이다.

종단적 연구(longitudinal study): 여러 시점에서 데이터를 수집하는 형태의 연구설계이다. 이것은 횡단적 연구와 대별되면 종단적 연구에는 경향연구와 동년배연구 및 패널연구가 있다.

종단설계(profile design): 동일한 표본을 대상으로 시간 간격을 두고 최소한 두 번 이상 실시하는 조사이다. 동일한 표본을 여러 번 조사하기 때문에 개인의 변화를 추적할 수 있다.

종속변수(dependent variable): 다른 변수(소위 독립변수)에 의해서 초래되는 또는 그 변수에 의존한다고 보여지는 변수이다. 만약 목회자가 자기의 교회에서 장애자 프로그램의 운영하고, 그것이 어떤 면에서 그의 사회복지 교육경력 때문이라며, 그 프로그램의 운영은 종속변수로 취급된다.

중앙값(median): 순위가 정해진 데이터들의 세트에서 '가운데' 사례의 값으로 표현되는 평균값이다. 예를 들어 5명의 연령이 24, 29, 32, 45, 70이라면, 중앙값은 32이다. 이 경우 산술평균은 40이다.

지수(index): 어떤 개념을 실증적으로 측정하기 위해 값을 사용하는 것이다. 경제적 풍요를 나타내는 경제적 지표와 인간의 삶의 질을 나타내는 사회적 지표가 대표적이다.

질문지(questionnaire): 분석에 필요한 정보를 요청하는 질문들과 여러 아이템들을 내용으로 하는 문서이다. 질문지는 기본적으로 서베이조사에서 사용되고, 나아가 현장연구에서도 사용된다.

질적연구(qualitative research): 질적 자료를 수집하고 분석하는 것이다. 질적자료는 숫자로 나타낼 수 없는 것을 말, 그림, 이미지로 나타낸 자료이다. 관찰기록, 인터뷰 기록, 문자로 된 텍스트, 회의 기록, 역사적 기록, 메모, 다큐멘터리 필름 등이다. 질적자료는 범주적 자료라고도 한다.

집단조사(group survey): 조사대상자 개별적으로 접촉하는 것이 아니라 집단적으로 질문지를 배포하고 스스로 질문내용에 답하도록 하는 방법이다. 학교, 기업체, 군대, 교도소, 사회복지시설 등 응답자가 집단적으로 모여 있는 경우 유용하며, 시간과 비용을 크게 절감할 수 있다.

집락표집(cluster sampling): 표집단위가 개인이 아니라 집단이나 또는 소단위마다 표집단위를 집단으로 하는 이유는 모집단에 관한 신뢰할 만한 리스트가 없거나 그런 리스트를 만드는 데0 비용이 너무 들기 때문이다. 조사대상자 리스트를 확보할 수 있다 하더라도 집락을 표집단위로 삼는 것이 비용-효과적일 경우에도 집락표집을 한다.

집합(aggregate): 개인 또는 단위들의 모임을 말한다. 집합이란 단어는 사회과학연구에서 두 가지 관련된 방법으로 사용된다. 첫째, 분석단위들이 개인들의 집합 또는 조합일 수 있다. 둘째, 보통 사회과학자들은 개인이 아닌 집합을 설명하거나 예측하려고 노력한다. 그러므로 비행연구자는 16세된 사람의 행동보다는 보통 18세 미만의 사람들의 행동을 기술하려고 했다.

차원(demension): 어떤 개념의 특정한 면

척도(scale): 어떤 개념을 수량적으로 측정하기 위해 고안된 복합적 질문이다. 사물이나 사람의 특성을 수량화하기 위해 체계적인 단위를 가지고 그 특성에 숫자를 부여한 것이다. 척도는 지수에 비해 더 엄격한 절차를 거쳐 만들어지며, 주로 인간의 생각이나 태도를 측정할 때 사용한다. 측정하고자 하는 변수의 타당성을 높이기 위해 동일한 차원을 나타내는 문항을 여러 개 만들어 척도로 구성한다.

체계적 오류(systematic error): 잘못된 정보를 지속적으로 수집하는 오류를 말한다. 자료수집방법에 잘못이 있거나 정보제공자가 잘못된 정보를 제공할 때 발생한다.

체계적 표집(systematic sampling): 모집단에 번호를 부여하고, 번호 리스트에 동일한 간격으로 표본을 선정한다. 동간표집이라고도 한다.

최빈값(mode): 평균값의 하나로써 가장 빈번하게 관찰되는 값이나 속성으로 표현된다. 대표값 중 하나로 모드 또는 유행값이라고도 한다. 최빈값은 둘 이상 나올 수도 하나도 없을 수도 있다. 옷이나 신발을 생산할 때 최빈값으로 잡히는 치수를 알면 이를 표준 치수로 정해 생산량을 높게 잡는다. 또한 어떤 상품의 판매 통계에서 최빈값의 색깔이나 디자인을 알게 되면 이것이 가장 팔린 제품이고, 유행한 상품이라는 것을 알 수 있다. 최빈값의 단점은 가장 많은 빈도에 포함되지 않은 자료가 무시된다는 것이다. 분포가 대칭적일 때 최빈값은 평균, 중앙값과 일치하며 가운데 있게 된다. 최빈값은 자료의 수가 아주 많을 때와 비교적 고르게 분포되어 있을 때 의미를 가진다.

측정(measurement): 과학의 기초를 이루며, 공학 · 건축 및 다른 기술 문제뿐 아니라 거의 모든 일상생활에도 중요하다. 이 때문에 측정법의 원리, 조건, 한계, 그리고 이론의 기본 원칙이 연구되어왔다. 측정은 인간의 감각만으로 이루어지는 경우(이때의 측정치는 추정치[estimates]라 함)와 기구를 사용하는 경우가 있다. 즉, 이론적 개념을 계량화하는 것으로 질적 개념을 양적 개념으로 전환하는 체계적 · 과학적 과정이다.

추리통계(inferential statistics): 표본에서의 발견을 토대로 모집단의 특성을 추리하는 통계학의 한 분류이다.

층화(stratification): 표집하기 이전에 모집단을 동종의 집단들로 구성하는 것으로 단위들의 집단화를 말한다. 이 절차는 단순무작위표집과 체계적 표집 및 군집표집과 함께 사용되며, 적어도 층화변수의 측면에서는 표본의 대표성을 개선해 준다.

코호트조사(Cohort study): 요인 대조 연구(factor-control study)라고도 불리며, 어떤 원인이 어떤 결과를 가져오는가를 연구하는 방법으로 시간적인 개념을 포함한다. 장점은 비교 위험도와 귀속 위험도를 직접 측정이 가능하고 객관적이며, 부수적으로 다른 질환과의 관계도 파악이 가능하며 시간적인 선후관계를 알 수 있다는 점이다. 하지만 질병분류에 착오가 발생하거나, 시간과 비용적인 측면이 많이 소요된다. 시간이 오래 걸리는 만큼 대상자가 중도에 탈락하게 되기 쉽다는 단점이 있다. 즉, 동일한 성격을 가진 집단을 시간간격을 두고 반복 조사하는 것이다.

타당도(validity): 조사도구가 연구자가 측정하고자 하는 것을 정확히 측정하고 있느냐의 여부를 가리는 것이다.

타당도 저해요인(validity threats): 비타당성의 근원 또는 원인과 결가에 대한 잘못된 진술을 말한다. 타당도 저해요인들 4개 범주는 원인의 증명을 위한 기본적인 전제들(통계적 결론타당도, 내적 타당도, 구성타당도, 외적타당도)과 관련이 있다. 일반적으로 통계적 결론타당도와 내적타당도는 편의와 관련이 있고, 구성타당도와 외적타당도는 일반화와 관련이 있다.

통계적 결론타당도(statistical conclusion validity): 두 개의 변수간에 공변량을 발견하는 것과 관련이 있다. 이것은 인과추리를 위한 3가지 전제조건들 중 첫 번째에 해당하나다. 2개 변수가 함께 변하지 않는다면, 그들간에는 인과관계가 없다.

통계적 유의도(statistical significance): 표본에서 관찰된 관계들이 오직 표집오차 때문이다라는 실패가능성에 관한 일반적 용어이다.

통계적 유의도검증(test of statistical significance): 표본의 변수들간에서 관찰된 관계가 표집오차에서 귀인할 수 있다는 가능성을 보여 주는 통계적 계산이다.

통제집단(control group): 실험설계에서 실험자극은 전혀 실시되지 않지만 다른 면에서는 실험집단과 유사한 피험자집단이다. 즉, 실험에서 실험집단의 결과와 비교하기 위한, 실험처리를 하지 않는 집단을 말한다.

패널조사(panel research): 반복적으로 면접하는 여론 조사 방법의 하나. 동일한 대상자에 대하여 동일한 질문을 반복하여 그간에 의견이 어떻게 변하였는지를 연구함으로써 여론의 형성과 변동을 정확하게 파악하려는 방법이다.

패널연구(panel study): 종단적 연구의 한 형태로써 데이터가 여러 시차에 걸쳐 동일한 피험자들(패널)에게서 수집된다.

패러다임(paradigm): 개별이론을 도출하기 위한 거시적인 관점으로 창조론과 진화론, 만유인력의 법칙과 상대성이론이 패러다임이다. 패러다임은 현상을 바라보는 근원적인 모델 또는 틀로써 이론을 만들기 전의 어떤 관점이라는 점에서 현상을 설명하는 이론과는 구별된다.

표적집단(focus group): 욕구조사를 실시하기 이전에 의견을 수렴하기 위해 10명 내외의 관련자로 그룹을 조성한 다음 자유롭게 토론을 유도하여 필요한 정보를 얻는 방법이다. 소규모 집단을 대상으로 자료를 수집한다는 점에서 델파이기법과 유사하다. 그렇지만 조사자가 참가자 모두와 일대일로 대면하고, 목적이 의견의 일치를 이끌어내는 데 있는 것이 아니라 참가자들이 가지고 있는 욕구를 발견하는 데 있다는 점이 델파이기법과 다르다.

표본편차(standard deviation): 산술평균을 중심으로 한 분산의 측정방법이다. 개념적으로 표준편차는 산술평균에 관련된 모든 값들의 '평균적' 편차를 나타낸다.

표집단위(sampling unit): 표집의 각 단계에서 측정되는 대상이라고 말할 수 있으며, 즉, 표집에서 선택되는 요소 또는 요소들의 세트이다. 표집단위는 개인일 수도 있고, 가족이나 학교의 학급 등 집단일 수도 있다.

표집 틀(sampling frame): 한 표본이 선택된 모집단을 구성하는 단위들의 목록이다. 그 표본이 그 모집단을 대표하려면, 표집틀이 그 모집단의 모든(또는 거의 모든) 구성원들을 포함해야 한다.

할당표본(quota sampling): 비확률표본의 형태로서 단위들이 미리 분류된 특성들에 기초하여 표집 된다. 전체표본이 연구되는 모집단에 존재한다고 가정되는 특성들의 분포와 동일한 분포를 가지기 위한 것이다.

합리주의(rationalism): 체계적이고 논리적인 이성으로 세상을 이해할 수 있다는 관점이다. 신학과 존재론을 배제한다.

해석학(analysis): 해석학적 탐구는 테스트를 이해하는 과정이다. 해석하는 행위자의 행동의 의미를 문화적 맥락 속에서 이해하는 것이다.

현상학(phenomenology): 경험의 진수(에센스)에 초점을 둔 연구방법이다. 인식, 행위와 같은 의식적 경험을 현상의 분석에 체계적으로 반영하고 적용한다. 이는 구체적으로 경험하는 현상에 대한 새로운 접근법, 즉 가능한 한 개념적 전제를 벗어던지고 그 현상을 충실히 기술하려는 시도를 의미한다. 실증주의와 전통적 경험론과 비교해서 현상학은 경험의 실증적 자료를 무조건 존중한다는 점에서는 똑같지만 이 자료를 감각경험에 제한하지 않고 관계 · 가치 등 비감각적 · 범주적 자료도 직관적으로 나타나는 것인 한 허용한다는 점에서 다르다. 현상학은 보편자를 거부하지 않는다. 현상론과 달리 현상학은 현상과 실재를 엄격하게 구분하며, 현상만이 존재할 뿐이라는 좁은 견해도 받아들이지 않는다. 경험을 포기하더라도 개념적 추론을 강조하는 합리론과 달리 현상학은 개념과 모든 선천적 주장이 직관에 기초하고 직관으로 검증할 수 있다고 주장한다.

확률표본(probability sampling): 확률이론에 맞추어 선택된 표본으로써 전형적으로 무선적 기제를 포함한다.

회귀분석(regression analysis): 한 변수의 값이 변함에 따라 변수의 값이 얼마나 변하는지를 측정하는 통계방법이다. 회귀분석은 두 변수 간의 관계를 파악한다는 점에서 상관분석과 같다. 그러나 상관분석은 단순히 두 변수 간의 관계의 정도, 즉 상관성을 판단하는 방법인 반면에 회귀분석은 독립견수가 종속변수에 어느 정도 영향을 미치는가, 즉 인관관계를 파악한다는 점에서 다르다.

횡단설계(cross section design): 관련 모집단에서 단 한 번 표본을 추출해 조사한 결과를 가지고 변수별로 어떤 차이가 있는지를 비교하는 것이다.

CPP 평가모델: 프로그램 평가모델의 하나로, 상황평가(context evaluation), 투입평가(input evaluation), 과정평가(process evaluation), 산출평가(product evaluation)의 머리글자를 딴 것이다. 상황평가는 프로그램 목표를 결정하는 상황과 이론적 근거를 검토 · 평가하고, 투입평가는 목표달성에 필요한 자원과 절차에 관한 정보를 제공하고, 과정평가는 프로그램 목표달성을 위한 제반 활동의 효율성에 관한 정보를 제공하고, 산출평가는 프로그램의 성취한 결과를 측정하여 평가하는 것이다.

참고문헌

• 김경동 외(1996). 『사회과학방법론』, 서울: 한국방송통신대학.

• 김명호(2016). 『기초통계학』, 서울: 도서출판 두남.

• 김명호 · 김수한(2016). 『논문 작성의 이해와 실제』, 서울: 도서출판 두남.

• 김수찬(2014). 『연구논문 작성법』, 서울: 도서출판 두남.

• 김아영 · 차정은 · 이채희 · 주지은 · 임은영(2016). 『혼자 쓰는 연구논문 –연구방법론-』, 서울: 학지사.

• 김영석(2000). 『사회조사방법론의 이해』, 서울: 나남출판.

• 김응렬(2009). 『사회조사방법론의 이해』, 고려대학교출판부.

• 김치영 · 황인옥(2015). 『사회복지조사론』, 서울: 동문사.

• 김혜숙 외(2014). 『초보자를 위한 학위논문 작성법』, 서울: 학지사.

• 김훈(2006). 『사회복지조사방법론』, 서울: 대왕사.

• 원석조(2019). 『사회복지조사론』, 서울: 공동체.

• 김운찬 역(2003). 『움베르코 에코의 논문 잘 쓰는 법』, 서울: 도서출판 열린책들

• 이항구(1997). 『석 · 박사 논문 작성방법론-사회과학 편』, 서울: 백산출판사.

• 이홍탁(1994). 『사회조사방법론』, 서울: 법문사.

• 정병기(2017). 『사회과학 논문작성법』, 서울대학교출판문화원.

• 정옥분 외 역(2010). 『학원논문작성법』, 서울: 시그마프레스.

• 주삼환 외 역(1991). 『사회과학이론입문』, 서울: 성원사.

• 채구묵(2006). 『사회복지조사방법론』, 서울: 양서원.

• 최선희(2018). 『사회조사방법론』, 서울: 공동체.

• 홍봉수 외(2016). 『사회복지조사론』, 서울: 공동체.

• Bernal, John Desmond(1984). 『사회과학의 역사: 사회경제사의 흐름과 사회과학의 성격』, 서울: 한울출판사.

• Popper, Karl R(1959). 『*The Logic of Scientific Discovery*』, New York: Harper Torchbooks.

저자 소개

강 대 훈

학력사항

인천 동산고등학교 졸업
한국외국어대학교 동양어대학 일본어과 졸업
경기대학교 대학원 관광경영학 수료(관광경영학 박사)
국제신학대학원대학교 사회복지학과 수료(사회복지학 박사)

경력사항

서울사회복지대학원대학교 평생교육원 지도교수
50+ SPS(실버놀이학교) 부이사: 협동조합
공유랑FCM(주) 고문

연구활동 및 저술

- 저서

데끼루 니혼고(가산출판사)
바로 찾아 유창하게 말하는 일본어 회화사전(예스북)
한국음식과 세계음식문화(진영사)
커피학 개론(광문각)

- 논문

요양보호사의 직무환경이 소진에 관한 연구(21세기사회복지학회)
저출산 초고령사회 대비를 위한 혁신적 대응전략(21세기사회복지학회)
고령사회의 노인일자리사업의 문제점과 개선방안에 관한 연구
(21세기사회복지학회)

문 상 목

학력

서울사회복대학원대학교 사회복지학 수료(사회복지학석사)
국제문화대학원대학교 사회복지학 수료(사회복지학박사)

경력

전 서울시 공무원
전 청소년수련관장
• 그린실버복지센터장
• 서울사회복지대학원대학교 평생교육원 지도교수

이 평 화

학력

서울사회복지대학원대학교 사회복지학과 수료(사회복지학석사)
서울기독대학교일반대학원 수료(문학박사)

경력

현 서정대학교 겸임교수
현 참편한장수요양원 원장
현 즐거운사회적협동조합 이사
사단법인 더 나눔 이사

최 기 홍

학력

서울사회복지대학원대학교 수료(사회복지학석사)
세한대학교 대학원 수료(경영학박사: 사회복지전공)

경력

현 기은비전평생교육센터대표
현 서울사회복지대학원대학교 평생교육원 노인학 지도교수
현 순복음대학원대학교 평생교육원주임교수